国家自然科学基金项目（70773020）

私有林经营规模效率研究

张春霞　苏时鹏　等著

中国林业出版社

图书在版编目（CIP）数据

私有林经营规模效率研究／张春霞，苏时鹏等著. －北京：中国林业出版社，2010.12

ISBN 978-7-5038-6164-2

Ⅰ. ①私… Ⅱ. ①张…②苏… Ⅲ. ①私有制经济：林业经济－林业经营－研究－中国 Ⅳ. ①F326.25

中国版本图书馆 CIP 数据核字（2011）第 082162 号

出版 中国林业出版社（100009 北京西城区刘海胡同 7 号）

E-mail forestbook@163.com 电话 010－83222880

网址 lycb.forestry.gov.cn

发行 中国林业出版社

印刷 北京北林印刷厂

版次 2010 年 12 月第 1 版

印次 2010 年 12 月第 1 次

开本 787mm×960mm 1/16

印张 16.75

字数 324 千字

印数 1～1000 册

定价 60.00 元

课题组成员：

张春霞　苏时鹏　郑　晶　黄森慰

黄安胜　许佳贤　谢志忠　郑少红

石丽芳　王　波

前　言

本书是本人主持的第二个国家自然科学基金项目“私有林经营规模效率研究：福建案例研究”（70773020）的研究成果，是课题组历经四年辛苦劳动的结晶。

一、对私有林经营规模效率的研究历程

私有林经营的效率问题是困扰林业改革与发展的难题之一，也是我从经济学转向林业经济时碰到并开始关注的第一个问题。拉开林业改革序幕的“三定”，一开始便引发了能不能、要不要分林到户的争论，这一关系到林业改革与发展的重大问题，伴随着集体林权改革的进程，已经争论了几十年。到目前，虽然新一轮林改已经在全国各地全面展开，但争论至今也没有停止过。争论主要纠结在两个方面：分林到户是否会引起滥伐森林而导致生态安全问题；农户的小规模经营是否适合长周期的林业、是否是有效率的。围绕这两个问题，形成了是与否的两种不同观点，相应的也有极其不同的改革思路和政策主张。当然在不同的历史时期，争论的关注重点以及主流观点的内容有所不同。20 世纪 90 年代前人们主要关注第一个问题，当时的许多人认为分林必然导致滥伐森林的生态安全问题，因此坚决反对分林到户；20 世纪 90 年代后主要是关注第二个问题，许多人认为，林业的特点决定了其具有较好的规模经济性，适合于大规模经营，采用小农经济的生产方式来经营林业，与林业生产投入大、产出慢的特点不相适应，小规模、分散的家庭经营是没有效率的。人们因此对于正在推行的林改有着极其不同的评价。

历史性的争论也引导着我们思考与探索了几十年：

（一）关于争论问题一：我们应用产权理论分析了林业经营行为以及相关的政策与改革

首先，分析了林农的经营行为，认为现实中发生的林农滥伐属于自己的森林，这一似乎是短期行为的现象，实际上是林农对于政策与制度的理性反应。而明晰的产权才是经营行为趋于理性的制度基础，且周期长的林业就更需要明晰的

产权和稳定的政策，这已经是为国内外的实践所证明的事实。基于这样的认识，我们在20世纪80年代就提出了“分林到户的家庭联产责任制不应成为林业生产责任制的禁区”的观点，不认同分林到户必然导致滥伐森林，家庭经营就必然产生生态灾难的观点（张春霞，1985）；在20世纪90年代，针对当时的许多地方仍然以行政村为主要经营单位的现实，特别是对于备受关注的“三明林业股东会”，指出了其在防止滥伐森林方面的历史贡献，同时分析了这一组织的产权关系上的缺陷，导致了委托代理关系的异化，股东没有能够约束代理人，失去了经营权和收益权的林农，也失去了对林业发展的积极性。因此提出了划小经营单位的体制改革，或由自然村或由林农自愿重组，采取家庭联合经营、委托经营等多种形式的合作经营（张春霞，1994、1995、1996、1997、2000）；在20世纪90年代末和新一轮林改后，又实证研究了私有林经营行为的影响因素（黄森慰，2008；张春霞等，2009），实证研究了南方集体林区林农资金投入行为（黄安胜，张春霞等，2008）。

其次，是从林农作为林业财产主体的视角，分析了林业三大效益的利益相关者之间的关系，认为林农是林业发展的利益主体，也是林业发展的根本动力源，林业的特点、生态效益的重要性、生态安全都不能成为牺牲农民利益和剥夺农民利益的理由。相反，生态安全、社会利益应当以林农利益、林业发展的利益为基础，才有可能长治久安（张春霞，1994；张春霞，1995）。

其三，我们在“私有林经营意愿与补贴制度研究”的课题（国家自然科学基金项目70473014）中深入研究商品林的产权缺陷及相应的政策问题，该成果已于2008年出版（获第八届福建省优秀社科成果奖一等奖，2009）。商品林的采伐限额管理制度是基于商品林也具有生态效益的事实，目的是保障社会获得的生态效益不受损失。在没有给商品林提供的生态效益以经济补偿的情况下，采伐限额管理实际上是通过对农民林业经营权的限制，而扣除了林农的经营收益权。换一句话说，社会无偿获得的生态效益实际上是由林农来买单的，备受大家关注的社会生态安全问题，实际上是以牺牲目前最贫穷的那部分农民的利益来保证的。在生态效益问题上的市场失灵需要政府。在社会经济已经发展到一定程度的今天，当生态需求已经成为迫切和紧缺时，代表社会利益的政府应当，也有能力对商品林实施补贴政策，其补贴额度的基准是社会平均收益率，这样才能保证林业经营者也能够获得公平的收入以摆脱贫困，这样也才能建立起生态安全的长效保障机制，实现林农经济利益和社会生态利益的协调统一（张春霞，2008；陈念东，2008；黄安胜，2008）。

其四，当林改在历经几十年的曲折之后，终于在新世纪有了突破性的进展，由福建率先进行的新一轮林改在全国各地得以全面推广，在这样的情况下，理论界和实际工作者对于林改仍然有很不同的认识和评价。当然，这不同的评价仍然是围绕生态问题和规模效率问题。我们从产权的角度分析了新一轮林改的实质是落实和保护平民财产权利的改革和制度安排，强调了集体所有制的性质决定了集体林业财产的主人理应是林农，作为平民的林农应当真正成为林业经营的主体和利益的主体（张春霞，郑晶，2008；张春霞，郑晶，2009）。

（二）关于争论问题二，先定性后定量研究了商品林的经营规模效率问题

在区分规模与规模经济、个体规模与区域规模，规模经营、适度规模经营问题的基础上，认为林业的特点并不排除小规模经营，也不认同林业只适合于大规模经营的观点。我们的研究表明，对于商品林而言，林业的规模效应并不明显，小规模经营也有效率，因此应当根据实际情况采取多种经营形式，应当允许和鼓励大规模经营和分散经营长期共存，不管是过去、现在或将来，都不要也不能急于为了实现大规模经营而强迫农民放弃林地和林业经营，更不能以此为由侵害农民的利益，甚至剥夺农民（张春霞，1992、1994、1995、1996；张春霞等，1998、1999、2010；张春霞，郑晶，2008）。本课题则是对规模效应的实证研究。

二、课题研究情况及本书的主要内容

本课题以我国私有林的经营规模效率问题为研究对象，以构建私有林适度规模经营机制设计为主线，采用文献分析和实际调查相结合的研究方法，深入剖析我国私有林的经营状况以及制约其效率提升的主要因素，运用定量分析方法对林农经营效率进行测算，并对影响林农经营效率的因素进行分析，运用产权理论、规模经济理论、技术效率理论、农户经营行为理论、博弈论分析了私有林适度规模经营的必要性，在此基础上，结合我国国情和林情构建了私有林适度规模经营的体制框架，以期为私有林的健康、高效、可持续发展提供理论支撑。

本书是课题组历经四年的调查研究成果。私有林适度规模经营机制的构建不仅仅需要相关的理论，更需要实践的基础，为了能够准确测算出私有林主经营林业的效率，并找寻出影响效率提升的主要因素，本课题选择了实地考察和问卷调查相结合的方法，按照系统抽样和随机抽样相结合的原则，对福建省四地市（南平、三明、龙岩、泉州）的578个农户进行入户调查，共收集有效问卷547份，有效问卷率达94.6%，有效问卷主要分布在这四个市内的7个县35个乡镇的123个村庄（有效问卷的地区分布详见表1-1）。

围绕着私有林适度规模经营机制设计为中心，本书共分为四篇十八章。第一篇是私有林的演变历程和现状分析，主要包括第一章至第四章共四章，分别从时间和空间的不同视角对私有林的发展状况进行了深入分析。时间视角上，一方面从历史的角度对私有林的演变历程进行回顾，从中揭示了我国私有林发展的特殊背景和艰难历程。另一方面，立足于当前，本书创新性地运用了产权理论分析了新一轮林改的作用和意义，深刻剖析了新一轮林改的实质，为私有林适度规模经营提供了强大的理论支持；空间视角上，依据福建省四地市的问卷调查，运用统计分析方法，对林业经营的投入产出情况进行描述性分析，指出了当前存在的问题，为私有林适度规模经营提供了现实的起点。第二篇是私有林经营规模效率的测算与评价，包括第五章至第十章共六章，采用定性和定量相结合的分析方法，对福建林业的经营规模效率问题进行了深入的探讨。一方面，运用定性方法对自新中国成立以来福建省历次林业改革中的效率问题进行分析总结，同时以福建林业的实际情况出发，揭示了影响福建私有林效率提升的自然、经济和社会特征，进而为福建私有林适度规模经营提供现实依据。运用规模经济理论、农户经营行为理论，技术效率理论对私有林适度规模经营进行了理论分析，进而为私有林适度规模经营提供了理论支撑；另一方面，基于调查收集到的503份有效问卷整理的基础上，采用了数据包络分析（Data Envelopment Analysis，简称DEA）方法对福建省三大林种（用材林、竹林、经济林）的经营规模效率进行测算及规模报酬阶段界定，根据测算结果对三大林种的经营规模效率进行分析比较，同时采用投入冗余分析方法给出了各要素投入的调整方案，为促进私有林适度规模经营提供了实践依据。第三篇是私有林经营规模效率的影响因素分析，包括第十一章至第十五章共五章，在对福建省三大林种经营规模效率测算结果的基础上，探讨了不同经营方式下私有林经营规模效率的差异，并采用Tobit回归模型分析私有林经营规模效率的影响因素，从中找寻出影响私有林经营规模效率提升的主要因素，为促进私有林适度规模经营提供方向指示。第四篇是私有林适度规模判断与政策设计，包括第十六章至第十八章共三章，从实证分析和规范分析两个不同视角出发，设计了私有林适度规模经营机制。一方面，运用数据包络分析（DEA）对不同规模区域下的林农经营规模效率进行测算与评价，确定最优经营规模，为私有林适度规模经营机制的设计提供了实证依据。另一方面，在分析了私有林适度规模经营机制下所涉及的各利益相关主体的行为动机的基础上，运用博弈论模型对各利益相关主体进行分析，求解出各主体最优行为策略，从制度上为私有林适度规模经营提供规范依据。本书的主要内容及观点为：

（一）提出新一轮林改是落实和保护平民财产权利的制度创新

运用产权理论深刻剖析了新一轮林改的实质是落实平民财产权利的改革，按照权利平等的原则，对森林资源财产权利进行初始的分配，将财产权利落实到林农，并通过“发证”的形式保障了林农的合法权益。这是私有林发展的制度基础，也是研究私有林适度规模经营机制的一个基本前提。

（二）构建了基于不同立地条件和林分年龄下用材林实际产出的测算方法

毛竹和茶叶一般只要在种植后3～5年内即可成林，之后每年即可不断获取收益，运用投入产出方法测算这两类林农经营规模效率之时，可以采用当年生产要素投入量和当年林产品收益量进行测算。但与前者不同，杉木收益周期要在20年左右，投入又主要集中在森林郁闭前5～6年内，且每年木材蓄积的增加量受到立地条件和林分年龄的影响较大，因此，如果运用投入产出方法，采用林业当年投入和产出的数据直接测算出的林农经营规模效率，结果偏差较大。由此，本书以基于不同的立地条件的杉木自然生长模型作为参照，将林农的实际产出与此比较，进而得出基于不同立地条件和林分年龄下用材林实际产出指数，并以此为依据测算出林农经营规模效率。该方法能够有效、合理地评价不同立地条件和林分年龄下私有林的经营规模效率。

（三）测算了私有林经营规模效率——以福建三大林种为例

经营规模效率的测算是私有林适度规模经营机制设计的基础，各经营规模下效率的高低直接影响到私有林主最优经营规模的选择。本书运用数据包络分析（DEA）分别测算了福建省三大林种的经营规模效率。

1. 用材林的经营规模效率测算——以福建杉木为例

测算结果表明，杉木用材林的经营规模效率平均值仅为0.567，与最优值1相比，还有一定的差距，表明林农经营杉木的效率还有待进一步提高；林农的纯技术效率仅为0.641，仅有16.96%的农户在林业经营过程实现了生产投入要素的优化配置，从中可见，资源配置不合理是导致杉木用材林经营规模效率低下的主要原因之一。

2. 竹林的经营规模效率测算——以福建毛竹为例

测算结果表明：福建毛竹的经营规模效率仅为0.457，仅有10.5%的农户的经营行为的效率实现了最优，由此可知，在当前的生产力水平下大部分农户的都未能够实现竹林经营效益的最大化。而与用材林相同，竹农经营的纯技术效率也相对较低，仅为0.649，生产要素投入组合的不合理性是阻碍竹农提升经营规模效率的主要因素之一。

3. 经济林的经营规模效率测算——以福建茶林为例

测算结果表明：与用材林和竹林相比，茶农经营规模效率会略高些，达到0.726，但是也仅有36.5%的茶农的经营行为达到了最优，表明茶农的生产经营效率还存在较大的提升空间。而茶农的纯技术效率达到了0.834，59.5%的农户实现了投入要素的最优配置，表明茶农在生产过程中对于要素的配置较为合理。

（四）实证研究了私有林的规模经济问题

研究结果表明，小规模林业也是有效率的，这与传统观念是不相同的，多数人认为，林业具有规模经济的特征，因此只有在大规模经营的条件下才是有效率的，然而，课题组通过对福建三大林种经营规模效率的研究发现，小规模林业也是有效率的。实证分析表明：林业经营并非在大规模状态下才是有效率的，在一定的规模区间，林业经营规模效率并不随着林地规模的扩大而增减，而是呈现出W型曲线的变化规律，由此可知，林业经营并非在大规模状态下才是有效率的；另一方面，通过对福建省林农不同经营规模区域下效率的比较分析可知，以木材收入为经营目标的林农，经营规模在0～6亩、8～20亩和60亩以上等三个规模区域的效率值明显高于其他规模区域；以木材供给量作为林农的经营目标时，0～6亩、10～18亩和50亩以上等三个规模区域的效率值明显高于其他规模区域。由此可知，无论林农经营林业的主要目标是追求现金收入的最大化还是木材产量的最大化，在0～6亩的小规模经营也是有效率的。

（五）给出林农林业生产中各要素投入的调整方案

通过对福建省三大林种经营规模效率的测算发现，福建省整体林业的经营效率还有待进一步提高，而从反映资源配置效率的纯技术效率上看，资源配置的不合理是导致效率低下的主要原因之一。由此可知，优化生产投入要素的配置结构，将有利于提高福建省林业的整体经营效率，为此，本书依据投入冗余分析方法计算出了三大林种的各要素投入的调整方案：

1. 用材林各生产要素投入的调整方案

通过对171户种植杉木的样本农户进行投入冗余分析发现，存在林地、资金和劳动力投入冗余现象（要素投入过多）的农户分别有20户，49户和92户，分占总样本的11.70%、28.66%和53.80%。通过对不存在要素投入冗余现象的样本农户的调查发现，每单位木材产出的林地、资金和劳动力等生产要素的平均标准投入分别为1.49亩、177.99元和劳动力16.11工，而存在投入冗余现象的样本农户每单位木材产出的要素平均投入量分别为7.14亩、1187.30元和劳动力36.97工，两类农户每单位木材产出的生产要素投入的平均差额为5.65亩土地、1009.31元资金和劳动力20.86工。

2. 竹林各生产要素投入的调整方案

通过对95户种植毛竹的样本农户进行投入冗余分析发现，存在林地、资金和劳动投入冗余现象的农户分别有30户、9户和14户，分别占总样本的35.30%、10.60%和16.50%。与不存在要素投入冗余现象的样本农户相比，存在要素投入冗余现象的农户平均每千元收入要多投入林地0.53亩、资金736.00元和劳动力5.98工。

3. 经济林各生产要素的调整方案

通过对74户种植茶树的样本农户进行投入冗余分析发现，存在化肥、农药、有机肥、雇工费、种苗、家庭劳动力、土地等7大要素投入冗余现象的农户分别有24户、18户、15户、21户、16户、15户和23户，分别占总样本的32.43%、24.32%、20.27%、28.38%、21.62%、20.27%、31.08%。通过对不存在要素投入冗余现象的样本农户的调查发现，每千元茶青收入的化肥、农药、有机肥、雇工费、种苗、家庭劳动力、土地等生产要素的平均标准投入为17.33kg、0.22kg、9.51kg、63.09元、12.97元、2.47工和0.05亩，而存在投入冗余现象的样本农户每得到1000元收入平均需要投入35.67kg化肥、0.57kg农药、53.17kg有机肥、150.67元雇工费、138.96种苗费、2.47个家庭劳动力和0.09亩土地，两类农户每千元收入的生产要素投入的平均差额为18.34kg化肥、0.34kg农药、43.66kg有机肥、87.57元雇工费、125.99种苗费、2.60个劳动力和0.04亩土地。

（六）找寻出影响私有林经营规模效率提升的主要因素

私有林的经营规模效率不仅仅受到农户生产行为之内的因素（如生产要素投入比例、经营规模大小的选择）的影响，还将受到农户生产行为之外的因素的影响。本书采用Tobit回归模型探讨了社会、经济、自然以及相关制度等农户生产行为以外的因素对私有林经营规模效率的影响，为促进私有林适度规模经营提供方向指示。

1. 用材林经营规模效率的影响因素分析——以福建杉木为例

回归结果表明，在23个因素中，家庭劳动力占家庭总规模的比重、林地总面积、地块分散性、种植年限、伐区调查设计制度对种植杉木的农户经营规模效率的影响程度、林产品销路和林权纠纷等7个因素对杉木用材林经营规模效率有显著影响；从影响的方向上看，劳动力占家庭总规模比重、地块分散性和林产品销路这3个因素与林农经营规模效率呈正显著影响，而林地总面积、种植年限、伐区调查设计制度和林权纠纷这4个因素则呈负显著影响；从影响的力度上看，家庭劳动力占家庭总规模的比重对林农经营规模效率的影响最大，家庭劳动力占家庭总规模的比重每升高一单位，林农经营规模效率值平均能够提高0.16，表明家庭劳动力在用材林的生产过程中是十分重要的。

2. 竹林经营规模效率的影响因素分析——以福建毛竹为例

回归结果表明，在可能影响竹林经营规模效率的25个因素中，仅有4个因素对其影响显著，分别为林地肥沃程度、工价、发生病虫害次数，毛竹收入占家庭总收入的比重；从影响的方向上看，林地肥沃程度、工价以及毛竹收入占家庭总收入比重这3个因素与竹农经营规模效率呈正相关的，而发生病虫害次数则是呈负相关关系的；从影响的力度上看，毛竹收入占家庭总收入的比重是这4个因素中对竹农经营规模效率影响最大的，毛竹收入占家庭总收入的比重每升高一单位，竹农的经营规模效率值平均提高 0.64，表明竹农家庭经济对于毛竹收入的依赖性越大，竹农就会越注重毛竹经营。

3. 经济林经营规模效率的影响因素分析——以福建茶林为例

回归结果表明，在可能影响茶农经营规模效率的 21 个因素中，有 5 个因素对其影响显著，分别为家庭地块数、家庭总收入、地块离公路距离，地块的坡度是否超过 30°和生产技术供给数量；从影响的方向上看，家庭地块数、家庭总收入和地块的坡度是否超过 30°这 3 个因素与茶农经营规模效率呈正相关，而地块离公路距离和生产技术供给数量则对竹农经营规模效率呈负显著影响；从影响的力度上看，地块的坡度是否超过 30°对茶农的经营规模效率影响最大，地块的坡度超过 30°的茶农的经营规模效率平均会比地块的坡度低于 30°的效率值高 0.26，表明海拔在茶叶生产过程中是重要的影响因素之一。

三、进一步研究的展望

虽然我们的研究证明了小规模的林业也是有效率的，但同其他小规模生产一样，分散的家庭经营需要农户之间的协作来补充，才能有效提升其规模效率，因此如何促进林业专业合作组织的发展便成为一个迫切需要研究的课题。这也是世界林业发展的成功经验。

然而，上述有关林业改革与发展重大问题的争论，也延伸到林业专业合作组织的发展问题上。由于对林业规模经营效率的不同认识，对林业专业合作组织的发展也有着不同的思路，分歧在于发展合作组织是为了支持还是取代、消灭农户家庭经营？这实际上也是世界合作经济历史提供的经验与教训。欧文等早期的空想社会主义者的合作实践是以共有制为基础来实现成员之间的共同生产、统一分配，以这样的共同体取代了个体生产和家庭经营，欧文等人创建的合作组织虽然创造了历史的辉煌，却最终还是失败了。而我国 20 世纪 50 年代的合作化运动实际上同这种合作组织有许多相似之处。世界合作运动的历史一方面表明了，以取代和消灭家庭小规模经营的合作组织，在个别情况下有成功的典型（如以色列等），但在多数的情况下则是不成功的；另一方面，世界合作运动的历史也提供了成功经验。被公认为是国际合作经济起源的罗虚戴尔合作社（1944 年），在其成立时就宣称，他们组织的合作社目前还仅限于流通领域，因此同空想社会主义的共有制基础上的全面合作相比，他们的合作是初级的，到将来要创造条件向高级的方向发展。然而，这种“初级”的合作社在世界各国得以迅速推广，而国际合作运动的实践至今也没有实现他们当初向“高级”发展的设想。而在目前的我国，特殊的体制背景和林业这一特殊的产业，林业专业合作组织如何才能持续高效发展，我们将从理论与实践的结合上进行深入的研究。

课题研究能够如期完成，本人心存感激，也甚感欣慰。感激，是因为本人所主持的两个国家自然科学基金项目以及其他一些大项目，大多是以实证研究为主的，调研的工作量很大，这不仅需要进行调研人力的组织，也需要相关部门的支持，需要林农的配合，因此十分感谢参与课题调研以及给予调研以大力支持的单位和参加者；欣慰，是因为课题组成员在国家级的课题研究中，在深入实际调查中得到磨炼，在实践中发现了问题，在协作攻关中掌握了科学研究的方法，在课题研究中发挥了他们的聪明和才智，课题组也因此成为具有拼搏和良好协作精神的团队。如今迅速成长起来的课题组成员已经成为科研的中坚力量，从教授到年轻的助教，都具有较强的独立从事科研的能力，他们中的许多人已经成功地申请了国家自然科学基金管理类项目和国家社会科学基金项目。作为老师，为他们的每一个成功和进步而感到由衷的高兴。而在欣慰之余，相信也衷心地希望他们能够长江后浪推前浪，一代更比一代强！

张春霞

2010 年 12 月于金山仙苑

目　录

第一篇　背景与历程

第二篇 私有林经营规模效率测算与评价

第三篇 私有林经营规模效率的影响因素分析

第四篇 私有林适度规模判断与政策设计

第一篇

背景与历程

第一章
研究意义与进展

在新的历史时期中，林业的功能和内涵不断拓展，人们对林业的认识越来越深刻，林业在经济社会可持续发展中的战略地位越来越重要，林业承担的任务越来越艰巨，时代需要林业有大的发展。从世界林业的发展历程来看，私有林在市场经济国家的林业发展中发挥着极为重要的作用。在我国，经过几次的林权改革，私有林所占的比重越来越大，特别是2003年新一轮集体林权改革的逐步推进，私有林已经成为我国林业的重要组成部分。新世纪初，国家林业局提出要把“放手发展非公有制林业”作为实现新世纪中国林业跨越式发展的重要工作之后，私有林面临着极佳的发展机遇。在《全面建设小康社会与中国林业跨越式发展》(国家林业局，2003)一文中提出了要充分尊重私有林、民营林经营者的自主经营权，放手发展，真正做到四个不限，即不限发展比例，不限发展速度，不限经营形式，不限经营规模，最终使非公有制林业实现经济上有实惠，社会上有地位，政治上有荣誉。在集体林产权制度的改革历程中，我们发现林业经营生产效率问题是长期困扰林业管理部门的一个大难题，提高林业经营效率是林业经营管理与林业政策的重要议题，林农经营效率的测度因此成为社会关注的热点与学界研究难点之一。对私有林经营规模效率的深入研究，对于进一步推动我国私有林业的发展具有非常重要的意义。

第一节　研究背景与内容

在新的历史时期中，林业的功能和内涵不断拓展，人们对林业的认识越来越深刻，林业在经济社会可持续发展中的战略地位越来越重要，林业承担的任务越来越艰巨，时代需要林业有大的发展。而随着集体林权制度改革的深入，私有林逐渐成为林业发展的主要和骨干力量。在这样的背景下，私有林经营的效率问题便成为社会关注的重要问题。

一、研究背景

（一）林业在新历史时期的地位和作用更加重要

当资源与环境危机已经逐渐演变成为全球经济、社会发展的突出问题的今天，林业的地位和作用日益突显。

1. 林业是生态建设的主力军

林业在应对生态危机、维护生态安全中，承担着极其重要战略任务。林业作为生态建设的主体和生态文明建设的主要承担者，肩负着建设和保护森林生态系统、保护和恢复湿地生态系统、治理和改善荒漠生态系统及维护生物多样性、弘扬生态文明的重要职责。森林生态系统、湿地生态系统、荒漠生态系统和生物多样性，在维护地球生态平衡中起着决定性作用，无论损害和破坏哪一个系统，都会影响地球的生态平衡，影响地球的健康长寿，危及人类的生存根基。林业既是生产物质产品的部门，也是生产生态产品的部门，又是传承文化产品的重要媒介，而物质产品、生态产品和文化产品是支撑现代人类生存与发展的三大类产品。

2. 林业在应对气候变化方面有很大的作为

应对气候变化，最根本的措施就是要降低空气中的二氧化碳等温室气体含量。而森林是陆地生态系统的主体，森林在生长过程中，通过其光合作用，可将排放到大气中的二氧化碳吸收后以生物量的形式固定下来，从一定意义上讲，森林是固态的碳，是地球碳循环的重要载体，是维持空气碳平衡的重要杠杆，是陆地上最大的“储碳库”和最经济的“吸碳器”。森林的碳汇功能，在减缓气候变暖中发挥着重要作用。但是，森林如遭受砍伐、火灾或病虫害破坏，也会大量排放温室气体，成为温室气体排放源，加剧气候变暖。因此，发展低碳经济、减缓全球气候变暖需要增强森林的碳汇功能，减少和控制森林成为温室气体的排放源。

3. 林业在发展低碳经济中有不可替代的作用

低碳经济是低碳发展、低碳产业、低碳技术、低碳生活等经济形态的总称，也是绿色经济的一种形态。它是以低能耗、低排放、低污染为特点，以实现可持续发展为目标的生产方式和生活方式。目前，发展低碳经济已成为世界经济发展的一个潮流（贾治邦，2009）。对低碳经济的研究、试点和讨论，大多集中在工业特别是能源领域，而最具潜力的林业增汇固碳作用却被忽略。科学研究表明，森林每生长 $1m^3$ 蓄积，平均吸收二氧化碳 1.83 吨，放出氧气 1.62 吨。森林固碳不仅成本低，并且还具有多种生态效益和巨大的经济、社会效益。发展低碳经济，应发挥林业独特、不可替代的作用。

(二)林权制度改革的深化推动着私有林的发展

目前正在进行的集体林权制度改革，是中央为了促进林业发展而作出的重大决策。新中国成立以来，集体林业的管理制度的变革历经了土改时期的“分山分林到户”、农业合作化时期的“山林入社”、人民公社时期的“山林集体所有、统一经营”，到改革开放初期的“林业三定”(稳定山权林权、划定自留山和确定林业生产责任制)以及20世纪90年代初期的林权初级市场化阶段。虽然林业也同农业一起于20世纪80年代初就开始了改革，但是其改革的成效不明显，相对于农业而言是滞后的。因此，党中央、国务院于2003年颁发了《关于加快林业发展的决定》，对集体林权制度改革进行了新的总体部署。2006年、2007年的中央1号文件和全国人大通过的《中华人民共和国国民经济和社会发展第十一个五年规划纲要》，都把集体林权制度改革确定为深化农村改革的重要内容和重大举措(贾治邦 2007)。2008年6月8日《中共中央 国务院关于全面推进集体林权制度改革的意见》。指出，集体林权制度虽经数次变革，但产权不明晰、经营主体不落实、经营机制不灵活、利益分配不合理等问题仍普遍存在，制约了林业的发展。将用5年左右时间基本完成明晰产权、承包到户的改革任务。在此基础上，通过深化改革，完善政策，形成集体林业的良性发展机制，实现资源增长、农民增收、生态良好、林区和谐的目标。深入贯彻落实科学发展观，大力实施以生态建设为主的林业发展战略，不断创新集体林业经营的体制机制，依法明晰产权、放活经营、规范流转、减轻税费，进一步解放和发展林业生产力，促进传统林业向现代林业转变。

而随着集体林权制度改革的稳步推进，我国私有林进入了快速发展时期。第七次全国森林资源清查(2004年开始，到2008年结束，历时5年)结果表明，全国森林面积蓄积持续增长，全国森林覆盖率稳步提高。森林面积净增2054. 30万hm^2，全国森林覆盖率由18. 21%提高到20. 36%，上升了2. 15个百分点。活立木总蓄积净增11. 28亿m^3，森林蓄积净增11. 23亿m^3。人工林面积蓄积快速增长，后备森林资源呈增加趋势。人工林面积净增843. 11万hm^2，人工林蓄积净增4. 47亿m^3。未成林造林地面积1046. 18万hm^2，其中乔木树种面积637. 01万hm^2，比第六次清查增加30. 17%。林木蓄积生长量增幅较大，森林采伐逐步向人工林转移。林木蓄积年净生长量5. 72亿m^3，年采伐消耗量3. 79亿m^3，林木蓄积生长量继续大于消耗量，长消盈余进一步扩大。天然林采伐量下降，人工林采伐量上升，人工林采伐量占全国森林采伐量的39. 44%，上升12. 27个百分点。重点林业工程建设稳步推进，森林资源总量持续增长，森林的多功能多效益逐步显现，木材等林产品、生态产品和生态文化产品的供给能力进一步增强，为发展现代林业、建设生态文明、推进科学发展奠定了坚实基础。而值得注意的是，这次资源清查的结果还揭示了作为林权制度改革结果的私有林，其所占的比重有不断上升的趋势：有林地中个体经营的面积比例增加了 11.39 个百分点，达到32.08%。个体经营的人工林、未成林造林地分别占全国的59.21%和68.51%（国家林业局资源司，2010）。以农户为经营主体的私有林已经成为我国林业建设的骨干力量。

（三）私有林经营效率问题成为林业改革与发展必须面对和解决的课题

当人们对于林业多功能的需求日渐强烈、社会对林业的关注度不断提高、在私有林所占比重随着集体林权制度改革的不断深入日益扩大的情况下，分林到户的林农经营规模是否是经济的？即私有林是否能实现规模经济？这就成为一个理论界、实际工作者和社会各界都普遍关心的热点问题，迫切需要通过科学的研究予以明确的回答。

二、研究意义

私有林经营的规模效率直接影响到我国林业的发展。随着林业产权制度改革的推进，私有林所占的比重越来越大，林农经营林业的积极性与自主权均有大幅度的提高。然而，林农经营规模相对较小会不会影响林业生产的总体效率，进而影响我国林业的整体竞争力，这始终是一个社会各界共同关注的焦点与难点。问题的实质是，私有林经营是否存在明显的规模效应，目前是处于规模报酬递增阶段还是递减阶段，仍没有定论。因而，从林业发展的角度来看迫切需要解决这一问题。

私有林经营规模效率问题也是困扰我国林业改革的一大难题。从 20 世纪 80 年代处的林业“三定”，到 90 年代林业改革，再到今天的林业产权改革，每当涉及划小林业经营规模的改革时，专家、学者们均对经营规模的划小是否会影响效率表示担忧。课题组在南方集体林区 10 省进行“私有林经营意愿与补贴制度研究”（国家自然基金项目）和“福建集体林权深化改革的调查与研究”（联合国粮农组织项目）调查时，不少专家和政府官员对私有林经营的规模效率提出了疑虑。多数学者直观地认为私有林不利于发挥林业生产的规模效益，但缺乏有力的数据证明。这就需要选择有代表性的样本进行实际调查，运用科学的方法进行实证研究。

私有林经营规模效率的测度与分析既关系到人们对于林权制度改革的评价，也关系到林业产权改革深化的重点于方向。虽然林权制度改革已经在全国范围内如火如荼地展开，但实际上人们对于林改的必要性及成效都存在不同的认识与评价，其焦点之一是在对私有林经营规模效率问题的认识上存在分歧，实际上有三种可能的情况：如果私有林经营的规模是有效的，或是规模无效的但处于规模报酬递增阶段，说明了林改并非必要的，那么林改后续重点工作就应该调整方向，大力度扩大规模以实现林业效率的提高；如果私有林经营是规模无效的，且处于规模报酬递减阶段，就说明林改是必要的，那么深化林权改革的重点就应该是建立起有效的机制来促进林业经营效率的进一步提高；如果私有林的经营规模效率是不明确的，那么后续的改革与发展则需要不同的政策选择。

本课题组之所以选择福建进行案例研究，是因为福建是我国南方重点集体林区，林业产权制度的改革走在全国的前列，以福建为案例进行这方面的研究具有一定的代表性。同时课题组也根据福建的实际情况，选择杉木、毛竹、茶叶等三个面积大、产量高、经营的历史悠久的优势树种为例，以获取面板数据的，进行贴现计算，测度出私有林经营的规模效率。这样的案例研究对于南方集体林区，甚至是全国的林业产权改革与经营管理都具有重要的参考价值与指导意义。

三、研究内容

围绕私有林规模效率的主题，课题研究了经营规模效率测度与验证、规模报酬阶段的判断与统计分析、规模与经营规模效率的互作机理、影响因素分析、私有林适度经营规模的界定、利益相关者博弈分析与政策建议等内容：

(1)私有林经营规模效率测度与验证：以农户为决策单元，运用数据包络分析法(DEA)对私有林经营规模效率进行测算，得出各决策单元的规模效率，判断每个样本林农的经营规模是否有效。

(2)私有林经营规模报酬阶段的判断与统计分析：判断规模无效样本林农所处的阶段，并对所有林农进行概率统计分析，得出私有林经营规模效率的概率分布，从总体上对私有林经营规模报酬阶段进行判断。

(3)研究私有林林地规模与经营规模效率的互作机理：研究私有林经营规模与效率之间相互影响、相互作用的具体关系形式，揭示其中的规律。

(4)分析私有林经营规模效率影响因素：综合分析各种因素对私有林经营规模效率的影响，用线性回归方法得出主要影响因子及其贡献率。

(5)对南方集体林区私有林适度经营规模进行界定：根据南方集体林区的实际情况对林业适度经营规模进行界定，并分析实现适度规模经营的条件与要求。

(6)提出促进私有林适度规模经营的政策建议：分析各利益相关者在促进私有林适度规模经营的行为特征，研究促进私有林适度规模经营的具体政策与实施途径。

本研究可以解决现实中困扰林业改革的关于私有林经营规模效率的疑问，为深化林业产权改革提供参考，为促进林业适度规模经营提供政策建议，因而对提高林业经营效率与竞争力，促进我国林业发展具有重要意义。

四、研究思路

(一)技术路线

本研究的目标是运用非参数估计(DEA)法和福建杉木用材林的实际投入要素与产出的实际数据估算私有林经营的规模效率，判断其所处规模报酬阶段，对影响规模效率的因素进行线性回归分析，找出各自的影响系数，提出深化林业产权制度改革，促进林业健康发展的政策建议。

技术路线如下：

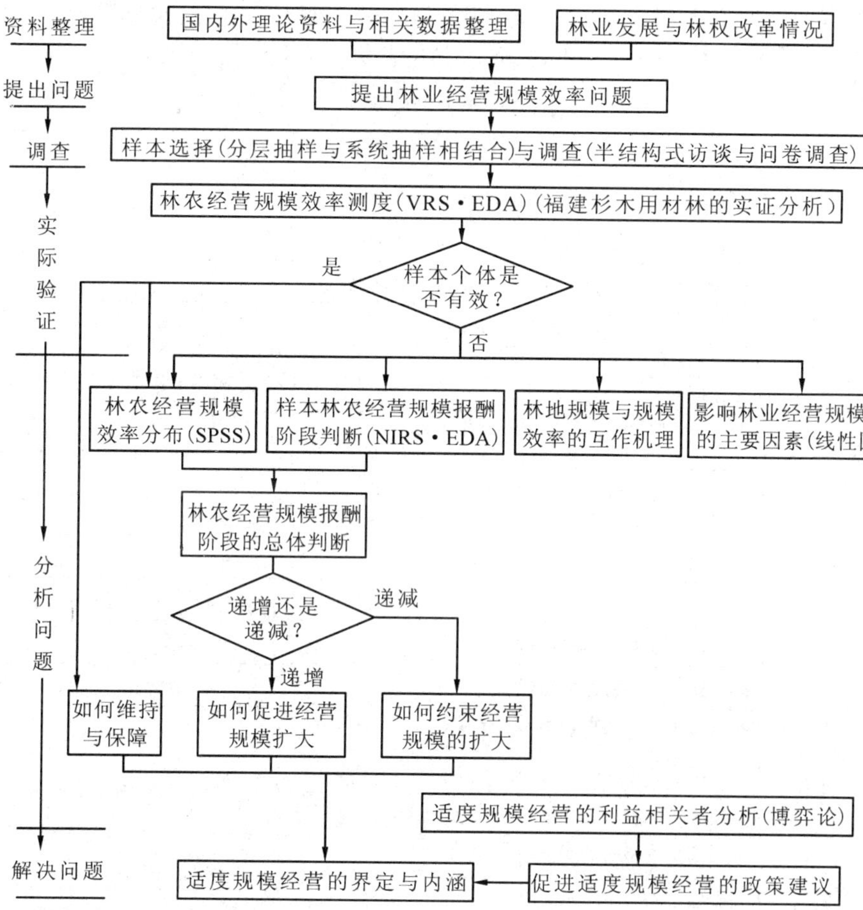

(二)调查方法与资料整理

课题组按照随机抽样与系统抽样相结合的方法进行了问卷的设计，组织了相关专业的研究生与本科生参与问卷调查，然后对调查的资料进行整理。

1. 问卷调查

本课题选择了实地考察和问卷调查相结合的方法，按照系统抽样和随机抽样相结合的原则，对福建省四地市（南平、三明、龙岩、泉州）的农户进行入户调查，具体调查时间进度如下：于2007年8月对上杭县83户农民，2008年1月对永安市安砂水库的65户林农，2008年7月对安溪75户茶农、清流县56户林农，2009年4月对南平的光泽县和延平区的58户林农，2009年7月对包括林改第一村洪田村在内的永安市100户林农，2009年8月对龙岩市连城县66户林农，2010年10月对南平市延平区的44户农户进行问卷调查和访谈，共收集578份问卷，其中有效问卷547份，有效问卷率达94.6%，有效问卷主要分布在这四个市内的7个县35个乡镇的123个村庄，具体见表1-1。

表1-1 问卷分布表

县	乡镇	村
上杭县（4个镇，17个村，83户农户）	中都镇	亲睦村、睦邻村、古坊村、都康村
	旧县乡	河东村、河西村、全坊村、龙溪村
	白砂镇	东塘村、军桥村、朋新村、官洋村、军桥村
	古田镇	上阳村、文元村、赖坊村、竹岭村
永安市（1个镇，14个村，65户农户）	安砂镇	安砂村、曹田村、茶子林、朝田村、江后村、凉坑村、罗丰村、培竹村、青村村、热水村、石壁村、苔茹村、新建村、小火村
安溪县（3个镇，7个村，75户农户）	虎邱镇	仙景村、竹园村
	感德镇	大格村、中甲角落村、洪佑村
	金谷镇	华芸村、美洋村
清流县（4个镇，11个村，56户农户）	嵩溪镇	嵩溪村、元山村、青山村、畲族村
	龙津镇	立新村、和元村
	嵩口镇	下戈村、俞坊村
	林畲乡	孙坊村、舒曹村、下阳村
连城县（8个乡镇，15个村，66户）	莒溪镇	福地村、厦庄村、莒市村
	曲溪乡	黄胜村、曲溪村
	北团镇	富坪村、張地村
	新泉镇	新罗村、良坑村
	朋口镇	瑶里村、张屋田村
	沽田镇	白莲村、东华村
	塘前乡	黄沙瑶村
	文亨乡	福地村

（续）

县	乡镇	村
永安市（5个乡镇，24个村，100户）	洪田镇	马洪村、水东村、长川村、水西村、洪田村
	小陶镇	团结村、小陶村、坚村村、下湖村、红星村、上吉村
	贡川镇	集凤村、红安村、吉凤村
	大湖镇	冲三村、冲四村、冲一村、坂头村、新洋村
	西洋镇	内炉村、林田村、下阶村、岭头村、桂溪村
光泽县（4个乡镇，11个村，31户）	司前乡	新甸村、墩上村
	华桥乡	吴屯、大禾山、大禾山村、吴屯村
	寨里镇	茶富村、大青村
	止马镇	水口村、大浔洋村、岛石村
延平区（6个乡镇，25个村，71户）	赤门乡	赤门村、东墙村、尤山村
	王台镇	王台村、溪后村、姜口村、洋坑村、吴坍村、井窠村、九坍村、埂尾村
	南山镇	东门村、江布村、龙湾村、大坑村、江补村
	太平镇	儒罗村
	西芹镇	南州村、塘下村
	塔前镇	鸠上村、太平村、洋坑村、井窠村、赤坑村、猪地坑村

2. 调查资料整理分析

福建私有林经营统计资料整理与分析。对福建省1999～2008年的劳动力投入、中间消耗投入、林地投入、经营的产出等统计资料进行整理；对福建省2007年福建的三大主要林区——闽西北的南平、三明和龙岩三市的劳动力投入、中间消耗投入、林地投入、经营的产出等统计资料进行整理；并将之进行汇总、对比与变动分析，揭示了私有林经营的投入产出情况，为相关研究提供一定的资料支持。具体情况见表1-2。

表1-2　福建私有林统计资料整理与分析处理情况

统计指标	数据年限	数据来源	是否汇总	是否进行文字分析	是否进行动态分析	应用领域
劳动力投入	1999～2008	《福建省经济与社会统计年鉴》和《福建林业统计年鉴》2000～2009	是	是	是	福建省私有林经营现状分析
中间消耗投入	1999～2008	《福建省经济与社会统计年鉴》和《福建林业统计年鉴》2000～2009	是	是	是	福建省私有林经营现状分析

（续）

统计指标	数据年限	数据来源	是否汇总	是否进行文字分析	是否进行动态分析	应用领域
林地投入	1999～2008	《福建省经济与社会统计年鉴》和《福建林业统计年鉴》2000～2009	是	是	是	福建省私有林经营现状分析
经营的产出	1999～2008	《福建省经济与社会统计年鉴》和《福建林业统计年鉴》2000～2009	是	是	是	福建省私有林经营现状分析

福建省私有林经营规模效率问卷调查资料整理与分析。对503份问卷（每份问卷包括9个表）进行汇总和统计分析，重点分析了杉木的劳动力、土地、资金投入和相应的产出；毛竹林的劳动力、土地、资金、科技及当前遇到的经营困难、茶叶的经营规模、发展水平等，并将现状与预期进行对比，找出其中的差距，在此基础上对私有林的规模效率问题进行探讨，提出了通过深化集体林权制度改革、促使林业由粗放经营向集约经营转变、对林农分类指导、引导多渠道筹集资金、促进科技创新等行政、经济、法律手段来促进私有林适度规模经营。具体分析的领域见表1-3。

表1-3 福建私有林经营规模效率问卷调查资料分析处理情况

调查领域	相关指标	是否进行统计分布分析	是否汇总统计分布分析	是否进行对比	是否进行经营规模效率现状的对比	应用领域
家庭成员基本信息调查表	年龄	是	是	是	否	私有林经营状况分析、私有林经营规模效率影响因素分析
	是否当过林业干部	是	是	是	否	私有林经营状况分析、私有林经营规模效率影响因素分析
	是否参与林地的经营与管理	是	是	是	否	私有林经营状况分析、私有林经营规模效率影响因素分析
杉木林地块调查情况调查表	地块面积	是	是	是	是	杉木经营规模效率测算与分析
	林地来源	是	是	是	是	杉木经营规模效率测算与分析

（续）

调查领域	相关指标	是否进行统计分布分析	是否汇总统计分布分析	是否进行对比	是否进行经营规模效率现状的对比	应用领域
杉木林地块调查情况调查表	种苗费用	是	是	是	是	杉木经营规模效率测算与分析
	林地资源状况	是	是	是	是	杉木经营规模效率测算与分析
	立地条件	是	是	是	是	杉木经营规模效率测算与分析
	使用药肥	是	是	是	是	杉木经营规模效率测算与分析
	林地经营类型	是	是	是	是	杉木经营规模效率测算与分析
	离公路(机耕路)距离	是	是	是	是	杉木经营规模效率测算与分析
经营行为与经营意愿调查表	营林的主要原因	是	是	是	否	私有林经营状况分析、私有林经营规模效率影响因素分析
	遇到的主要困难	是	是	是	否	私有林经营状况分析、私有林经营规模效率影响因素分析
	林权纠纷	是	是	是	否	私有林经营状况分析、私有林经营规模效率影响因素分析
	施肥情况	是	是	是	否	私有林经营状况分析、私有林经营规模效率影响因素分析
调查杉木林地经营劳动投入情况调查表	造林投入工时	是	是	是	是	杉木经营规模效率测算与分析
	幼林抚育除草松土施肥	是	是	是	是	杉木经营规模效率测算与分析
	郁闭后成林抚育	是	是	是	是	杉木经营规模效率测算与分析
	森林管护	是	是	是	是	杉木经营规模效率测算与分析

（续）

调查领域	相关指标	是否进行统计分布分析	是否汇总统计分布分析	是否进行对比	是否进行经营规模效率现状的对比	应用领域
调查杉木林地经营劳动投入情况调查表	预估活立木市场价值	是	是	是	是	杉木经营规模效率测算与分析
	林木蓄积量	是	是	是	是	杉木经营规模效率测算与分析
近5年来杉木林地销售交易情况调查表	间伐采伐量	是	是	是	是	杉木经营状况与规模效率影响因素分析
	主伐采伐量	是	是	是	是	杉木经营状况与规模效率影响因素分析
	木材销售总收入	是	是	是	是	杉木经营状况与规模效率影响因素分析
	当时每立方米木材市场售价	是	是	是	是	杉木经营状况与规模效率影响因素分析
	采伐砍工、运输等费用	是	是	是	是	杉木经营状况与规模效率影响因素分析
毛竹林地块经营情况调查表	样本地块面积	是	是	是	是	毛竹林经营规模与效率分析
	经营类型	是	是	是	是	毛竹林经营规模与效率分析
	土地使用费	是	是	是	是	毛竹林经营规模与效率分析
	土地肥沃程度	是	是	是	是	毛竹林经营规模与效率分析
	栽植株数/立竹度	是	是	是	是	毛竹林经营规模与效率分析
	年自投工	是	是	是	是	毛竹林经营规模与效率分析
	化肥投入量	是	是	是	是	毛竹林经营规模与效率分析

（续）

调查领域	相关指标	是否进行统计分布分析	是否汇总统计分布分析	是否进行对比	是否进行经营规模效率现状的对比	应用领域
毛竹林地块经营情况调查表	运输费	是	是	是	是	毛竹林经营规模与效率分析
	农药投入量	是	是	是	是	毛竹林经营规模与效率分析
	每亩出春笋数	是	是	是	是	毛竹林经营规模与效率分析
	每亩产量	是	是	是	是	毛竹林经营规模与效率分析
	样本地块直接年收	是	是	是	是	毛竹林经营规模与效率分析
	样本地块间接年收入	是	是	是	是	毛竹林经营规模与效率分析
茶叶地块经营情况调查表	面积	是	是	是	是	茶树经营规模与效率分析
	经营类型	是	是	是	是	茶树经营规模与效率分析
	除草方式	是	是	是	是	茶树经营规模与效率分析
	化肥投入量	是	是	是	是	茶树经营规模与效率分析
	农药投入量	是	是	是	是	茶树经营规模与效率分析
	种苗费用	是	是	是	是	茶树经营规模与效率分析
	土地使用费	是	是	是	是	茶树经营规模与效率分析
	茶青产量	是	是	是	是	茶树经营规模与效率分析
	茶青制成茶叶的比例	是	是	是	是	茶树经营规模与效率分析
	茶叶价格	是	是	是	是	茶树经营规模与效率分析

第二节 国内外研究进展

林业也是经营土地的产业，经营的规模受到土地规模的制约，有关农业规模经营的研究结果值得借鉴。

一、关于农业规模经营的研究进展

国内外学者对农业规模经营问题有三种不同的观点：一是认为大规模农业有效；二是认为小规模农业有效；三是认为农业经营效率与规模没有必然联系。

(一)大规模农业有效率

持这种观点的代表有：阿瑟·杨、泰勒的大农优越论，他设立了5项指标来评价农场的经营效率，最终得出大规模农场的效率比小规模农场的效率高的结论。Cornia(1985)在对15个发展中国家的农场规模和要素投入、产出以及劳动生产率之间关系的分析中，得出在孟加拉国、秘鲁和泰国，农场规模和农业生产率之间呈正相关系，证实了规模越大，经营效率越高的观点。舒尔茨(1964)指出，规模负效应现象是因为农业生产中主要采用传统劳动密集型技术，技术创新会使农业生产同样具有规模经济性。

(二)小规模农业有效率

许多关于农业经营规模效率的研究得出小规模经营并不一定比大规模经营的效率低的结论。

农业经济学家对发展中国家农业生产的实证研究表明，在很多地区，农业生产的确普遍存在规模负效应。Johan Z 1993年对波兰736个私人农场的进行全要素生产率分析发现，大农场不会比小农场更有效益(Johan Z.，1996)，Nohuhiko发现印度东部农民小规模经营水稻时，在薄地(高地，中高地)上种植传统品种是接近生产前沿的(Nohuhiko，2007)。普罗斯特曼和里丁格(1996)使用117个国家的数据最后得出，小规模经营是比较有效的。世界银行对肯尼亚小农场和大农场的对比研究发现，规模在0.5hm^2以下的农场每公顷单产是规模在8hm^2以上农场的19倍，前者的劳动用量也是后者的30倍。在印度，规模在2hm^2以下的农场的每公顷土地收入比规模在10hm^2以上的农场高出1倍多。在巴西，每公顷土地的纯收入随着农场规模的增加而递减。科尼亚对15个发展中国家不同规模农场中各种农业投入、土地产出和劳动生产率之间的关系的研究表明，农场规模与农业投入和每公顷单产呈反比。Johan Z 1993年对波兰736个私人农场的进行全要素生产率分析发现，大农场不会比小农场更有效益(Johan Z，1996)，国内学者的相关研究也得出了同样的结论。(苏祝成等，2001)金和辉等人(1989)基于100户农民的抽样调查表明，经营规模与土地生产率呈相反关系。任治君也有相关的研究和结论。罗必良(2000)从组织管理费用(高昂的监督成本与代理成本)，市场交易特征(农产品需求弹性较低，农业供给能力不确定性、季节性、较长的周期性，土地和劳动力等农业生产要素流动困难)以及垄断利润(农产品市场的竞争接近于完全竞争，农业通过扩大经营规模来寻求垄断利润的可能性极小)等方面揭示农业在本质上并不具有显著规模效率，进而论证了农地家庭经营的规模有效性。

(三)农业经营效率与规模没有必然联系

Nohuhiko(2007)发现印度东部农民小规模经营水稻在新品种的农地有上技术效益，而在薄地(高地或中高地)上种植传统品种是接近生产前沿的。有些学者的研究却表明，中型(适度规模)农场的效率最高，Hall 和 Le Veen(1978)对美国加利福尼亚农业的研究发现，中型农场在成本节约方面表现最突出，经营效率最高，Hoque(1988)在对孟加拉的农场的经营规模效率的研究中发现，农场规模和效率之间是一个动态变化的关系：1~7英亩之间正相关，7英亩以上负相关，因此7英亩是最佳的规模；Johan Z 于1993年对波兰736个私人农场进行全要素生产率分析中发现，大农场不会比小农场更有效益(Johan Z，1996)，Nohuhiko(2007)发现印度东部农民小规模经营水稻时，在薄地(高地，中高地)上种植传统品种是接近生产前沿的。西奥多·舒尔茨在《改造传统农业》一书中通过对拖拉机等生产要素的假不可分性的分析否认了大农场一定比小农场效率高的观点。从农业生产的实践来看，规模经济在生产环节当中并不显著。农业生产规模变小，生产效率并不一定降低。美国农业部的有关调查表明，在美国农场规模的大小与生产效率之间没有明显的正相关关系。康赛优和瑞定杰(2000)对菲律宾的研究显示，小规模的农地面积在增加到4 hm^2 之前生产率逐步上升，而在4 hm^2 之后生产率逐步下降，但是过小规模的农地生产率很低，面积小于0.5hm^2 的生产率低于面积很大的农地生产率。

夏永祥(2002)认为农业效率可以用土地产出率、劳动生产率和资本效率三个指标来反映和测定，它们与土地经营规模的关系并不一致。根据市场经济的本质要求，应该主要选用资本效率来测定农业效率。资本效率与土地经营规模是正相关关系，为了提高农业效率，有必要扩大土地经营规模。史正富(1995)对796个农户的调查数据发现，农户经营的土地规模对土地产出率没有什么促进作用。山东农业大学1995年对山东358个农户的调查表明，规模经营农户与小农户的单产之间也没有什么差别。万广华等人(1996)根据农业部与澳大利亚阿禧雷得大学所做的抽样调查数据发现，我国谷物生产几乎不存在规模经济效益。计量分析表明我国农业生产中的规模经济不会显著地异于1这个值，因而增加农户的经营规模不一定能够带来更多的食物增产。

有些学者还提出了规模经济的实现是有条件的。杨启智(2003)从规模经济实现的前提条件即生产的关键设备在技术上的不可分性出发，由于农业生产投入的土地、资金、劳动力都具有可分性，所以加大生产要素(土地、劳动和资本)的投入与实现规模经济效益并没有必然联系，并指出农业的规模经济并不体现在生产环节，而是体现在提供辅助性的社会服务环节。俞国平(1988)认为农业规模经营的条件包括当地的非农产业发达可以提供大量的就业以便农业劳动力的转移、经营者有较高的经营水平和管理素质，并且农户自愿进行农地的流转和承包。潘朝辉和杨怀宇(2007)对农业规模经营的前提条件进行了分析，认为转变城乡二元经济结构是推行农业规模经营的关键。陈丹和唐茂华(2008)通过法国、日本推行农业规模经营的经验得出只有存在市场内在推动力的时候才能实现规模化经营的制度变迁，在缺乏市场条件和违背农民需求的情况下强制性地推行农业规模化经营往往得不到应有的成效，指出应优先在经济发达的地区考虑推行规模化经营。

关于实现农业规模经营的途径。张林焕(2006)认为在我国农业发展现有水平的限制下，农业规模化经营可以通过增加生产要素投入，优化生产要素组合配置，分工多样化、生产专业化、经营产业化，服务体系社会化来实现。杨启智(2003)认为“合作社 + 农户的经营模式”可以克服目前农户对市场不适应而导致的内部小规模不经济和外部不经济导致的经济效益的损失。徐宏峰(2007)提出实现农业规模经营模式包括合作服务式农业适度规模经营和土地集中式农业适度规模经营两种。

二、关于林业规模经营的研究进展

由于林业经营周期长，投入的生产要素多，产出多样且难以衡量，经营周期内的制度变动性较大，相关数据难以获得，因而专门从微观决策主体的角度进行林农经营规模效率实证研究与定量研究尚不多见，更多的是定性研究。

(一)国外关于林业规模经营效率的研究

国外对于林业经营效率的研究较早，在1975年，M. Grut就应用投入产出法分析了林业经营中的效率问题，C. Price(1997)则应用25年的面板数据分析了英国林业的经营效率，认为林地与劳动力的机会成本对林业生产经营的影响很大，如果机会成本较小，则林业经营是有效的，并不存在明显的规模效率。Lebel and Stuart(1998)运用DEA模型对23个伐木工人在1988 ~ 1994年的投入产出效率进行了测量与分析。Viitala and Hanninen(1998)运用DEA模型研究芬兰19个公益林的效率。Jun2 Yen Lee(2005)利用1997~2001年全球森林和纸业公司的相关数据测算了其相对效率，Neda Salehirad 和 Dr1 Taraneh Sowlati(2006)研究了加拿大地区木材产业的投入与产出效率问题。Ellen Moons(2002)则从林业生产经营过程中的经济收益替代收益(如生态收益、社会收益)这一角度出发，分析得出林业生产在生态收益方面存在明显的规模效应。然而，生态效益很难准确地进行测量与评价，使之说服力受到一定的影响。

(二)国内关于私有林规模效率问题研究

林业是具有显著特点的产业，私有林作为林业经营中的一种方式，其是否具有规模经济特征，长期以来一直有两种极端对立的观点，相应的也有极其不同的改革思路和促进林业发展的政策主张：

1. 规模有效——林业的特点决定了必须实行大规模经营，应当维持或大力推进规模化经营

长期以来学界和实际工作者多普遍认为林业经营的长周期、高正外部性、高风险、高投资和林业本身的自然属性等特点决定了林业经营具有较好的规模经济性。李章豪、俞国平(1996)从林业生产特点角度出发，认为分散式林业不利于林农抵御自然灾害和统一的经营管理，难以发挥林业应有的规模效应。黄瑞红(1999)认为大规模转让森林资源，是盘活森林资产，优化资源配置，实现森林资源商品化，促进林业产品发展的有效方法之一。大规模经营的科技进步成果利用率以及资本利用率较高(祝海波，尹少华，2006)，应在稳定林地使用权和不损害林农利益的基础上，采取多种形式实现大规模经营(如家庭联合经营、委托经营、折股联营、乡村林场、股份合作经营等)(黎明锋，2004；程云行，2004)，以防止林地资源细化而导致林木资源的经济、社会和生态环境功能的退化(张雄，胡继连，2003)，而小规模经营在造林、防火、病虫害防治、道路建设、运输、采伐并不具有优势(徐秀英，2005)，应当逐步形成一种适合集体林区的、效率更高的林业规模经营制度(陈锡文，2006)。

陈永福、姬亚岚等(2003)以南方集体林区在林业“三定”时期，实行的将责任山分林到户的失败经验为例，证明将成片用材林分户经营是失败的，是难以发挥规模经济效益的。伍士林等(2006)指出分散式林业生产存在组织化程度低，经营规模不经济，管理水平不高，资源利用低，林业发展资金投入不足，融资困难，产品标准化低，市场竞争力弱等问题，因而必须大力推行林业规模化经营。魏远竹等(2007)认为林业分散经营不仅存在资金难以筹集的问题，而且在林业经营管理，尤其在病虫害防治、森林火灾防范和林区道路建设等诸多需要涉及多方主体利益的问题更为突出，因此认为营林业更适合于规模化经营。

不同的学者还对集体林权制度改革后“规模经营”道路选择问题进行了深入

的研究，提出了适合于不同地区、不同林种的最佳经营方式。而股份合作制则是许多学者的共同推荐。

胡小平等(1993)认为，以折股联营为基础的股份制林场的经营模式是一种吸取各类形式的优点、能够在南方山区普遍推行的生产经营的主体形式。折股联营是把各生产要素在生产过程中的贡献折合成股份，各生产要素的投入者成为股权的所有者，凭股权参加分配。这种股份合作制经营方式冲破了单个林场独自经营的局限，是在地区范围内统筹经营的股份合作的经营形式，能够充分发挥国家，集体、个人的优势，调动各方面的积极性，组成充满活力的经营实体。张维等(2003)通过对农区林业产权主体的制度分析，认为农区林木实行股份联合经营的体制是比较适宜的制度选择。周俊鑫(1992)分析了三个乡在实施三种方式后对森林资源、护林工作、林农收入和林区秩序的影响，最后得出联合经营，势在必行的结论。而杨文杰等(2000)则认为市场经济决定了林区经营形式的多样化，前边讨论的两种经营形式不可能也没有必要包罗林业企业所有的经营形式。非国有林区应选择合适的股份合作制形式，做到政企分开、财务会计工作规范、组织章程健全、承包基数合理，从而保证林业股份合作制的顺利实施。

林业股份合作制，从形式上采用将权属及森林资产以价值形态折价作股，明确联营各方的收益权。股份合作造林最大限度地动员了可以投入营林生产的各种要素，并因其收益的明确性和稳定性具有社会资金的吸引力(李世旭，2003)。施化云(2002)也认为，林业股份合作制在解决森林资源产权归属、合理分配、生产要素组合、生产管理、适度经营规模等方面都显示出了它的有效性(施化云，2002)。杨汉章等(2000)认为，林业股份合作制的优势为：股份合作制是适应社会主义市场经济要求的一种新型的公有制形式；林业股份合作制是统分结合较好的形式；林业股份合作制建立了较好的投入机制；林业股份合作制有利于林业“两个根本性转变”的实现；林业股份合作制有利于保护林农利益；林业股份合作制有利于保持林业政策的连续性。加快非公有制林业发展要推行林业股份合作制，实行规模经营。一家一户的家庭经营，土地过于分散，无法实现规模经营，难以发挥规模经济效益。林业股份合作制是一种行之有效的经营形式，它既可理顺产权关系、明晰产权主体，又可促进各种生产要素的合理流动，形成规模经营。在20世纪90年代初期，南方集体林区的一些省份曾积极推行过林业股份合作制，也取得过明显的成效(陈永福，姬亚岚，2003)。

李世旭(2003)提出，股份合作制不是一个最终稳定的资金组织形式，它必然要向完善的股份制形式过渡。在林业可持续发展的分类经营思想指导下，大规模商品林集约营造在资金的组织上将采用股份制的形式。建立了股份制的营林产业将真正跻身于资金市场的运作过程中，通过股票市场的资金扩充功能，实现资金运营的全过程。

王文德(2002)认为庄园经济是一种很好的经营方式，民营林业作为合理开发利用上述资源的制度创新，其经营形式已由最初的本地群众分户承包、独家经营发展到现在的一个又一个林业产业“大户”和“庄园经济”实体，太宁的程炜、蒲县的牛伟、泽州的张永胜、柳林的张应昌、垣曲的崔如香、平定的耿黑眼和晋中的马彰源等都是以民营林业为基础，建设“庄园经济”的典型代表。他们在规模治理、连片开发当地“四荒”资源的同时，对缓解农村就业压力，开辟下岗职工就业渠道，促进农村社会稳定等方面都产生了积极的作用。据统计，山西全省范围内目前已有33hm^2以上的“庄园经济”大户达1660余户。

唐和平等(1999)认为茶农规模经营的条件与农业规模经营类似，包括将茶园集中到种茶能手的手中，使大部分的经营不善的茶农转向其他行业；提高茶农的茶叶生产科技技术和管理水平；将立地条件差不适合种植茶叶、管理方式粗放、经济效益不好的茶园改为耕地或者林地，实现茶园大规模的连片经营；健全社会化的服务体系提出了两种茶园适度规模经营的模式即外延式(加大土地、资金与劳动力的投入)、内涵式(增大科技投入、改正分工协作方式)，并认为后者更适合我国的国情。

在目前的条件下，可见的文献中支持规模经营的仍然占较大多数。杨宗松等(1993)认为采用小农经济的生产方式来经营林业，与林业生产投入大、产出慢的特点不相适应，应当深化林业改革，推行林业规模化。

2. 规模效应不明显，小规模经营也有效率——不应当排除小规模经营，而应当根据实际情况采取多种经营形式，林业规模经营和分散经营可以而且必将长期共存。

早在20世纪80年代初的“林业三定”中，当一些地方在分林到户后出现了乱砍滥伐森林的问题时，反对由农户进行家庭小规模经营的观点成为主流，许多地方实际上就禁止了分林到户的家庭经营，当然也有少数不同观点，提出了“分林到户的家庭联产责任制不应成为林业生产责任制的禁区”(张春霞，1985)；在90年代，提出了在稳定林地使用权和不损害林农利益的基础上，由林农自愿重组实现划小经营单位的体制改革，改变原来的以行政村的大集体的集中统一经营为自然村、家庭联合经营、委托经营等多种形式的合作经营(张春霞，1994)；

俞国平(1989)认为林业规模经营是林业生产力发展到一定水平的必然产物，是为了求得较好的效益而进行的生产要素的优化组合。但是由于规模经济对地区的非农产业的发展状况、经营者的整体素质以及林地流转的难易程度都有所要求，而这些要求恰恰在林业生产领域无法像其在其他产业那样明显地表现出来，因此，在相当长的时间内，林业生产的规模扩大化与规模分散化将同时发展，二元规模结构将长期存在。从林业经营的成本和效率看，首先，中国森林、林木、林地使用权流转市场信息服务残缺，山区农户一般居住又比较分散，致使农户和其他经营者为获取信息要花费较高的交易成本。其次，由于中国缺乏规范的森林、林木、林地使用权交易规则，这就可能导致契约制度实施过程中的成本增加，进而增加规模经营的成本。任何制度的实施都要有一定的成本投入，在进行制度选择时，需要把不同制度安排和制度结构的净收益，依据"成本—收益"分析法加以比较，选择其中净收益最大的那项制度。只有少数文献基于典型地区或小样本的分析认为，规模经营农户的单产比一般农户高。在没有精确比较之前就妄下结论，其结果是非常值得怀疑的。由于小范围或小样本得出的结论不尽一致。其他的研究也出现类似的状况，以至于有学者(徐明华，2000)认为农业规模经营的利弊尚待权衡。陈存及(2000)则通过对福建毛竹林研究表明，制约毛竹经营效率提升的主要因素之一不是面积太小的原因，而是面积过大，许多地方是广种薄收，效率不高，所以不是面积大小，而应该在提高经营效率上做文章。

高立英(2007)也认为在分散经营条件下，林农必然会对自己所属的林地精耕细作，进而提高林地利用率和经营水平。规模经营的净效益未必比分散经营高。由于规模经营组织规模较大，对管理技术的要求就较高，现实中经常出现由于管理上的失误所造成的损失大于其规模扩张所带来的收益的现象。同时，她还认为规模经营会增加农村剩余劳动力数量，进一步加剧劳动力转移的压力，影响社会安定。

苏祝成等(2001)通过研究不同规模茶场的经营绩效，表明茶园经营并不具有规模经济的特点，但是不同的茶类有所不同，大宗茶由于机械化而具有一定的规模效应，而手工茶由于主要依赖劳动力投入而不具有规模效应，因此，只有进行技术创新，采用资本型技术才能推动实现规模经济。茶农规模经营的途径包括：转变政府职能，投入更多资金建设茶叶生产基础设施，提供更多的茶叶科技服务；改变茶农小富即安的观念，整合茶园和茶叶资源；促进茶业协会等相关组织的完善并协调各方面工作；改革茶叶流通体制，促进农工贸一体化的实现(林善波，2005)。王进东(2006)也认为茶叶的社会化服务体系能够扩大茶叶交易的范围规模，从而获得茶叶规模效益。而刘富知(2000)则从茶叶种植的自然和经济条件的角度指出，丘陵地区的茶园与山区的相比地势平坦并分布较集中，更适合茶农的规模化经营。

张春霞及其课题组于2010年通过对福建省140户林农的杉木经营规模效率进行测算发现：0~4亩规模区间和70~80亩规模区间下林农私有林经营规模效率是最优的，即私有林经营在某种条件下小规模是有效率的，并指出由于生产要素投入不合理、生产要素配置不合理以及经营管理不善等原因，造成福建省林农经营规模效率偏低，主要体现为林农生产过程中存在资金投入和劳动投入冗余以及林地产出不足等问题。

（三）我国关于规模效率的测算

我国真正运用实证分析来研究林业投入产出效率问题的学者并不多。1991 年 Kao 和 Yang 最早采用两种 DEA 模型对台湾 13 个林区经营效率展开研究，结果发现 13 个林区中有 5 个林区的经营是无效率的，有 2 个是纯技术无效。刘璨先生在对我国林业经营效率评价方面做了大量的研究，早在 1992 年他就与马天乐先生一起对中国林业总要素生产率进行测度与分析，2000 年又利用 1995 ~ 1997 年安徽省金寨县 201 户样本农户的调查问卷资料建立生产函数模型，得出林业生产投资投入量相对过剩，应当适度扩大林地生产规模，进而实现规模经济。2003 年他又利用 1978 ~ 1997 年安徽省金寨县 93 户样本农户的问卷调查数据建立基于 Malquist 指数的 DEA 模型测算林业全要素生产率，2004 年他又以江苏省淮安县为例测算了平原林业生态效率，后来又应用 DEA 方法分析了东北国有林区企业效率测算与分析（刘璨，2006）。但可能是基于研究目的的需要，他主要是从反贫困以及效率变动趋势的角度进行探讨，将农户林业经营的异质性抽象掉，所估算出来的相关数值是样本户的平均情况；并没有应用求解规模报酬非增（NIRS）和 DEA 模型（Coelli，1996）来判断处于规模无效的决策单元规模报酬所处的区域，以帮助其采用相应的补救措施；也没有对决策单元的不同效率进行比较分析、排序和归类，没有反映影响林农规模效率的主要因素。

在此之后，陆陆续续也开始有国内学者运用 DEA 方法对林业的经营效率进行测算。施蔚等（2007）运用 C – D 生产函数结合 DEA 测算方法探讨了江苏省木材加工企业的规模不经济的成因所在。何浩然，翁茜，徐晋涛等（2007）则利用 2004 年东北和内蒙古国有林区林产品加工企业的数据，运用 DEA 方法测算其技术效率。赖作卿，张忠海（2008）运用了 DEA 分析方法，对广东 21 个城市的林业 4 个投入指标和 3 个产出指标进行分析，得出各个城市的林业投入产出效率值、纯技术效率值、规模效率值和规模效益，进而对广东林业投入产出效率的区域平均值进行比较分析。李海鹏，张俊飚（2009）运用 DEA 方法对退耕还林重点省份（四川，贵州，内蒙古和陕西）四个省中的 19 个村庄的退耕护岸林投入产出的有效性进行分析，发现有 9 个村庄处于 DEA 有效，5 个处于弱有效，还有其他 5 个处于无效。

此外学者从不同的角度也提出了提高林业经营效率的方法，蒋海，苏志尧，先锋（1998）认为林业产业化是提高林业经营效率的有效方法，侯元兆（1998）则利用专业分工理论探讨了实现林业经营效率提高的途径，李宏（2000）则从产业结构的合理化对于林业经营效率的促进作用，王维明，张松艳（2004）则认为应当提高林业设备利用综合效率，黄顺斌(2005)则探讨了林业企业提高资金使用效率的途径。然而上述的种种判断都因没有充分的数据支撑而缺乏说服力。

因而，有必要根据大量的样本数据，运用科学的数理统计分析方法与模型对林农经营规模效率进行实证研究，一方面既解决林业经济管理一个研究难题，另一方面也为进一步深化林权改革提供一定的参考，具有重要理论与实践意义。

第二章
私有林发展演变历程

新中国成立以来，私有林的发展可以追溯到建国初期的20世纪50年代初，当时随着土改政策的落实，我国南方集体林区一些省份的个私造林就开始逐步兴起。但随着合作化进程的发展，个私造林逐步减少，特别是人民公社化后，建立了“一大二公”的经济体制，南方集体林区实行“三级所有、队为基础”、集体统一经营的制度，私有林实际上就已经不复存在了，而它的重新兴起是在改革开放后，是伴随着集体林权制度的改革进程而逐渐发展起来的。只有对原来的集体林权制度进行改革，在实现林地所有权和使用权相对分离的条件下，私有林才有可能产生，因此集体林权改革是私有林发展的产权基础。从20世纪80年代初“林业三定”开始的集体林权制度改革，历经了20多年的探索，一直到2003年的新一轮林改才得以破题，这一漫长的探索改革的艰难历程，也是私有林从开始兴起到历经曲折后的大发展的过程。而2003年开始试点实施到2008年全面推行的新一轮集体林权制度改革被认为是我国农村土地家庭承包经营制度由耕地向林地的拓展与延伸，是农村改革的深化与延续，被赋予再一次解放农村生产力促进农村发展的巨大改革预期。

第一节　私有林的兴起：以“林业三定”为起点

南方集体林区私有林的兴起，是以“林业三定”的林权制度改革为起点的。以“集体所有、集中统一经营”为特征的人民公社产权制度不允许私有林的存在，因此南方集体林区私有林的兴起要求对原来的产权制度进行改革，林改是以“林业三定”为开端的。而在国有林区，私有林的兴起也是在改革开放后。1978年开始实施的三北工程建设实行的是“地方政府和农民投入为主，国家扶持为辅”的投入和“谁造谁有谁受益”的政策，由此产生了以个人和家庭投入为主的私有林。

一、“林业三定”的内容

党的十一届三中全会后，我国南方集体林区的集体林权制度也开始了改革。1981年3月8日，中共中央、国务院发布了《关于保护森林发展林业若干问题的决定》，随后，在林业部等相关部委的共同推动下，林业“三定”（稳定林权、划定自留山和确定林业生产责任制）工作在全国范围内得以开展。

与农业的家庭承包责任制所取得的巨大成功相比，“林业三定”未能取得预期的效果。始于20世纪80年代初期的“林业三定”，一方面划定了自留山，并确定了一定数量的责任山；另一方面又保留了足够多的集体能够直接控制的林地。集体林地因此划分成既相互联系又有所区别的三类：自留山、责任山、公管山。三类中以自留山的产权关系最为明晰，农民拥有比较充分的自主经营管理权。但遗憾的是，各地划分的自留山的面积小，人均1亩（$1/15hm^2$）左右，占山林总面积的很小比例。第二类是承包责任山，其产权多数是模糊不清的，并且大部分由村民小组（生产队）统一管理。即使有些地方将责任山的经营落实到了农户，也存在着人均面积较小、户与户之间的界限不清楚、原先的面积不准等诸多问题，产权归属不清，使责任山实质上仅是让农民代为管护的山林。第三类是“公山”，即指仍然由村集体直接管理的山林，其数量占绝大多数，这部分山林的产权归属并没有发生实质上的变化，仍然维持着村集体的统一经营，但森林资源的管护及林业生产经营过程中的某个生产环节可以由农民承包。

在“林业三定”的三个任务中，“稳定山权林权”实际上是其他“二定”的基础和前提，而“确定林业生产责任制”则是主要的、也是艰巨的任务，其延续的时间也最长。这个时期围绕着这一主要任务，各地探索了多形式的承包责任制。与农业分田到户“家庭承包责任制”的一枝独秀不同，林业生产责任制则是百花齐放的多形式：有生产某个环节的承包，如管护承包，砍伐承包等，也有各种形式的家庭承包，出现了李金耀的“全国第一大包”的典型，这也是私有林的典型。这个阶段实际上是没有主导形式的摸石头探索时期。

福建仙游县的李金耀在全国率先向集体承包了大片的山地进行造林，成为全国的第一包山大户。包山大户的形式在当时产生很大的影响，同管护承包或者生产的某个环节的承包相比，这实际上是进行山地所有权与使用权分离、实行联产承包独立经营的尝试。但在当时的福建，主流的形式还是集体统一经营。

同时，在浙江、湖南、江西等其他集体林区，生产责任制的形式则比较多样，特别是经济林、荒山进行了分户承包经营。但这与农业改革有很大的不同：农业的家庭责任制是以全面的均田到户为产权基础的，林业的家庭承包制则只是在部分山地和林种中进行分山到户；农业的家庭承包制是对生产全过程的、是联产包干责任制，因而在双层经营中实际是家庭经营，而林业则不同，仍然强调以集体统一经营为主。

可见，“林业三定”的结果并没有产生大量的私有林。“稳定山权林权”实际上是对各个集体之间不明晰的山界和林权进行界定；“确定林业生产责任制”虽然尝试着进行所有权与使用权相分离的改革，探讨了多形式的责任制，但分山到户并没有成为主流的形式，就没有催生出大规模的私有林。在集体山林总面积中占绝大多数的责任山和“公山”，由于其产权实际上依然归集体统一掌控，并没有实现真正意义上的产权明晰；而只有在“划定自留山”中，才产生了新的私有林，但由于各地在落实中普遍存在着自留山的量少、质差和山头地块不清等问题，农民并没有真正关心自留山的经营，私有林也得不到重视。这一阶段的私有林主要有分户承包经营的经济林、荒山，以及自留山和大户承包等形式。

二、私有林产生的困难性

与农业改革同步开始的林权制度改革，其实质是把农业大包干家庭责任制的改革推广到林业，把原来就属于林农的林业财产权利还给老百姓，以实现林业财产权利的平民性的过程。但集体林业的这一改革经过了多次反复的改革和实践，一直到2003年初开始的新一轮林改前，多达25亿亩的集体山林的产权却没有得到解决。名义上归属于全体集体成员共有的林地产权，并没有像耕地那样实现所有权与使用权之间的相对分离。林地的使用权仍然由村集体拥有，并由集体统一经营，经营的效率一直处于较低的水平。这也正是我国能够用18亿亩的耕地成功地解决了13亿多人口的吃饭问题，却无法用多达43亿亩的林地解决好生态保护及满足国人的生产与生活用材需求的主要原因之一。如何协调集体林地所有权与使用权之间的矛盾，从而充分地调动有关各方（特别是广大林农）造林和护林的积极性，以实现在促进林业发展的同时，既让广大民众得到真正的实惠，又能够使生态环境得到有效的保护，这是新一轮集体林权制度改革给各级政府提出的一大难题，也是私有林重新兴起的难题。困扰林改的两大难题，经过了20多年的艰难探索才得以破题，这同时阻碍私有林的产生。

（一）林业规模经营问题

规模经营始终困扰林权改革，也阻碍私有林的兴起。因为林业的传统理念是：林业是一个需要规模经营的特殊行业，但不适合进行分林到户的私有林。

按照经济学的一般原理，对于一个特定的经营主体而言，在其生产经营的规模达到特定的限度之前，单位产品所分担的固定成本会随着规模的扩大和产量的增加而递减，使其整体的经济效益呈现出不断增加的趋势，并促使其生产要素的投入产出率得以不断提升，最终有助于经营者获得最大的经济效益，这就是所谓的规模效益。

问题在于，规模经营必须建立在明晰的产权基础上，才能实现规模效益，如果产权不明晰，规模越大效率就越低，这就是原来人民公社的制度弊端，也是产权制度改革的原因。实际上，规模经营的实现途径可以是多样化的，农业的发展提供了重要的启示。农业在上世纪 80 年代初实行家庭联产承包责任制之后，从 80 年代的后期开始，各地就相继出现了股份合作制、种粮专业户等各种有助于实现耕地规模经营的形式，并取得较好的效果。由此可见，规模经营是社会化生产的客观要求，不管是农业还是林业，都不例外。但需要强调的是：这种规模化经营是在生产社会化的一定阶段才出现的，是适应于一定的社会化水平的客观过程，它不能够超越客观的条件；另一方面，也是更重要的，规模经营需要以明晰的产权为基础，如果不具备这样的产权基础，为了规模而规模，那只能是规模的低效率。所以把规模经营看成林业的专利，是不符合实际的，进而以此来否认林改的必要性，反对私有林的发展，实际上是混淆了规模经营的产权基础和实现途径这两个不同性质的问题。产权制度是市场经济的基础性和根本性制度，它决定了制度的效率。

事实也正是如此。在改革开放初期到 2003 年开展新一轮集体林权制度改革之前的较长时期内，南方集体林区大部分省份的集体林处于由村集体统一经营的状态，虽然形式上具有较大的经营规模，却未能获得相应的规模效益，其主要原因可归纳为以下几个方面（张春霞，1996）：第一，在我国农村的耕地开始实行“三级所有，队为基础”时，集体林业的产权制度却有不同的情况，农地的“三级所有，队为基础”的“队”是当时的生产队（即现在的村民小组），由生产队负责使用土地并经营。而包括福建省在内的许多南方集体林区，集体山林的产权多数是由“生产大队”即现在的行政村拥有，并由“生产大队”代表广大村民直接经营，有一些地方的集体山林甚至是直接归公社即现在的乡（镇）政府所掌控，并由公社直接经营。因此，山林的产权更为集中，有更大的规模却没有经营，当然不可能获得规模效益。第二，由于当时行使山林产权主体权力的主要是行政村，它虽不是一级行政机构，实际上却是一身兼二任的准行政组织：既具有一定的行政管理职能，又代行了山林产权所有者的权利，拥有经济管理与经营的职能。因此，当时的山林产权不仅仅是所有权与经营权的“两权”统一，而且是行政权、所有权和经营权的“三权”重合，这种“三权合一”的体制又进一步导致了行政权侵犯经营权、所有权的结果，本来属于农民的森林资源现在异化为行政林、干部林，林业的生产性财产远离了它的真正所有者，这是长期来林业生产没有活力的主要原因，也是各地屡屡发生作为所有者的村民乱砍滥伐集体林木现象的真正根源。

我国南方集体林区的实践表明，由村集体统一经营林业的模式，有规模而无经营，不能获得经营效益。究其根源，在于产权不明晰，名义上属于全体村民“人人都有份”的集体山林产权，却因缺乏具体的、人格化的经营主体，实际上仍处于一种“人人都没有份”的尴尬境地，因为规模效益得以实现的最基本前提之一就是要有明晰的产权主体，而且各种产权的归属明确。因此，要获得超额的规模经营效益，就必须首先解决村级行政权对集体山林所有权和经营权的侵犯问题；同时，还要理顺林业所有权与经营权之间的关系，具体包括林地所有权与林地经营使用权以及林地使用权与林木所有权之间的关系。否则，集体山林的适度规模经营便无从谈起，规模效益也无法实现。

当然，从新中国成立以后耕地和林地经营制度的演变历史，特别是从十一届三中全会之后的历史演变来看，无论是出于公平的角度考虑，还是出于理顺林地产权关系和提高林地经营效率的角度考虑，历史都已证明，集体林权制度改革的最好切入点仍然要采取林地所有权与使用权分离的模式，即要在保持林地所有权仍然归属于集体的前提下，将林地的经营权明晰到一家一户的林农家庭，从而使集体山林产权具有真正意义上的人格化的产权主体，也使广大的林农获得真正意义上的山林产权，包括林地的使用权和林地上所生长的活立木的所有权。只有在实现了产权明晰之后，才有可能通过产权流转或其他的方式实现规模经营。如按照自愿的原则，通过股份合作制方式进行山林产权的重组；也可以由林农之间自由地组合成新的松散型的联合体，共同经营山林；还可以采取“公司＋农户＋基地”的经营方式，即林农以山林产权为股份，参与到周边的林产加工企业之中。通过以上这几种方式，不仅有助于打破行政权直接或间接参与山林经营的局面，从而解决山林经营中政企不分、所有权与经营权不分的问题，而且有助于实现规模经营，获取相应的规模效益，还有助于防止林农出现新的失山、失地等公平问题，可谓一举多得。

（二）林农的经济效益与社会的生态效益的矛盾

林业产权包括林地和林木这两个既有联系又不可分割的生产性财产的各种权利，而且长周期的林木具有受益主体各不相同的多种效益，其生态效益的受益主体是社会，所以林改必须解决生态效益与经济效益的矛盾。

林业的经济、社会、生态这三大效益既有相辅相成的一面，也有矛盾的一面，它们的统一性存在于森林这一载体，经营者通过合理的经营管理活动，可以永续地开发利用森林资源，既能获得较高的经济效益，也能获得良好的生态效益，而且经济效益与生态效益之间还可以相互转化；对立性则在于要想获得经济效益，要通过采伐林木才能实现。如果单纯追求经济效益，大量地滥采林木资源，就可能导致森林生态功能的退化甚至完全丧失。

根据产权理论，如果像耕地那样实行家庭承包责任制，林农就拥有林地的收益权和转让权，在不改变林地用途和保证采伐迹地及时更新的前提下，林农就可以自主地经营林地并享有林木的所有权、收益权和处置权。而且作为“理性经济人”的林农，在践行了不改变林地用途和保证采伐迹地及时更新等相关的约束条件下，就有权按照自己的意愿去实现经济效益的最大化，而并非“三大效益”的最大化。由社会受益的生态效益，则具有“公共物品”的属性，其他人不需付出代价也能够享受。由于经济效益和生态效益的受益主体不同，出于兼顾林业三大效益，特别是出于保护生态环境的目的，政府部门采取的是以限制经济效益为代价来促进森林生态效益的发挥，如林木限额采伐管理制度等。实际上这限制了林业经营权和收益权而弱化了林业产权。那么林改是否会导致社会关注的生态利益的损失，这就成为涉及社会与林农利益关系的敏感而又重要的问题。

林业的特点决定了林业在推广农业改革经验，在进行林地的两权分离时有它特殊的问题：为推行家庭经营责任制必须进行均山；而均山又必须同时分林，以解决林木的产权问题；分林有可能发生先砍树的后果；由此将会引起社会无偿获得的生态效益的福利损失，可能导致严重的生态安全问题。

因此，林业的多效益性特点决定了林改目标的特殊性，林改必须在多效益的矛盾中进行权衡，以总效益的最大化为目标。这个目标需包括两个方面的内容：不能出现大规模的乱砍滥伐；实现效率的改进和活力的提升，以促进林业的发展。这也成为评判改革成效的两个标准，只有同时满足这两个要求的改革，才是成功的改革。而是否引起森林资源的破坏成为改革的底线，也是对林权改革的特殊要求。

林业的特点，使林改的历程成为在多效益的矛盾中进行权衡以实现总体效益最大化目标的过程，这是个在艰难探索中不断求解的过程。因此私有林的产生注定是困难的。

三、产生难题的原因：林权制度的特点

私有林产生困难性的主要原因是林业的特点，是林权制度的特点，是林业产权构成内容复杂且林地与林木不可分离，使林地所有权与使用权难以分离：

(一)林业产权的组成内容比较复杂

林业生产是以森林资源作为主要经营对象的，而广义的森林资源既包括了林木和林地，还包括林内的野生动植物及微生物、森林环境以及其他相关资源，但主体部分是林木和林地。相应地，林业产权也包括林地产权和林木产权就两个部分。林地是林业的基本生产资料，但林地产权又与长周期林地的林木紧密相关，因此林地产权与耕地产权相比又具有一些新的特点，因而就显得更加复杂。

(二)林地产权和林木产权紧密相关，具有不可分割性(张春霞，1994)

一方面，林地产权是林木产权的基础，因为活立木不能离开林地而独立存在，林木产权就不能脱离林地产权而存在。另一方面，林地财产的占有、使用、转让和租赁等经济行为也受到林木产权的制约，受到林木生长的周期性和地域性的制约，林地的流转也受到林木产权的制约。

（三）林业产权具有恢复难的特点

林业产权具有恢复难的特点，而且山林权属的变动对林业生产的影响较大。林业生产的特殊性，也使林业产权也具有不少特点。除了上述的组成内容复杂和林地产权与林木产权的不可分割之外，还具有权属变动容易而复原难及权属变动对林业生产的影响较大等不同于农业的特点（张春霞，1994）。

可见，林业产权制度的特点，使林地所有权与林地使用权分离，产生了林业产权制度改革的难题，未能对名义上归集体成员共同所有、但实际上却由村集体中的极少部分人所占有和使用的山林产权进行积极的否定，私有林就不可能产生。

第二节　大规模发展私有林的探索：安徽岳西的教训

集体林业产权制度的改革过程可以分为两个阶段：20 世纪 80 年代初期的“摸石头”探索；80 年代后期出现了回归集体或联合经营的导向。两个阶段的转折点是安徽岳西为代表的全面的分林到户改革。林业在进行多形式的生产责任制的摸石头探索中，安徽岳西独树一帜地提出“两山并一山，统作自营山”，进行了全面的“分林到户”的改革，这是试图大规模发展家庭私有林的探索。

一、安徽岳西的林改探索

（一）提出“两山并一山，统作自营山”的背景

安徽省岳西县地处大别山腹地的东南，位于安徽省的西南边陲，全境南北长约 82km，东西宽约 41km，总面积 2398km^2。岳西县始设于 1936 年，因地处国家级旅游区天柱山（古称南岳）之西而得名。境内山清水秀，自然景观丰富，名胜古迹星罗棋布，有“东方瑞士”之美誉。同时，岳西地处山区，自然及地理条件十分适合各种生物的生长，因而其境内的生物资源极为丰富，动植物种类繁多，是一个天然的生物基因库，目前森林覆盖率高达 73%，被有关专家称之为“一座生态保存发育完好的天然花园”。岳西县是安徽省的主要林业县之一，还是国家中药材基地县和安徽省名特农副产品生产县，也是国家生态示范区建设县，境内有妙道山国家森林公园、鹞落坪国家级自然保护区、枯井园省级自然保护区等，林业及其相关产业的基础十分优越。

具有“八山一水一分田”特点的岳西县，独特的自然地理条件在为林业生产创造良好条件的同时，却造成交通不便，工业发展所需要的相关条件不足；同时由于其山多地少，耕地总面积及人均面积少，分布不平衡，限制了农业生产的发展，经济与社会发展都处于比较落后的水平。

20世纪80年代初期，岳西县委、县政府根据自身的实际条件，逐渐认识到山区是岳西经济发展的重点和难点所在，最终确定了“以林为主，多种经营，因地制宜，分类指导”的经济发展方针，走一条开发山区、以林富民的发展之路。但是，与南方集体林区绝大多数的地方类似，岳西在“林业三定”中也将集体林地划为自留山、责任山和公管山三个部分，其中占最大比重的也是产权仍然归集体、由生产大队统一经营管理的公管山；自留山的面积有限；责任山的山权、林权、采伐权和出售权均直接归生产大队，农民有责无权。同农业的责任田相比，责任山实际上是一种不健全、不彻底的责任制。当时广为流传“自留山是亲女儿，十分溺爱；责任山是小媳妇，百般虐待；公管山是童养媳，苦命难挨”的顺口溜，就是对这三类不同的林地经营方式的真实写照。各地也出现了“吃山却不养山、砍树却不种树”的普遍现象，责任山的乱砍滥伐林木的现象也比较严重。

为了解决这种责、权、利不统一、林业发展乏力的问题，岳西县提出了“两山并一山，统作自营山”的改革新思路。1984年4～6月份，岳西县委、县政府提出了“自营山”这一新的经营方式；同年6月份，在经过中共中央领导的直接批示之后，于7月份开始真正地将“两山并一山，统作自营山”这一改革思路付诸实施。

（二）“两山并一山，统作自营山”改革的实施步骤

改革采取了“三步走”的策略：

第一步，初步形成“自营山”的经营方式。“自营山”即是在前期“林业三定”的基础上形成的“自留山”和“责任山”合并而成的。自营山由林农家庭负责经营，在不改变林地用途的前提下可以长期使用，林农享有自营山上所生长林木的继承权、经营权和活立木转让权，但林地的最终所有权仍然归集体，林木采伐审批权则由林业行政主管统一审批。

第二步，建立了林木采伐“一本账”制度。在实地调查的基础上，对全县山林的面积、蓄积、生长量、可采伐量等相关信息进行了详细的调查和统计，建立了“一本账”。同时成立了林木经营管理公司，作为采伐“一本账”的实施和保障机构。林木经营管理公司分设县总公司和乡分公司，公司具有经营和管理两方面的职能，其中管理职能就是通过掌握采伐“一本账”，实行有计划的采伐，以保证森林资源的永续利用。林木经营管理公司是同级政府领导下的经济实体，公司作为采伐“一本账”的执行机构，承办与林木采伐相关的发证、记账、销账业务，并负责收取合理的相关税费。采伐“一本账”制度强化了政府计划的指导作用，有利于兼顾林业“三大效益”。

第三步，逐步开放长期封闭的木材流通市场。因为当时的木材流通领域实施的是严格的指令性计划管理，木材流通由林业部门独家统购统销。岳西县在实施了“自营山”的制度后，开始逐步地放开长期封闭的木材市场，其主要措施有：一是以林木经营管理公司为主要中介，实行议购议销，并允许林农对部分木材进行加工，以提高木材的售价和增加林农收入；二是尽量减少林木采伐和流转的审批环节，即按照消耗量低于生长量的原则，由县林木经营管理总公司核定全县总的年用材林采伐限额，并一次性将采伐指标分解到各个乡的林木经营管理公司，并由其负责将采伐指标分配，木材外销则直接由乡林木经营管理公司统一办理外销凭证，这样既减少了审批环节，又大大地提高了林业生产经营的效率，还有助于明确各方的权利和义务；三是采取多渠道经营方式，除了林木经营管理公司的营销主渠道之外，还允许木材中间商按照经营管理公司认可的基本价格同公司或林农进行直接的木材交易；四是大幅度地降低相关的木材税费，以增加林农的收益。在“自营山”经营方式形成的三个主要步骤中，“两山并一山”是基础和前提，采伐“一本账”是生态效益的必要保障，而木材市场的逐步放开是权、责、利相统一的具体实现。

二、“自营山”经营方式的主要成效

“自营山”的生产经营方式在岳西全县范围内推广，面积达到该县山地总面积的80%以上，成为当时岳西林业生产经营模式的主体，并在实践中取得了初步的成效：

（1）林农作为集体林生产经营者的主体地位得以确立，自营山上的山林由原先的集体统一经营转变为以户为单位的家庭经营，林农们对划归自己经营的“自营山”上的山林资源既有看管之责，也有经营管理之权，还能享受到应得之利，“自营山”上林木的经营权、转让权和继承权均归林农享有，从而使山林经营的责、权、利得以有效地结合，林农的利益有了一定的保障。

（2）经营利益调动了林农植树造林的积极性。原来的“公管山”和“责任山”实质上均归集体统一经营管理，林农们既无权也无利，甚至是只有责却无利，因此其经营山林的积极性普遍低下，致使“年年造林不见林”。而“自营山”保证了林农的经营权与益，激发了其造林、护林的积极性，山林经营的效率也得到了很大的提高。

（3）在“自营山”经营模式形成的初期，乱砍滥伐林木的现象得到了有效的遏制。由于明确了林农的经营管理主体的地位，“自营山”成了“致富山”，林农管山、护林的积极性空前高涨。各乡村制定了山林管护的乡规民约，建立了专门的护林防火组织，减少了乱砍滥伐山林的现象。但在后来，岳西县乱砍滥伐山林之风又重新抬头，其根源何在，是一个需要认真思考的问题。

三、“自营山”经营方式消亡的原因及根源

由于这一改革出现了分林先砍树，引发了大规模的乱砍滥伐，没有能够达到改革的最低目标而以失败告终，因此为私有林的发展留下深刻的教训。

(一)“自营山”消亡的原因：乱砍滥伐

岳西的“自营山”改革，实现了山林的家庭经营，林农成了山林的经营主体，也取得了一定的成效。然而，“自营山”经营模式并没有持续太久。因为当时在分林到户之后，引发了乱砍滥伐的风潮，“自营山”的消亡也就是必然趋势。

(二)“自营山”消亡的根源及启示

“自营山”作为一种较为有效的集体山林经营方式，在当时却未能取得应有的成功，其根源及启示如下：

(1)政策准备不足。长期来多变的林业政策，使人们对集体山林经营政策的稳定性和权威性心存疑虑，这是导致乱砍滥伐等短期行为的最根本原因。从20世纪50年代中期开始，频繁的林权变动，使林木财产离农民越来越远，岳西的改革虽然就其内容来说是实现了林业财产权利的回归，是已经异化的财产权利回到农民家庭，但历史的教训使农民难以相信这一新政策，因而仍然担心自己的权益难以得到保障，所以出于保护自身利益的诉求，他们往往会采取先砍树的短期行为，虽然这是短期的利益，却是现实的。这种由岳西县的广大干部群众首创的“自营山”的制度设计，在当时还缺乏必要的法律、法规依据，林农所获得的山林经营管理权益也没有得到相应的法律法规(如林权证等)的保障。

(2)理论准备不足。“自营山”经营方式作为力度比较大的新改革方案，理论论证不够充分，虽然广大林农普遍欢迎这一改革，但受到外部环境影响，就没有实现制度设计者的预期结果。

(3)实践准备不足。一种涉及众多主体的创新性改革，改革的步伐过大，没有经过必要试点和示范，就在全县被广泛的推广和实施，在一定程度上超出了人们的心理承受能力。

(4)制度设计不够完善。当时的岳西并没有在相关的文件中对“自营山”的经营期限作出明确的界定，群众难以形成比较长远的心理预期，这与森林资源经营的长周期性之间是有矛盾的，矛盾冲突的直接结果就是群众采取分林先砍树的方式来维护自身的短期利益。因此，对于具有生产经营长周期性特点的森林资源经营而言，在制定与其相关的各种政策措施时，应尽量明确其时效性，这既有助于政策的实施，也可以让利益相关者有相应的心理准备。

(三)对林权改革及私有林的影响

这一场由岳西县委主导的、在全县范围内进行的改革，他们所提出的“两山

并一山，统作自留山”，实际上是采取了农业改革的模式，把大部分的用材林、经济林，包括现有林在内，实行均山分林到户。在林改还处于摸石头阶段，在林业生产责任制还没有主流形式的情况下，这种做法引起了政府和社会各界的极大关注，并引发了一场关于改革取向的大讨论。包括管理层、理论界、实际工作者在内，对于林改能否实行采取农业大包干责任制的形式这一焦点问题进行激烈的争论，提出了各不相同甚至是对立的观点，当时的主流观点是认为大包干责任制不适合于林业，其理由是分林必然会导致森林资源的大规模破坏。可见，林改赋予安徽岳西以特殊的使命，这一改革的成功与否，必将对林改进程产生方向性、导向性的影响。

事实也正是如此。安徽岳西分林到户后发生的森林破坏，对于当时还处于争论中的社会各界，对于还在观望中的管理者，是个惊醒和震动，这直接导致了林改政策的转折，政府对于林改的导向由初期的允许多形式的摸石头探索，转变为后来的明确强调集体和联合经营，均山分林实际上成了林改不可逾越的禁区。

分林先砍树的事实也更进一步强化了主流的观点，对于人们的思想观念产生重大的影响。从20世纪80年代中期开始，安徽岳西成为人们进行改革的镜子，也成为理论界关心与探讨的热门话题，几乎每一次的林业经济学术讨论会都涉及分林到户问题，林改是否、能否采取农业大包干责任制的形式，即改革的取向越来越成为林改前行的难题。

当然，当时的理论界也提出了不同于主流的观点，认为岳西的探索虽然失败了，但不能因此就把大包干的家庭承包责任制设定为林改的禁区（张春霞，1985），而应当认真分析和总结岳西的教训，努力探索出一条符合林业特点的林权改革的道路。因为岳西失败的原因是多方面的，客观地说，林业的特点使分林到户比农业的改革更为复杂也更具风险性，但政策失误和准备不足是更为重要的原因。长期以来林权的频繁变动，使林农对政策失去了信心，正如在后来的社会调查中当地农民所说的：分林的改革是决策层打盹的时候做出来的，所以要趁着管理者还没有醒的时候就赶快砍树。可见，“赶快砍树”是对长期以来多变的林业政策的理性反应。另一方面，在缺乏足够准备的情况下，原来实行严格计划管理的木材市场于1985年突然开放，价格以数倍于计划价格的幅度上涨，管理缺位，为分林砍树创造了客观的条件，加上没有其他的政策支持，所以出现分林先砍树的结果也就不奇怪了。

虽然安徽岳西的失败不能证明分林到户不适合林业，但另一方面也说明了分林到户的改革需要有更多的条件和更艰难的探索。私有林的产生和发展的道路也因此而变得漫长和艰难。

第三节 私有林发展的曲折进程——“三明模式”

安徽岳西试图通过分林到户的改革来大规模发展私有林的尝试陷入了分林砍树的怪圈之后，为了防止乱砍滥伐的蔓延，为了维护生态安全，中共中央、国务院于1987年作出了决定，禁止继续进行分林到户的改革，这实际上是对分林到户的家庭承包制的全面否定，家庭私有林成为林改的禁区，各地不仅全面地停止了分山分林，而且还将原先已经分下去的山林资源又重新收归集体统一经营。林改向集体和联合经营的回归，使私有林的发展进入了曲折的调整过程。“三明模式”便在这样的背景下应运而生。

一、“三明模式”的形成

三明市位于福建省中部连接西北隅，地处北纬25°30′~27°07′，东经116°22′~118°39′之间，全市土地总面积22959km^2。三明市现有森林面积2645.5万亩，森林覆盖率76.8%；活立木蓄积量1.15亿m^3，竹林储量3.66亿株；森林资源总量占福建省的三分之一以上，活立木蓄积量是全国少数几个超过1亿m^{3}的地(市)之一，森林覆盖率比全省高出13.9个百分点，比全国高出60.3个百分点。目前，三明市农民人均拥有林地面积12.5亩、活立木蓄积57.5m^3、竹林储量183株，均居全省第一。在我国南方集体林区48个重点林业县(市)中，三明占了其中的9个，所占比重将近1/5。全市的木材、人造板、松香等主要林产品的产量均占福建省的1/3，林业产业产值约占全市工农业总产值的1/5(三明市林业局，2006)。

20世纪80年代初期，按照“林业三定”的统一要求，在其他地区采取了“分林到户”的改革时，三明市的政府相关部门因担心山林分户后可能引发乱砍滥伐问题，采取了“分股不分山、分利不分林”的做法，组建了各种形式的林业股东会，并以其作为集体山林经营管理的主体。1988年4月，经国务院批准为集体林区改革实验区的三明市，正式设立了“分股不分山，分利不分林”的改革项目，并在此基础上成立了“林业股东会”。

实践证明，在当时的社会经济条件下，以林业股东会这种股份合作制的经营形式取代过去村集体统一经营的模式，对于保护森林资源，确实发挥了重要的作用，并且提出了林业股份合作制的经营形式，并成立了代行林农所有权人职责的林业股东会，“三明模式”因此得到了政府的重视和社会的关注，在中国集体林产权制度改革的历史上留下了重要的一章。

二、对三明林业股东会模式的评价

以“分股不分山，分利不分林”为主要特点的三明模式，实际上是作为分林到户大包干责任制的对立物而创立并存在的，其创建的初衷是既防范风险以更好地保护森林资源，又试图通过“林业股东会”的制度创新，通过分股和分利来实现还林于农和还利于民的改革目的，以激发林农的生产经营积极性。实际上这一模式并不能有效地提高林业的活力，难以实现林改的目标。但作为当时林改的典型和创新形式之一，仍有其存在的重要价值，客观地评价和分析它的存在意义，总结其经验与教训，对于林改的顺利进行和私有林的发展有着十分重要的意义，具体有以下几个方面（张春霞，1994）：

（1）三明林业股东会模式开拓了集体林业产权制度改革的思路。因为在20世纪80年代初，人们对于私有财产权还是讳忌莫深的。所以，改革的重点主要集中在所有权与经营权的关系上，两权分离是大包干责任制的理论基础，分山分林成为当时改革的政策禁区。正是在这样的体制与理论背景下，三明林业股东会却独创新路，将集体公有的林木资产折成股份后再分给林农个人，这实际上就在制度上承认了林农对于林木资产的私人所有权的合法性。虽然这种合法性还只是存在于股票这一虚拟的形式上，却仍然不失为是一次对当时观念的大胆探索和突破。

（2）三明林业股东会经营模式试图在组织形式上进行政经分离的改革探索，集体山林资源并没有像此前那样交给村委会直接经营和管理，而是在村委会之外，单独地创立了林业股东会这一经济实体，并由其代表全体村民独立地进行林业经济活动的运作。

（3）三明林业股东会经营模式确定了以林业股份合作经济作为集体林业改革的基本方向，并进行了相应的制度创新，制定了林业股东会的一整套章程，明确了林业股东会的法人资格，其性质是股份合作经济，规定了股东、股东会及会长的责、权、利，制定了相应的经营管理和财务管理的制度，从而确定了林业股东会的体制。

三、三明林业股东会的制度缺陷

三明林业股东会走向消亡的原因在于其制度设计上的缺陷。从形式上看，“林业股东会”的制度设计是科学的：其一，原来的集体林已经通过股份的形式分给了农户，农民以股东的形式成为集体林木的所有者；其二，林业股东会是独立于村集体、专门经营林业的经济组织，因此已经改变了原来的集体统一经营的模式；其三，股东会的章程中设计了股东代表大会、监事会等一系列保护农民权利的制度，也明确了股东代表大会是最高权力机构。但该制度的实际运行却未能实现设计者的初衷，因为股份合作经济的运行不但要求制度上承认私人财产权的合法性，而且需要强化对私人财产权的有效约束，建立起私人财产权的约束机制，因为完善的约束机制是有效率的经营机制的前提和基础。然而，正是在这一关键性的问题上，三明林业股东会模式陷入了认识的误区，认为只要将集体林木折价成股，并且股权到人，就能实现还林于农的目标，就能调动广大林农的生产经营积极性。将股权明晰到人等同于还利于农，等同于调动林农的生产经营积极性，这种简单化的理解忽视了它们之间的复杂关系，忽略了这种等同关系能够成立的先决条件。形成私人财产权的有效约束机制，这是产权制度改革的关键所在。其主要问题体现在以下几个方面(张春霞，1994)：

(1)把集体林木折价成股，并最终体现为若干股份明晰到户，这并不等同于真正意义上的股权到人。因为，在现实中，在当时三明市的不少地方，他们仅仅是在账面上把股权明晰到户，并没有真正直接地将股权证(或林业股票)发放给林农个人，这种账面上的“个人所有”，同集体经济中的那种“人人所有，人人没有”的情况并没有实质差别。

(2)即使是那些已经将股权证(或林业股票)发放到林农个人的地方，也并不等于已实现了还林于农和还利于农的目标。因为在这里，林木财产的所有权已二重化为价值上的所有权和实物财产所有权，前者被称之为资本所有权，为股东所占有和支配，后者则是资产所有权，主要由经营者所占有和支配。可见，在林木财产所有权二重化的同时，所有权主体也二元化了，这时持有股权证的林农所拥有的仅仅是那种已经与林木实物相分离的资本所有权，这种虚拟的资本所有权同财产实物所有权之间必须建立起强有力的约束机制。如果缺乏必要的约束机制，或约束机制未能发挥出其应有的作用，则虚拟的资本所有权就可能变成虚无的所有权，就难以真正地实现还林于农和还利于农的目标。所以，对林木股份的私人所有权的约束是否有效及其硬化程度，决定了还林于农和还利于农能否实现及其实现的程度，这种约束是对林木财产的终极所有权的约束。

所有权约束的有效性取决于三个方面的条件：①林木财产的最终所有者即作为股东的林农，其同林木财产的实际占有和支配者的股东会会长或经理之间，必须是一种真正意义上的委托人和被委托人(即代理人)的关系。这里所谓的“委托—代理”关系的内涵是：在财产营运上，代理人必须服从于委托人的意志和服务于委托人的利益，以保证财产的保值和增值。为了使“委托—代理”关系能够真正地付诸实施，委托人就必须具有约束代理人的能力。因此，这就要求：一是股东要享有真正的而不仅仅是形式上的选举权，即股东们有权决定由谁来担任代理人；二是股东必须有权且有能力约束代理人的行为，从而使代理人按照股东的意愿从事生产与经营活动，并据以决定对代理人的奖惩及是否续约。②股东虽然把林木资产委托给他人代理，但仍保留着对自己所投入资产营运的重大决策权，即有权参与决定公司的经营方向、范围和方式等重大决策。③股东还应享有产权的流转权，这实际上是股东对自己的财产和利益的保护权，他们可以通过股权的转让、出售等方式来解除其与公司之间的合作关系，从而保护自己的利益不受损失。可见，股东必须同时拥有对代理人的人事管理权、参与重大经营决策权和产权流动权等各种相关的权益，只有这样才能形成有效的约束关系，而这互为补充的三权之间的关系，便形成了一个相对较为完整的约束机制，其中尤以所有者对代理人的人事管理权最为关键。

(3)从三明林业股东会产生的过程来看，同其他地区由群众自愿组织而形成的内生型股份合作经济模式相比，三明林业股东会模式则属于外生型的，它的产生是政府通过运用行政权力自上而下推动的结果，因而缺乏足够的群众基础，从而导致其制度资源相对贫乏，而且当时三明林业股东会中的绝大多数管理人员均由行政村“两委”的人员兼任。正是由于它从产生开始便带有较为浓厚的行政色彩，从而使它始终无法摆脱作为行政组织附属物的尴尬地位。结果是，所有者的股东与股东会的会长(或经理)之间的委托—代理关系从一开始就扭曲了，原本是公司制企业中的“委托—代理”关系，却被颠倒成行政上的上下关系或主从关系，从而导致委托人对代理人的产权约束失效。

(4)从三明市林业股东会的运行情况来看，其实质上是一种具有行政区域性的、封闭型的股份合作经济组织，以行政区域为界，生产要素流动性小。其直接结果是：①由于股东会的范围基本上与行政区域上的行政村完全重合，致使其在运行过程中往往难以摆脱行政的影响和干预，从而难以成为一个真正独立的经营主体；②股东会以行政村的范围为组织边界，这样的股东会一方面由于其成员众多，建立委托—代理关系所需的谈判和监督成本较大，也容易产生“随大流”和“搭便车”等现象；另一方面是大规模的公司经营管理对管理人才的素质要求较高，而在当时经济尚不发达的三明地区，股东即使有真正的选择权，也很难选出比较合适的代理人。正是这种封闭性直接地影响了产权约束的有效性，也影响到要素效率的提高，并最终影响林业股东会的生命力。

可见，三明模式的制度缺陷在于，林业股东会名义上是独立的，实际上并没有脱离原来的由干部控制的集体统一经营的轨道，不能克服大锅饭的低效率；农民对于林木的所有权也是存在于股票的纸面上的，是名义所有，因为在农民既不能用手也不能用脚投票，不能选择经营者，也不能有效地约束股东会的经营者，不能真正掌握收益的分配权，停留在纸面上的名义所有权就不可能起到激励的作用，林业股东会也因此失去了活力，林业股东会成为20世纪90年代林改的对象也就是必然趋势。当然，对于“八山一水一分田”且森林资源十分丰富的福建，如何为当代也为后代保住绿水青山，也是改革必须慎重对待和妥善解决的重要问题，因此“三明模式”虽然不能实现社会对于林业活力和效率的预期，不能实现帕累托最优，但也是在当时的客观条件下的次优选择，是基于福建的特殊林情的有益探索。同时这也进一步说明了明晰产权是重要的基础，也说明了集体集中经营的模式难以实现效率的目标，即使以股东会的新形式替代集体也一样。

第四节 私有林的发展：湖南怀化试验区及20世纪90年代的林改

湖南怀化试验区则有不同于三明的林改探索。“怀化山区开放开发试验区”是由湖南省于1988年8月批准的，于1990年被国务院批准为全国农村改革试验区，重点是探索山区综合开发与改革的道路，并于1991年被原国家林业部增列为全国林业改革试验区。在国务院批准的总体方案中的“山地制度建设”和“多种开发形式”两个项目，探索了以林木、林地使用权和资金等不同要素进行联合，实现了对山地的多元主体的开发。怀化试验区虽然也是强调“合”而不是“分”到家庭，但这里的联合是对于已经承包到户的山林进行多种形式的联合经营，是在产权比较明晰的基础上进行的多主体的联合，因此其产权的基础不同于“三明模式”，其经营模式也不同于原来的集体统一经营，从而催生了私有林。此外，在其他地方的林改及社会林业的实践，也都促进了私有林的发展。

一、怀化林业改革试验区的林改探索

(一) 怀化林业改革试验区的概况

怀化市地处湖南省的西南部，属于云贵高原向湘桂丘陵盆地过渡的地段，武陵、雪峰两大山脉纵贯全境。全市总面积4140万亩，其中林业用地面积3033万亩，占全市总面积的73.26%，人均林业用地面积超过6亩。怀化境内植物资源种类繁多，森林资源优势明显，共有植物资源225科900属3716种，主要用材林树种有杉木、马尾松、楠竹等，主要经济林树种为油茶、油桐、柑橘、板栗、枣子、柿子等。全市现有有林地面积2618万亩，活立木蓄积6587万 m^3，森林覆盖率高达66.95%。其中林业用地面积、有林地面积、活立木蓄积和森林覆盖率四项指标均位居湖南省各市州的首位(怀化县林业局，2007)。

怀化林业改革试验区是适应于经济发展战略的转变而设立的。湖南省是我国南方集体林区的林业大省，怀化则是山地资源丰富的重点林业市，林业是该市的经济支柱之一。但受“重田轻山，重砍轻造”等政策影响，一方面是森林资源持

续下降，另一方面是地方经济发展缓慢。在总结经验教训的基础上，怀化市于20世纪80年代中期就提出了“八亩山地奔小康”的发展新思路，山地因此成为新的经济发展战略的突破口和主攻方向，同时确定了“三个开放”(自我开放、向国内开放、向国外开放)，“四个开发”(开发山地、开发水能、开发矿藏、开发交通)和“五个改革”(改消极守业为积极经营、综合开发，改单纯依靠贷款开发为多渠道集资开发，改单一的经营方式为多形式、多层次经营，改仅靠普通教育培育人才为多途径开发智力和人才，改一般化领导为亲自动手，精心指导，实行任期目标责任制)的发展新方略。

(二)明晰山林产权，在产权有偿流转中实现联合

“林业三定”后，怀化市82%的山林实现了承包到户经营。随着山地综合开发试验的逐步展开，该市积极推动了山地使用权的有偿流转，到1992年底，全市流转的面积就达到了7.27万hm^2，开发成果流转金额达1000多万元。当时怀化各地所进行的山地产权及开发成果权流转的形式主要有4种：一是租赁；二是入股，即农户以山地使用权投入开发性联营或股份制企业，参与其经营利益的分配；三是买卖，即以货币形式换取或让出山地使用权及开发成果所有权；四是兑换，这是一种物物交换形式，或以山换山的，或以耕地换山(陶石头，1993)。在上述几种形式中，以租赁和入股的比重最大，二者合计达到了98%以上，成为怀化山区山地产权流转的最主要形式。

为了促进资源的综合开发，怀化市设立了“山林经营管理股份制改造试验”项目，对当时的家庭山林经营责任制进行股份制改造，通过界定山林产权、资产评估折股和对农民山地使用权的有偿流转，促进各方合作建立股份合作林场。在这样的过程中，形成了几种较有特色的山地规模经营新形式，如农民联合兴办专业合作社，国家与农民联合兴办联营林果场，集体与农民联合兴办联营林果场，以及各投入主体兴办的股份合作林果场等(陶石头，1993)。

(三)存在的问题及其启示

怀化市在20世纪80年代末到90年代中期所进行的山地综合开发及相应的林业改革，对于发挥当地的资源优势、促进地方经济发展等方面取得了一定的成效。但也存在不少问题：

(1)山地的所有权主体不清、山林的产权关系模糊。怀化市所开展的山区综合开发和林业经营改革中，在产权问题上，比较重视山地使用权，而忽视了林木所有权；同时，对于山地的使用权的使用期限，没有明确的规定，也缺乏必要的法律依据，因此引发了各种新的产权纠纷。

(2)群众的参与度低。怀化的山地综合开发与改革采取的也是“自上而下”的路径，政府起着主导作用，因此不能调动农民的积极性，影响了改革的预期效果。

(3)过于强调规模经营，而忽视了公平原则。怀化市在林木产权的承包中并没有进行均山均林的制度安排，而是从山地开发的规模经营出发，强调经营者的意愿和经营管理能力，因此在对山地及林木这一重要的生产资料进行初始分配时，忽视了公平原则。结果是当地的农户很少参与开发与承包，大户和企业成为开发的主体，因此就没有能实现山区经济发展和当地居民共同致富的预期效应，“三农”问题仍然严峻。

(4)承包合同不规范。承包关系不明确，承包方往往只与发包方签订了较为简单的承包经营合同，对于经营者通过各种方式承包的山地，虽然其承包经营主体发生了变化，既没有林权证书也没有主管部门的相应变更登记的文件，不规范的承包合同和管理导致了山林的产权混乱，出现了“一山多主”和“一主多山”等问题。

(5)三大效益的协调问题。如何协调经济效益和生态效益的关系，是山地综合开发中的一个重要的原则问题，怀化在签订山地综合开发的协议或合同时，其内容往往是山地开发和经营中的经济利益关系，却没有对生态环境保护方面的内容进行规范，引发了水土流失、土壤硬化、农药残留等各种生态问题。

当然，不管是“三明模式”还是怀化模式，他们共同的地方是绕开“均山分林到户”的林改禁区，并且都强调“合”的问题，区别的只是集体经营还是联合经营。

二、20世纪90年代的林改与私有林发展

(一)“四荒”拍卖

进入20世纪90年代之后，随着我国社会主义市场经济的确立和不断发展，林业经济也围绕“两个转变”(经济体制从传统的计划经济体制向社会主义市场经济体制转变，经济增长方式由粗放型向集约型转变)而进入了改革和发展的新时期。各地相继出现了“山地综合开发”的热潮，山区的优势得到人们的重视。为了推进山地的开发和利用，许多地方出现了大户、企业和个人承包山地经营。山地因此成为重要的资源，就连过去无人问津的“四荒”(指荒山、荒坡、荒沟、荒滩)也成了抢手的香饽饽，在山西吕梁地区率先进行“四荒”地使用权的拍卖后，迅速在全国范围内推广开来。南方林区“四荒”地使用权流转机制开始逐步形成，一些农户从拍卖中获得了林地经营权，同时也吸引了大批的个体工商户、林业以外的部门投资于林业。私有林因此得到了一定的发展。当然由于林业经营周期长、风险大，税赋重、收益少且缺乏处置权等原因，私有林的进一步发展受到许多制约。

（二）明晰产权的改革

同时，集体林权制度改革也进入了新的阶段，尤其是在集体经营仍然占主导地位的省份，如福建省的各主要林区都进行了不同形式的改革。南平市于1994年在116个村进行了林木产权明晰化的试点工作，之后的1998年，市委、市政府下发了《关于南平林业经营管理体制改革的意见》，要求各地在“百村”试点的基础上，把改革的核心放在搞活林地使用权和林木经营权上。同期，三明、龙岩等地市也相继进行了以“明晰产权、分类经营，落实承包、保障权益”为主要内容的集体林经营体制改革，落实“以家庭承包经营为主、多种形式并存”的林业生产经营责任制，还相应地开展了包括林业税费、森林资源管理体制和木材流通体制等相关内容在内的配套改革措施。这一阶段所采取的一系列改革措施，在一定程度上明晰了山林的产权归属，为后续的新一轮林改奠定了基础。

需要指出的是，这一时期的改革，并不是采取均山到户的做法，因此山林产权并没有真正的明晰到户，一般的农户难以获得林地的使用权和经营权。相反，许多地方在推行山林的承包和拍卖中，由大户承包了大片的山林，其承包经营合同的期限一般是30年，所以各地出现了林权集中于大户的情况，导致集体的山林离农户越来越远，阻碍了私有林的大发展。

三、社会林业的实践与私有林的发展

社会林业的概念是由印度林学家于1968年在英联邦第九届林业大会上第一次提出的。随后，社会林业得到了国际社会的共同关注和支持，使其在许多国家迅速地发展起来。乡村林业是社会林业的最主要类型之一。进入20世纪90年代之后，在南方集体林区包括云南、广西、福建等不少地方开始了乡村社会林业的实践。

（一）南方集体林区具有发展社会林业的实践基础

社会林业是一种民众直接参与并直接受益的林业，在我国南方集体林区，乡村社会林业的发展有其特别优越的自然和社会条件，主要体现在以下几个方面（张春霞，1995）：

（1）在我国广大的南方集体林区，集体林地在林业用地总面积中占了90%以上，而且集体林业的经营性质同社会林业的本质要求是一致的。集体林业是一种以区域为界，由劳动群众共同拥有该区域的山林资源的一种林业所有制形式，即作为主体的居民，是林地的共同所有者。因此，社会林业中“主体”的含义同集体林地所有权中主体的内涵是一致的。当然，作为集体林地所有权主体的林农，不一定自己直接经营山林，也不一定要采取个体经营的形式，但有权也应该关心自己的林地财产（与其他成员共有的）的营运情况，并且林农的这种权利是必须通过参与山林资源营运决策活动的行为才能实现的，即通过参与集体决策或自己直接经营(也可以采取委托他人经营或采取其他形式)。总之，作为主体的林农可以通过这样的活动来实现自身的意志和利益。可见，社会林业中以当地居民作为林业生产经营和收益双重主体的本质要求，是与集体林业所有权主体的内在规定性相符合的，社会林业因此成为体现集体林业经济性质最合适的形式之一。

(2)在我国广大的南方集体林区，具有发展乡村社会林业优越的自然和地理条件。从自然条件来看，南方集体林区具有明显的气候优势，区内绝大部分地区在气候带上属于热带、亚热带季风气候区，区内雨水充沛，且雨热同季，适合于各种生物的生长。在地理条件上，区内地形以山地和丘陵为主，适合于发展林业生产。优越的自然和地理条件既是从事林业生产经营的自然基础，也是社会林业发展的自然基础。因为社会林业正是着眼于对山林等各种相关资源的综合开发利用，以满足主体在不同经营期内的经济收益要求，从而激发林农自愿地参与林业活动的积极性，以最终实现林业生产三大效益相互协调的目的。

(3)南方集体林区具有较好的发展乡村社会林业的人文条件。我国南方集体林区的农民大多依山居住，而且具有开发和利用林地及其他各种资源的优良传统和习惯，他们从事乡村社会林业活动的历史悠久、形式多样。即使是在新中国成立以前的南方集体地区，虽然当时大部分的山林为少数的地主和富农所占有，但多数山区的农民仍然保留有少量的林地，林业经营仍是山区农民最重要的副业和最稳定的经济来源之一，具有“靠山吃山”的传统习惯。

(二)发展社会林业的重要意义

乡村社会林业是一种适合于集体经济性质要求的、适合我国南方区域特点又融入了现代林业思想和要求的林业发展新形式。在我国南方集体林区，发展乡村社会林业具有十分重要的意义和作用，具体体现在以下几个方面(张春霞，1995)：

(1)通过发展乡村社会林业，有助于解决南方地区存在的社会问题。虽然就区域整体而言，南方集体林区属经济较为发达的地区。但实际上在南方集体林区内部的城乡之间、山海之间的经济发展程度与水平仍然存在着较大的差异性，而且这种差距仍然存在着进一步扩大的趋势。以福建省为例，地处山区的南平、三明、龙岩、宁德四地市与地处沿海的福州、厦门、泉州、漳州、莆田五地市之间在经济发展的水平、居民人均收入，特别是农村居民人均收入上都存在着较大的差距，而且这方面的差距仍然在被不断地拉大。面对这样的趋势，必须尽力地缩小山海之间和城乡之间的差距，为此，必须找准山区发展的优势所在，并以其作为突破口。山区的优势在于丰富的山林资源以及富余的劳动力。历史已使山区农民同山结下了不解之缘，因此，必须结合自身的优势，想方设法引导广大农民上山开展山林资源的综合开发利用，生产多种林副产品，特别是那些具有自身优势和特色的无污染森林食品，并进行加工增值，以促进山区经济的发展。只有这样，才有望逐步地缩小区域之间经济上的差距。

（2）乡村社会林业的发展有利于山区生态环境的进一步改善，从而有助于协调人与自然之间关系。我国南方集体林区的山地、丘陵较多，而且地形复杂多样、山水相间。这样的地形地貌，致使自然生态系统的基础比较薄弱，一旦植被被破坏，就有可能造成严重的水土流失。近年来，许多专家发出的关于"长江有可能变成第二条黄河"的惊呼就说明了这方面问题的严重性。因此，应通过乡村社会林业这种有效的形式，组织广大山区群众进行山地的综合开发和多种利用，这样既可解决山区剩余劳动力的出路问题，又可有效地改善山区的生态环境，从而有助于山区的可持续发展。

（3）有利于提高森林资源的质量，促进林业的可持续发展。我国南方集体林区气候宜人，林木生长率高于全国的平均水平，具有发展林业生产的天然优势，森林覆盖率远高于全国平均水平。但资源优势不等于经济优势，因此要想方设法调动生产者的积极性，使他们能够积极主动地参与林业经营。对于我国南方集体林区大部分的林业生产而言，目前的关键是要提高山林的经营管理水平，为此，应引导群众积极地参与山林管护，自觉地参加林业生产经营活动，以提高山林的产出效率。而发展社会林业就是要通过给予林农以直接经济利益的保障，来吸引当地居民自觉、自愿地参与森林资源的保护和林业经营活动，从而促进森林资源数量和质量的"双增长"。

（三）发展社会林业必须以林改为前提条件

南方集体林区乡村社会林业的发展必须以林权制度改革为前提和条件（张春霞，1995）。因为社会林业是通过调整人与人之间的社会关系，从而发挥人的主动性和积极性，并借以调整社会与自然之间的关系，从而使"社会——自然"系统在动态中实现平衡。社会林业的本质要求，使林区的居民要参与林业的生产经营决策与管理，并且能够从中受益，这实际上就涉及林业产权的各个方面，包括林地的所有权和经营权，以及林地上所生长的林木的所有权、经营权、处置权、收益权等，以及它们之间的相互关系。如果居民不是林地的所有者，又没有使用权，就不可能参与林业的经营与管理，可见，社会林业的本质对产权制度提出了特殊的要求，只有符合这样的要求，社会林业才能得以顺利地发展。

20 世纪 80 ~ 90 年代的集体林业产权制度却难以满足社会林业的本质要求，南方集体林区的林业产权制度仍存在以下几个方面的问题（张春霞，1995）：①林地属于集体所有，多是以行政村为基本单位，由村委会代行所有权，而不是由居民直接行使。②在这样的林地所有权基础上，农民如何直接地参与林业生产的经营与管理就显得十分重要，而当时并未很好地解决这个问题。现实中的集体林经营主要有两种类型：一种是 20 世纪 80 年代已实行分林到户、分户经营为主，同时又以新组织的林业合作经济集中统一经营为补充，这是以林权的私人所有权为基础的集中统一经营，因而受到了私人产权的有力约束，农民也有较大的经营参与权；另一种是仍然由集体统一经营为主的类型，不论是以原集体或新的合作经济组织为母体，林农对于林业生产经营与管理的参与度都不高。③在如何保证林农成为受益主体这一关键问题上，由于税费和市场环境问题，由于缺乏林木私人所有权的有效约束，林农得益较少甚至没有得益。

可见，在当时的南方集体林区，由于林权改革的滞后或反复，导致现实的集体林权制度同乡村社会林业的本质要求之间还存在着较大的差距。产权主体难以明晰，林地的经营权和林木所有权未能落实到林农，乡村社会林业也未能在南方集体林区推广，私有林也难以得到大规模的发展。

第三章
家庭私有林的大发展：新一轮林改

从20世纪80年代初期的“林业三定”开始的集体林权制度的改革，经过20多年的艰难探索，一直到2003年由福建率先启动的新一轮林改才得以突破，私有林的迅速发展才具备了必要的前提条件。

第一节 新一轮林改前的集体林权制度改革的历史评价

在新一轮林改前的历次重要改革，虽然没有完全实现改革的目标，但这是一个不断探索和不断前进的过程。

一、2003年前集体林权制度改革的积极意义

(1)这几次改革都是基于当时的社会历史条件而进行的探索，如“林业三定”、安徽岳西的“自营山”模式和福建三明的林业股东会等，不管是试对或试错，都对后续的改革提供了很好的借鉴，为2003年开始的新一轮林改奠定了坚实的基础。

(2)这几次改革都是我国当时经济体制改革整体的一个重要组成部分。如“林业三定”，后来的岳西“自营山”模式和三明林业股东会都是借鉴耕地改革成功的经验而提出来的，因此实际上是当时农村土地承包经营制度改革的一部分。

(3)历次改革的方向选择是正确的。以林地产权的改革作为切入点、进行林地所有权和使用权分离的改革探索，是林业产权改革的重点和难点。虽然，这些改革受到当时社会经济条件的制约而未能完全实现预期的改革目标，但其中的许多改革思路为后续的改革奠定了较好的基础。如安徽岳西的“自营山”经营模式对2003年开始的新一轮林改有很大的启示。

(4)改革的出发点和最终落脚点都比较一致，即都明确指出改革的主要目标是增加经营主体的收益，调动林农生产经营的积极性和主动性，实现集体林业的可持续发展。而这也正是从2003年开始的新一轮林改的初衷。

(5)历次改革的主要对象都选择了商品林。虽然在20世纪90年代中期之前，尚未进行林业分类经营改革，但都选择了能够在较短时间内产生改革效果的

用材林和经济林作为改革的主要对象，这是符合林业实际的明智选择。

二、新一轮林改之前历次集体林权制度改革的经验和教训

2003 年新一轮林改之前的几次集体林产权制度的改革，并没有从根本上解决集体林经营中与山林产权密切相关的一些问题，如产权主体不明晰、产权关系不清楚、相关的配套改革措施不到位、林农应享有的相关权益缺乏必要的保障等问题，为新一轮林改提供了不少经验和教训：

(1) 以前的历次改革，由于没有推广家庭经营的模式，林地的经营权和使用权、林地产权和林木产权等几个重要的权属关系，就没有得到明确和界定，作为集体山林产权共同主体和集体山林经营管理活动最主要执行者的林农的各项权益没有得到落实，就不能调动林农的生产经营积极性，影响了效率和集体林业的可持续发展。

(2) 历次改革中，尽管均涉及林农的相关权益，但都没有得到相关部门的权威认定，更没有法律保障。如三明模式中，村委会发给林农的股票，又如承包合同、协议等文件，都存在着林农的参与度低、权威性不足等问题。这些问题在 2003 年的新一轮林改中得到重视和解决："林权证"开始受国家法律保障，从而激发了林农投资林业的积极性。

(3) 对于长周期性的森林资源经营而言，政策的稳定是非常重要的。但在新一轮林改之前的历次改革中，一方面是政策多变，另一方面是承包经营期限不明确，就难以形成比较长远的心理预期。在改革中出现的集体山林乱砍滥伐行为，实际上是林农对相关政策稳定性的怀疑而产生的必然反应。

(4) 以往的改革对于林改革密切相关的配套改革重视不够。林权改革涉及诸多相关部门的利益及多方面的关系，是一项复杂的系统工程，因此需要相关的改革进行配套。只有各方协同一致，才可能取得成功。如林业社会化服务体系、林业税费、林木采伐管理机制、森林资源资产评估制度、产权流转和登记制度等是实现改革目标所需要的相关配套改革。

第二节 新一轮林改的现实起点

一、政策背景

21 世纪初，国家林业局党组提出要把"放手发展私有林"作为实现新世纪中国林业跨越式发展的重要政策之一。2001 年全国林业厅局长会议强调指出："新世纪林业要有新突破，私有林要有个大发展。私有林的最大优点是，产权关系清

楚，权责明晰，最能调动人的积极性。在鼓励发展非公有制经济方面，中央早有明确政策。关键看我们能不能解放思想，采取有效政策，给私有林以合法地位和适生条件，让其有充分的发展空间。”这次会议后私有林获得迅速的发展。特别是最近几年，党的十五大、十六大报告和1999年及2004年两次的宪法修正案中都明确指出并强化了非公有制经济的重要地位和作用，例如，新宪法第十一条第二款就明确指出：“国家保护个体经济、私营经济等非公有制经济的合法的权利和利益。国家鼓励、支持和引导非公有制经济的发展，并对非公有制经济依法实行监督和管理。”在这样的大环境下，一批个体工商业者、农村能人在积累了比较雄厚的资本之后，进入林业领域，把山区开发作为投资的新目标，同时外资经济也大量涌入林业。林业经济出现多种所有制成分互相促进的局面，从经营自留山、责任山、到参与林业股份合作制甚至林地的流转，私有成分参与林业活动的形式日益多样化。

二、私有林得到一定的发展

在21世纪，私有林已经成为我国林业必不可少的组成部分，成为我国林业经济发展的重要力量，在农村产业结构调整、增加农民收入以及林业生态建设中都发挥着重要作用。据有关部门统计，最近几年，在新造林面积中，私有林占了80%以上，个别省区甚至超过了90%(包括退耕还林)，正如2002年时任国家林业局局长周生贤同志在全国林业厅局长会议上所强调的那样：“私有林是我国林业的重要组成部分，是当前林业建设中最具活力和潜力的板块。”

(一)私有林的比重增加

根据第七次全国森林资源清查(2004～2008年)结果：全国森林资源总量持续增长，全国森林覆盖率稳步提高。天然林面积蓄积明显增加，天然林保护工程区增幅明显。人工林面积蓄积快速增长，后备森林资源呈增加趋势。林木蓄积生长量增幅较大，森林采伐逐步向人工林转移。森林质量有所提高，森林生态功能不断增强。个体经营面积比例明显上升，集体林权制度改革成效显现。森林质量有所改善，林种结构渐趋合理，林业所有制形式和投资结构趋向多元化，而我国私有林成效显著。2008年全国森林面积19545.22万hm^2，森林覆盖率20.36%。活立木总蓄积149.13亿m^3，森林蓄积137.21亿m^3。除港、澳、台地区外，全国林地面积30378.19万hm^2，森林面积19333.00万hm^2，活立木总蓄积145.54亿m^3，森林蓄积133.63亿m^3。天然林面积11969.25万hm^2，天然林蓄积114.02亿m^3；人工林保存面积6168.84万hm^2，人工林蓄积19.61亿m^3，人工林面积居世界首位(国家林业局，2010)。

根据国家林业局在《2005年全国林业建设与发展总体情况报告》中公布的数

据表明，全国2005年非公有制经济造林共完成207.88万hm^2，占全部造林面积的比重达到56.98%，所占比重比2004年高出6.02个百分点(2004年非公有制经济造林占全部造林面积的比重为50.96%)。

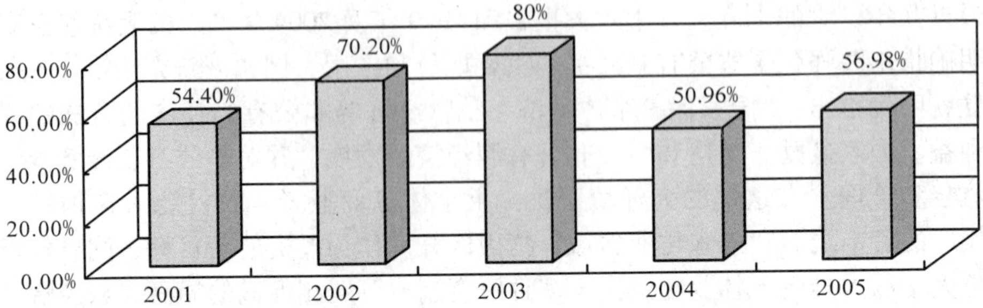

图3-1 2001~2005年全国私有林造林所占比例

从上面的数字可以看出，我国私有林近几年得到快速发展，从2001年到2003年，上升速度非常快，尤其在2003年，比例高达80%。2003年到2005年虽然稍缓，但每年营造的私有林占当年新造林面积的比重也都在50%以上。由此，我们也可以很直观地推断，私有林占全国森林资源的总量也在不断增长。

(二)投资主体多元化

随着"谁造谁有"、"谁投资、谁受益"政策的落实和林权改革的推进，私有林投资主体一改过去由国家和集体大包大揽的投入机制，呈现出主体多元化、规模化的特征，投资主体包括农民、私营企业、个体工商户、集体组织、机关干部、城镇居民、下岗职工等多种身份的投资者。民间资本进入造林绿化事业，使投资主体由以政府投资为主逐步转向国有、集体、团体和个人经营的多元化投资，这不但拓宽了民间资本来源渠道，引入了多元化的现代经营理念和先进的管理方法，而且外源资本、城市资本与"四荒"(荒山、荒沟、荒丘、荒滩)资源的结合，促进了"四荒"资源的规模化、集约化、市场化开发经营，赋予传统林业以崭新内涵，使林业的聚集效应不断增强。

(三)经营形式多样化

根据经营主体和管理模式的差别，私有林的经营形式具体上包括个体经营、家庭经营、企业经营与合作组织经营四种：

(1)个体经营。集体将林地使用权或林木所有权，通过承包、租赁等竞价方式转给个人经营。

(2)家庭经营。这是全国较为普遍的经营形式。家庭经营包括一般家庭经营和家庭林场。在林业"三定"时，自留山按人口分，一般平均每人0.1~0.3hm^2，荒山荒地多的地方约1hm^2。责任山按劳动力自愿承包，也有的地方把责任山平均划分到户经营。山林划定到户后，按照经营的山林面积、农户投入的劳动量以及从山林获得收入占家庭总收入的比重大小，将经营林业的家庭分为林业兼营户、重点户、专业户。兼营户是指除拥有自己的耕地外，还在自留山和责任山上种植林木，同时套种农作物以增加收入的农户。专业户、重点户一般是当地有资金、有技术的农户，可根据其林业产值、年造林面积、管护面积和林业收入在家庭总收入中所占比例等分别确定专业户和重点户。另外，在划分自留山、责任山到户经营的基础上，部分有经营头脑的人，通过租赁、承包等形式，扩大山林经营规模，并临时或常年雇请劳动力、协助自己家庭来经营林业，从而出现了家庭林场或林业庄园等组织形式。林业家庭经营符合中国的国情、林情，也是山区、集体林区的林业经营形式。

(3)企业经营形式。主要包括外商投资公司和股份制公司。但目前外商投资公司所占比例较小，主要指股份制公司。外商投资主要集中在广东、福建、海南等气候条件好、林木生长快、又具有较好的投资环境的南方沿海省区，外商投资能获得较高的经济效益，其参与林业的主要活动是租赁林地营造速生丰产林、进行以林为主的综合开发经营。股份制公司是按照“分股不分山、分利不分林”的思路，将原来集体拥有的森林资产，以价值形态折价作股，这有利于土地、资金和技术等资源的合理配置。

(4)合作组织经营形式。联营经济和股份合作制经济是两种发展程度不同的合作组织形式。联营经济是在家庭经济的基础上发展起来的一种组织形式，是股份合作制经济的雏形，根据联合主体的不同可分为三种具体形式：①联户经营：林业“三定”分山林到户后，几户、十几户或更多的农户自愿联合起来，共同投资、投劳，兴办联户林场；②农户与林场联合经营：农户自愿与乡村林场联合，走集体经营之路，农户将山林交给林场，由林场统一经营，收益按比例分成，或者是乡村统一规划、统一组织，村民义务投工投劳，在集体成片的宜林荒山上造林(多为用材林或竹林)，然后组织专业队管护，山林共有，有收益时扣除乡村集体部分，剩余的按投工计酬，分配到户；③农户与其他事业单位联合经营：这种形式多以农户投山、投劳，以林业局、营林公司、木材公司、林业站、国有林场或加工场等单位投入资金，合作造林，建立林场，收益按比例分配，或以木材偿还投资。

有些地方在联营经济的基础上出现了股份合作制组织：农户之间的合作经营，主要是由农户自愿组合，以林地、劳动力、资金入股，联合开发荒山，按比例分红，这种类型多集中在浙江、广东、福建沿海地区及云南、四川、河北、河南等省山区县；农户和村组合作开发经营，主要是由林农与村组联合开发，林农自愿将承包的责任山使用权、林木所有权交村组联合办林场；村组将林地所有权入股，林场按林地、林木配置权，登记在册，同时吸纳林区劳动力和社会资金入股，全部量化后实行统一经营，收益按股分配；农户、村组、乡镇与国有林场、营林公司、木材公司股份合作经营，即公司 + 农户合作形式，主要在湖南、广西一带。一些国有林业企事业单位以资金、技术入股，乡镇以管理入股，村组、农户以林地、管护入股，收益按比例分配，由林场与林业企事业单位先分，林场所得部分再与乡、村、农户按股分红(李智勇，2001)，这种形式主要分布于湖南、广西等南方集体林区。

第三节　福建新一轮林改：家庭私有林的大发展

2003年由福建率先进行的新一轮林改，在实现了从“承包”到“均山分林”的跨越式发展的同时，也就实现林业财产权利的平民性，推动了家庭私有林的发展。这一改革随后在江西以及南方部分省相继推广，中央于2008年决定在全国各地全面开展林权制度的改革，由此迎来了家庭私有林的大发展阶段。

一、福建省新一轮林改的主要做法

福建在全省范围内进行新一轮林改始于2003年上半年，但这是在洪田村的先行探索和前期试点工作的基础上才得以推广的。早在1998年，永安的洪田村就自发地进行了均山分林的改革，洪田村因此被称为是新一轮林改的小岗村，开创了新一轮林改的先河。之后在龙岩市的武平县进行试点工作，并于2002年8月在武平县召开了全省集体林权制度改革研讨会，从理论和实践两个方面进行了全面的总结，明确林改的指导思想、原则、方法和步骤。推广工作也随之展开，漳州市政府颁布了《关于集体林权制度改革的意见》；泉州市也成立了以市长为组长的集体林权发证领导小组；宁德、福州、莆田、厦门等地的林业部门也相应地成立了林权制度改革机构，开展了不同类型的改革试点，为全省范围内全面开展新一轮的集体林权制度改革奠定坚实的基础。2003年4月份，福建省委、省政府发布了《福建省人民政府关于推进集体林权制度改革的意见》(以下简称《意见》)，这标志着以“明晰所有权，放活经营权，落实处置权，确保收益权”为主要内容的集体林产权制度改革的全面开展，主要包括了“明晰产权、确权发证”(简称“确权发证”)和“相关配套改革”两个阶段，其中“确权发证”是改革的主体部分，而“相关配套改革”则是必要的补充。第一阶段的“确权发证”工作已于2005年底基本完成，后续的配套改革已经取得了初步的成效。福建新一轮林改的主要做法是：

(1)“确权”。即在保持林地集体所有权不变的前提下，将林地的经营权直接落实到村民小组、林农家庭，确立了林农在山林资源经营中的主体地位，使每一个集体成员具有实质的山林资源控制权和处置权。根据福建省林业厅的统计资料，到2005年年底，全省就完成了明晰产权11602个村，占有改革任务村总数的99.5%；完成明晰产权面积500多万hm^2，占应改革面积的97.2%，基本完成的第一阶段"明晰产权"的改革任务。到2008年1月底，全省共完成明晰产权12363个村，占有改革任务村总数的99.77%；完成整改村总数12235个，占应整改村总数的98.96%。各地根据各自的实际情况，在"确权"改革中，按照"因地制宜、形式多样"的要求，或把林地使用权和林木所有权明晰到户或到自由组合的联户或小组的经营实体。

（2）"发证"。即在"确权"的基础上，通过实地的核对、确认和登记，发放相应的林权证书，让林权拥有法律上的保障，真正实现了"还山、还林、还利于民"的改革目标。据统计，截至2007年6月，全省集体商品林已换发林权证面积6586.12万亩，占应登记发证面积7898.45万亩的83.38%；到2008年1月底，发放林权证的林地面积达7021.43万亩，占应登记面积的88.84%。

（3）"配套改革"。在基本完成了"确权"和"发证"任务之后，从2006年开始就转入对主体改革的"检查验收"和"配套改革"阶段，重点解决林业社会化服务体系、林业支撑体系及林业公共服务保障体系的建设，包括林木采伐管理机制改革、营林资金筹集机制改革、育林基金制度改革，以及建立森林资源资产评估制度、产权流转和登记制度、林业科技创新和推广转化体系等相关的配套改革措施。

福建的新一轮林改进行了集体林地的所有权与使用权的分离，以及林地所有权与林木所有权的分离，明晰了山林的产权，实现了均山分林，使林农成为森林的主人，这是具有突破性意义的重大改革，开创了集体林权制度改革的先河，促进了家庭私有林的大发展。

二、福建新一轮林改的主要内容

新一轮林改的主要内容正如《福建省人民政府关于推进集体林权制度改革的意见》所指出的，要落实山林资源的所有权、经营权、处置权和收益权。

（1）明确了山林的所有权，这是新一轮林改的基础和前提。这里的所有权包括林地所有权和林木所有权。按照"两权"分离的原则，在坚持林地的所有权集体所有的前提下，把集体林地的使用权，以及林木的所有权和使用权，明晰到户（或联户、其他经营主体）。

（2）山林的经营管理权落实到林农家庭，并将经营期限规定为30年以上，比福建省最常见的两种用材林树种——杉木和马尾松的经营周期还要长，这有助于避免林农的短期经营行为，真正放活了经营权。2008年6月，中共中央、国务院《关于全面推进集体林权制度改革的意见》(中发〔2008〕10号)中，明确规定了集体林地的承包期限可以延长到70年，而且在一轮承包期届满时，可以按照国家的有关规定继续予以承包。这一系列新政策的出台，将进一步推动山林经营管理权的落实到位。

(3)明确了林农对山林资源的处置权。按照新一轮林改的要求，"确权"不仅要赋予林农直接经营管理山林的权利，而且林农有权对其所承包的山林依法进行合理的开发和利用。同时，在不改变林地用途的前提下，还允许林农依法对所拥有的林地承包经营权和林木所有权进行转包、出租、转让、入股和抵押，也可以将其作为出资和合作的条件。这就在林木采伐管理制度的规定范围内，给予林农以处置山林资源的权利。

(4)新一轮林改确保了林农获得林业财产的收益权，这是改革的最终落脚点。对于经济尚不发达、社会发展滞后的山区，林农必须靠山吃山，林业收入成为林农脱贫致富的最主要来源，这也是检验林改成效的重要指标。

新一轮林改的内容实现了从"承包"到"均山分林"的历史性跨越。"承包"与"均山分林"代表的是新一轮林改前后的不同特征，这二者之间是有着本质区别的。"承包"虽然可以针对林业生产全过程而采取的，也可以采取家庭经营的形式。但"承包"就不是面向全体林农，使每一个林农都能够平等地享有作为集体成员的所有者应当享有的各项财产权益。而"均山分林"就不同，这是面向平民的改革，通过"均山"，实现了耕者有其山，使普通农民都能够平等地拥有使用属于集体林地的权利，并且能够从使用经营中获得收益，以经营成果的直接形式来实现林地的所有权；同时通过"分林"，使林农成为集体财产的主人。可见，新一轮林改的"均山分林"，是一场面向全体林农的改革，是为了使林业生产的基本生产资料真正成为林农的生存之基、发展之本的改革，是为了使林农成为受到直接经济利益驱动的、能够自我约束的林业经营者，成为林业的主人的改革。

新一轮林改前后的"承包"与"均山分林"的实质区别在于是否给林农以独立使用林地的经营权，是否给林农以林木的财产权，是否让林地成为山区农民生存权和发展权的物质保证和林区的基本社会保障。在21世纪，通过新一轮林改的"均山分林"来实现林业财产权利的平民性是非常紧迫和必要的，因为经过20多年的改革，林业财产权利主体已经多元化了，并且已经出现了严重的非平民化倾向。这已经完全不同于当年安徽岳西"两山并一山，统作自留山"的情况，当时进行均山分林的对象是集体的山与林。而经过了20多年的承包改革，相当一部分的集体山林经营权，或者是经过公开的拍卖，或者是经过名义上的承包和拍卖，实际上都已经异化为少数人的特权，并转变为少数人发财致富的资本。新一轮林改在尊重历史的原则下，承认那些经过合法程序的承包，而对于那些尚未承包出去或承包到期的集体林进行均山分林到户，这既是实现平民的财产权利的改革，也是捍卫和保护平民的财产权利的改革，因此具有特别重要的意义。

以实现林业财产权利平民性为主要内容的福建新一轮林改，是以一系列的制度创新实现了林改的预期目标。在整个改革的过程中，不仅没有发生分林先砍树现象，而且出现把山当田耕、把林当菜种的新气象，大大提高了林农护林营林的积极性，为提升林业经济的竞争力，为林区的经济社会的发展奠定了必要的产权基础。集体林区的私有林因此得到迅速的发展，并且以家庭私有林为主要形式，具有广泛性。

纵观集体林权制度改革的历史，这是从20世纪70年代末80年代初的“林业三定”开始的，其内容是对原来的以“集体所有、集体集中统一经营”为特征的人民公社产权制度改革。因此解放初的土改是新中国林业经济制度建立的起点，而不是林改的起点。而新一轮林改，则是由福建省于2003年首创的，之后在江西等地得到推广。集体林业产权制度改革的20多年探索过程，实际上是把农业大包干家庭责任制的改革推广到林业，把原来就属于林农的林业财产权利还给老百姓，以实现林业财产权利的平民化的过程。这一漫长而又艰难的改革过程，也是私有林发展的曲折过程，是私有林从无到有，从个别到一般，从少量农户到多数林农甚至是所有林农家庭的普及化的发展过程。

第四节　福建新一轮林改：落实和保护平民财产权利的制度创新

福建新一轮林改的均山分林，使广大普通的平民成为拥有山林这一生产性财产的林农，实现了林业财产权利的平民性，林改的这一历史性突破，是通过变革原来的具有非平民性特征的产权制度而实现的，因此是以产权制度的创新而实现的林改突破。以“明晰所有权是基础、放活经营权是关键、落实处置权是手段、确保收益权是落脚点”为主要内容的改革，其确权的过程就是落实广大林农的财产权利的过程，是明确平民林农作为各项权利主体的过程，在这样的过程中初步构建了以平民的财产权利为核心的产权制度新框架；并在改革中进行保护平民财产权利的制度建设，以制度来保护平民在产权初始界定中获得的各项财产权利。

一、新一轮林改前的林业产权制度特征：非平民性

制度包括各种法律、规定、政策等正式的制度和观念理念文化等非正式的制度。一般解释为财产权利的“产权”，是从20世纪90年代开始才成为高频率的改革用语，它有别于传统的广义“所有权”，是包括了财产的所有权、使用权、

处置权和收益权在内的一组复合的权利束。由于农业在80年代初就完成了家庭承包责任制的改革，使平民成为农业财产的各项权利的主体，实现了财产权利的平民化。而林业则有不同的情况，新一轮林改前的林业产权制度仍然具有明显的非平民性的特征。

(一)森林所有权的非平民性

所有权的非平民性表现在以下几个方面：

首先是林地所有权主体的非平民性。

产权是一种行为性的权利，有"行"才有"为"，而且必须通过"行为"、通过某种行动才能实现其权利，所以界定每一种权利的合法行动人，确定各种权利的主体，是产权制度改革中的重要问题。

依据现有的宪法规定，集体土地不能自由买卖，林地同农地一样，其所有权归集体成员共同所有。所以，由宪法赋予了"集体成员"具备所有权主体地位，就享有了按照主体的意志行使所有权的权利，当然是除了买卖土地以外的意志。但问题是，这里的"集体成员"是一个集合体，由什么人来具体行使以及如何行使所有权成为制度的关键。计划经济体制下的福建老林区，实际上是由生产大队代替"集体成员"行使所有权，这和农业的"三级所有，队为基础"的体制是不同的，因此，林业的公有范围比农业的更大。在森林资源丰富的林区，由于是更大的"集体组织"，所以组织同成员之间的联系链条会更长，委托——代理的层次也会更多，关系相对会更为松散。另一方面，由于"组织"又具体化为干部，委托——代理的关系就可能变形，因此就需要一系列的制度来保证代表者的干部能够按照成员的意志来行使权利。而如果缺乏强有力的制度约束，就会出现属于成员的财产权利被滥用，甚至产生异化的情况，"成员共同所有"实际上变成了个别人所有，而多数人没有。在新一轮林改前，计划经济体制的这种特征不仅没有得到改观，而且还在林改过程中得到加强，在产权拍卖、大户承包的实际操作中，难以真正体现集体成员的意志，林地所有权因此而具有非平民性的特征。

其次，林地所有权的经济实现形式与内容具有非平民性。

林地所有权并不是单纯的归属问题，所有权需要在经济上实现自己，因此只有能够为主体带来利益的所有权，才是有意义的、真实存在而不是虚幻抽象的所有权。在林地所有权和使用权分离的情况下，地租或林地使用费就是所有权的经济实现形式，而在二者不分离的情况下，地租或林地使用费就被包含在林业收入中。在新一轮林改前，林地所有权采取什么样的经济实现形式，多是由少数人决定的，缺少平民林农的广泛参与；对于地租这一所有权的经济实现形式，它也成为林业收入一部分，平民林农能够得益的并不多。

（二）林木财产权利的非平民性

林木是具有二重属性和多种效益的特殊财产。一方面，林木具有生产资料属性和劳动产品属性。作为生产资料的林木，它是可以自然增值的生产资本；同时林木又是前期劳动的成果，是财产形式的劳动结晶；此外，林木又是具有多种效益的财产。

林木财产的诸多特性决定了林木财产权利的特点，也决定了林木财产权利具有非平民性的特征。就一般的产权而言，财产权利是服从于主体的利益和意志的，如房屋的买卖或租赁，价格的高低，都由所有权主体决定，只要是合法的，别人就不能干涉其财产权利的行使。但特殊财产的林木，所有者在实现他的财产权利时受到更大的限制，从而更具有非平民性的特征：

首先，由森林的多效益性决定。特别是其生态效益的受益主体是社会，所以国家通过采伐限额的管理制度，对林木所有权进行限制。何时采伐及如何采伐，都要按照社会的要求受到严格的管理，因此它不能完全服从于主体利益和意志，具有非平民性的特征。

其次，林木这一特殊财产的权利还受到林权政策的影响。“谁种谁有”的政策早已有之，这是符合财产权利原则的政策。但在林权频繁变动的历史进程中，这一政策没有按照预期要求落实到位，几经变动的结果是，种的人不一定有，有的人不一定是种的人，林木财产与种树的平民进一步分离，呈现了非平民性的特征。

最后，属于集体的林木财产在新一轮林改前，已经过各种形式的承包与拍卖，或者已经成为大户的财产，或者还保留集体所有的形式，在名义上是成员共同所有，实际上则是少数人、甚至是干部所有，存在着财产权利的非平民性。

（三）林地使用权的非平民性

林地使用权的平民性可以有两种情况：直接由平民使用林地，获得经营权；平民不直接经营，但有权决定如何转让林地使用权并获得相应的收益。已经分户经营的经济林，属于前一种情况。

而大面积的现有用材林则有不同的情况。在集体统一经营的体制下，平民林农参加了共同使用土地的活动，却没有获得使用经营权；在实行了各种形式承包的林改前期，林地使用权的转让承包上，平民林农也没有成为主体。使用权的非平民性体现在两个方面：多数地方的林农并不能决定由什么人承包；也不能决定以什么条件什么价格来转让林地使用权利。所以承包改革的结果是，少数大户以非常低的价格就获得了林木和林地使用经营权。其原因是多方面的，其根源在于制度，在于使用权的真正主体缺位，是使用权的非平民性导致了承包行为的非理性。而林区的客观现实又加剧了这种非理性：由于广大林区多位于交通不便、信息闭塞的地方，承包双方的信息严重不对称，导致了使用权价格有可能被压低；由于山区的经济社会落后，资金短缺，尤其是一些边远山区，为了某一项公共事业或为了某一个项目，迫切需要通过唯一可以变现的林业财产，通过大片林地林木的转让来获得资金，供给方的强烈转让意愿，会导致林木和林地使用权的价格被低估，从而导致了平民财产权利的损失。由此带来了严重的后果，在大户经营的情况下，平民林农既失去了直接使用林地经营林业的权利，靠山的人不能吃山，又不能通过林地使用权的转让获得合理的收入，林业财产就失去了保障平民林农的生存与发展的功能，不能成为平民林农发家致富的资本。

(四)林业财产收益权的非平民性

林业财产收益权的非平民性对林业发展的影响十分严重。长期以来，各地的林业收入除了有一部分是用于村民的公共服务支出外，很少用于平民的直接分配，平民家庭的生活和经济主要依靠耕地。平民与林业财产的利益关系一断裂，平民就不可能关心森林保护和林业生产问题。那么，利益的断裂就可能成为森林屡遭破坏的深层次原因。在火烧山时林农不愿意去灭火，甚至希望有火烧山、可以砍伐火烧木等，这是平民林农对于林业财产收益分配的非平民性的理性反应。

因为林业财产的收益权，是所有权、经营权和处置权的综合体现，是实现财产权利的关键。作为生产性的财产，林业财产不同于消费性的财产，它是关系到人们的生存与发展的基本生产资料，是最重要的财产。生产性财产的性质决定了它必须为产权的主体提供经济收入，否则，就失去了生产性财产的功能，也失去了生产性财产的意义与价值。因此，当森林不能为平民林农带来经济收益时，平民林农就不会承担保护森林资源的责任，更不会有林业生产的积极性。

林业财产权利的非平民性同农业形成了巨大的反差，平民对于财产权利的迫切诉求，要求通过新一轮林改来突破这一历史性的难题。

二、新一轮林改：构建以平民为财产权利主体的制度框架

产权制度的改革强调的是对财产的各种权利进行细分和明晰，把笼统的、抽象的财产权利细分为明确的、具体可操作的权利，并设定权能主体，形成一个各个主体的权利明晰的制度体系。福建在新一轮林改中，通过“明晰所有权是基础、放活经营权是关键、落实处置权是手段、确保收益权是落脚点”的实施方案，以权利平等的原则，对林业财产权利进行细分和明确，明确“集体山林属集体内部成员共同所有，每个村民均平等享有承包经营集体山林的权利”（福建省人民政府《关于推进集体林权制度改革的意见》闽政[2003]8号文件），把原来笼统的“集体组织”的权能主体，具体化为“集体成员”的个体，平民林农成为集体共有财产的主体，实现了耕者有其山，初步形成了以平民为主体的财产权利的制

度框架。

（一）落实平民的财产所有权：初始权利的界定与制度

新一轮林改，在分类经营的基础上，把改革对象明确为用材林，这是符合林业实际的。因为在实行分类经营的基础上，各地根据实际划定了一定比例的公益林。就一般情况而言，森林覆盖率达到30%就可以实现国土保安的功能，就为社会和政府广泛关注的生态安全提供基本的保证。而由于经济林早就已经明晰的产权，分户经营，并已经成为林农家庭收入的重要来源，因此不应该，也没有必要进行变动。

“明晰森林的所有权”，实际上是明晰用材林的林地所有权和林木所有权，其初始状态是由“集体”行使所有权，而成员的所有者身份和权益只有通过与“集体”的关系才得到体现。林改正是对这样的所有权状态进行变革，对集体财产所有权进行明晰，以确定是什么人、哪一些人有权行使所有者权利，实现对集体财产所有权的初始界定。由于用材林包括林地和林木，这是两类不同性质的财产，所以需要对所有权分别进行初始的界定。

林地是林业的基本生产资料，也是林农的基本社会保障。明晰林地所有权包括了以下内容：把林地所有权的主体由原来的“集体组织”转变成“集体成员”，确定了集体成员是行使林地所有权的主体，众多的平民林农共同成为主体，而不是由“组织”来代替他们行使林地所有权的权利。当然在保持林地的集体所有制不变的前提下，作为主体的平民林农，不能采取直接分割林地的方式来实现所有权，而是通过对林地这一生产性财产的各项权能的安排上体现主体的意志和要求。福建新一轮林改中对于林地使用、处置、收益等各种权利的安排上，对于林木所有权的分配上，都体现了集体成员的平民意愿。在改革的操作过程中，通过“程序、方法、内容”的三公开，保证了平民林农的广泛知情权和参与权，保证了平民林农的意愿得到体现，以实现所有权主体的意志。

林木的所有权则有不同的情况。林木虽然也具有劳动对象的性质，但它是集体成员的长期劳动的积累成果，林木所有权应当由集体成员直接拥有。在实践中各地采取了多种方式，把林木作价分配给农户。

（二）明晰林地使用权、经营权：平民主体地位的落实与制度

在坚持林地所有权由集体成员共同拥有的前提下，在所有权不能通过林地的分块所有的条件下，明晰林地的使用权，就成为新一轮林改的重点内容。因为发挥林地作为生产性财产的功能，使之成为广大林农的生活和生产的依赖条件，使林农实现靠山吃山以摆脱贫困、走上富裕道路的关键。

明晰使用权，实现平民林农的平等权利是林改的重点，也是长达20多年的林改历史的焦点问题。从理论上说，林农的财产权利不一定通过“均山”的形式来实现，也可以通过“均利”的形式来实现，或者是由集体统一经营，或者由个别大户集中使用林地，而后通过分利来实现作为公有财产主体的林农的平等权利，这实际上就是新一轮林改前的制度状态，也是林改不敢跨越的禁区。但这里有两个方面的问题：一方面是，如果以分利的形式实现广大林农的财产权利，林农能否分到应得的“利”就存在许多不确定的因素，“利”的总额的多少和分利多少都受到多种因素的影响：总额的多少或者取决于经营的绩效，或者取决于使用权转让的价格；而分利的多少又受到“集体组织”的内部分配程序的制约，因此，平民能够从集体分得的利都是很少的，这也是林业长期没有活力的根本原因。另一方面的问题是，山区的自然和社会条件导致林区的就业途径不多，致富门路不广，发挥林地财产的作用，在经营中发挥自己的主动性并获得收入，是平民的迫切愿望。如果不是通过“均山”、给林农以平等使用集体土地的方式来实现财产的权利，就会使平民失去靠山吃山的发展机会。因此，福建的新一轮林改明确提出了“均山”以实现耕者有其山，让每个平民林农有平等的使用林地进行独立经营的权利，这是有革命性意义的改革。

按照权利平等的原则进行“均山”，就实现了林地财产的使用权主体的平民性，也实现了“耕者有其山”的经营权主体的平民性，林农成为耕山的主人，可直接获得经营成果的经济利益，从而建立起利益兼容的经营制度。

（三）明确处置权：主体的平民性与制度

处置权主体的平民性体现在两个方面：初始界定财产权利的处置权制度；林业经营和收益的处置权制度。

实现平民在财产权利初始界定过程中的主体性，主要是通过新一轮林改中的程序设计，来保证平民对于林业财产享有事实上的处置权，而不是名义上的处置权。从理论上说，作为集体林业所有者的广大林农，本来是理所当然就应当享有对林业生产性财产的处置权，但实际上，在原来的集体林业产权制度中，是由“集体组织”代替成员行使了财产的各项权利，代表与被代表者之间缺乏了应有的约束关系，往往是代表者成为实际的控制者，成为处置权的真正主体，被代表者的平民林农则只有名义上的处置权。福建省人民政府《关于推进集体林权制度改革的意见》闽政(2003)8号文件中确定了林改要坚持公开、公平、公正的原则，要保证村民的知情权和参与权，做到程序、方法、内容三公开，改革方案必须广泛听取村民的意见，尊重大多数群众的意愿，严禁暗箱操作，做到公平、公正。这些程序性的制度设计，保证了平民林农有充分表达意愿的权利，参与制定和决定方案的权利，使平民林农对权利初始界定的制度安排有言语权，体现了处置权的平民性。

处置权的平民性还体现在平民林农对于林业经营成果和林地收益的处置上。

在均山的制度安排下，平民林农获得了平等使用林地的权利，也获得了使用林地的独立经营权，而作为林地使用权和经营权的主体的平民，当然就获得了对林业经营成果的支配权和处置权。

（四）财产收益权的平民性制度

财产的收益权是产权的核心问题，如何保证林业财产真正成为广大平民林农的家庭收入来源，成为民众的生存与发展的保障，这既是公有制的性质要求，也是以人为本的科学发展观的要求。在新一轮林改中，实现财产收益权平民性制度，包括两个方面内容：实现林业经营收益的平民性和所有权收益的平民性。

林业经营收益的平民性制度是建立在林地使用权和经营权主体的平民性制度基础上的。当新一轮林改实现了均山分林，给了平民林农以平等的林地使用权进行独立经营的时候，平民林农就获得了对自己的经营劳动成果享有收益权，而且是具有排他性的经营收益权。这曾经是农业产权制度的优越性，现在也是新的林业产权制度的特征和优越性。

林业财产的所有权收益的平民性还体现在集体林木转让费及林地使用费的平民性上。新一轮林改明确规定了林地使用者必须把经营收入的一部分以林地使用费的形式交给集体，这是福建与江西林改的不同之处。江西不征收林地使用费的理由是，均了山，集体成员的平民林农已经获得了平等的使用林地的权利，没有必要通过征收林地使用费的形式来实现林地所有权；福建的理由是，林地使用费作为林地所有权的经济实现形式，征收是合理合法的。江西和福建的做法区别是基于不同实际情况的选择。福建作为新一轮林改的开创者，在进行改革制度设计中充分考虑林改的阻力和制度变革的成本问题。因为在工业商业都相对落后的林区，林业成为林区村民自治组织的唯一收入来源，林业收入因此就成为林区基层组织的运行成本的来源，也是林区社会公共服务体系的物质基础。这些都是维持林区社会稳定和发展的必要费用，因此在没有其他的可替代性收入的情况下，为了改革的顺利进行，也为了维护林区社会的稳定与发展，新一轮林改选择了由集体收取林地使用费的做法，这也是基于现实的无奈选择。从保证林业财产收益权平民性的角度出发，江西采取的是不收取而由平民直接享有经营收益权和林地所有权的收益，直截了当，无须其他的制度保障；而福建的情况则不同，林地使用费是由基层组织征收的，就需要有一定的制度来保证林地使用费的平民性。虽然林改制度设计中已经包含这样的内容：对于集体林木转让费和林地使用费等收入必须向村民公开，并依照法律规定在村民中进行分配和使用，但能否完全实现林业财产收益权的平民性，还有待于这些制度的真正落实。

综上所述，新一轮林改在明晰产权各个权能主体的基础上，形成了权能主体明确、权利范围清晰而且互相协调、互相制约的制度框架，以这样的制度实现了林业财产权利的平民性。

三、保护平民财产权利的制度安排

新一轮林改在构建体现平民性的林业财产权利的制度框架的同时，还进行了一系列的以保护平民的财产权利为核心的制度安排，形成了多角度、多层次的平民财产权利的保护制度：

(一)产权初始界定中的平民财产权利保护：公平原则的基础性保护

公有的产权制度的改革必须从权利的初始界定开始，而初始权利的界定是否体现了公平的原则，实际上关系到属于每一个集体成员共同所有的财产是否得到保护的根本性问题。如果初始的权利界定不公平，从形式上看是集体财产的流失，而实质上是对个人财产权利的侵犯。因此在产权制度改革进程中，在对公有的财产进行权利的初始界定中，是否公平是一个十分尖锐的现实问题，也是人们十分关心的突出问题，“公平与效率”也因此成为自 20 世纪 80 年代以来的社会热点问题。长期以来，研究人员在更大的范围内来讨论公平与效率问题，关注的是社会的公平，是起点公平、程序公平、分配公平等问题，对这些问题的研究具有重要意义。但是对公有财产进行权利的初始界定中的公平问题的重视程度不够。事实上，人们之所以对于国企改革和农村改革会有不同的感受、不同的评价，重要原因在于公平与效率问题。80 年代初的农村改革在对于共有集体财产的初始界定是公平的，这里的公平促进了效率的提高和社会福利的增进。而国有企业改革却有不同的情况，当然由于全民所有制同集体所有制是具有不同性质的公有制，改革的道路和形式也必然是不同的，但人们对于公有财产的公平权利的关注和利益的诉求则是相同的。社会普遍关注的国有企业改革中的贱卖和资产流失问题，实际上是在效率优先的名义下，把公民共有的国有财产变成了个别人的财产，进而又变成了个别人获得更多利润和财产的资本，这也是“郎顾之争”引起社会强烈反响的深层次原因，也是社会上产生仇富心理的经济解释，也是人们为什么仇富而又不仇袁隆平的合理解释。这里所反映的是人们对自身权益的关心，对于公有财产权利初始界定中的公平权利的诉求。

在产权制度改革中，对公有财产权利进行初始界定坚持公平原则也是效率的要求。在集体公有制内部，实现公平原则可以有两种不同的方式：公平分配劳动产品或者是公平地使用集体林地，选择哪一种形式的公平，实际上就同效率有关，也是改革的取向问题。因为这两种不同形式的公平，实际体现了改革前与后的不同产权制度的特征，之所以要进行改革，就是因为在改革前的产权制度中体现的公平，是通过对集体经营的成果按照劳动这个统一的尺度进行分配来实现的公平。林权制度改革选择了以均山均林均利为主要内容，就是选择了后一种形式的公平，这是以更有效率的产权制度为基础的公平。而这样的公平是从对公有的产权进行初始界定开始的。福建在新一轮林改中，在对集体林地和林木财产进行各项权利的初始界定中坚持了公平的原则，确立了平民林农的财产主体地位，使平民林农有平等的所有权，有平等的分林的权利，有平等使用林地的耕山权利，有获得自己的经营成果的平等权利，有处置集体财产的平等权利等各项财产权利，实现了集体成员对于共有财产的公平权利。公平是公有制的性质要求，也是改革中必须遵循的基本原则，对公有产权进行初始界定时坚持公平原则，实际上是对改革始点的平民财产权利的基础性保护。

（二）林业财产的确权发证：法律形式的最高保护

对合法的财产进行有效的保护，是社会发展的客观要求。有恒产者有恒心，合法的财产是人们通过合法途径获得的，或者是劳动所得，或者是经营成果，或者是财产收入，保护合法财产就保护了人们创造社会财富的积极性。因此，在经过激烈争论后，新修订的宪法终于增加了保护财产的原则内容，这当然也包括私有财产在内。而建立有效保护财产的制度，是产权制度改革的重要内容。

明晰的产权是效率的保证，而对于已经明晰的财产进行有效的保护，这对于林业来说尤为重要。因为新中国的林业史是林权不断变动的历史，在公有化过程以及公有制经济的运行过程中，林权始终在大、小集体之间频繁变动。而由于林权不清，导致纠纷不断，造成了森林的破坏和林业发展乏力，这是其他产业所没有的教训。虽然“林业三定”对各个集体之间的林权进行了明晰，而新一轮林改则是把产权明晰到平民，依照法律法规实行了均山分林，使林农普遍获得了林业财产的权利。但是人们对于林权频繁变动的历史还记忆犹新，“分林先砍树”的教训是深刻而沉痛的。因此，为了更好地稳定人心，为了更好地发挥林业财产的有效功能，使林业财产成为平民安心立命的根基，新一轮林改进行了确权发证，这是以法律的最高形式来保护平民的财产权利。林权证作为林木所有权和林地经营权的唯一法律凭证，也是确认林业财产合法性的唯一凭证。林权证同房产证等凭证有同样的法律效力，因此成为保护平民的林业财产权利，促进林业发展的基本保证。

（三）林地林木产权流转：保护流动产权的运行机制

流动性、可交易性是产权的基本特征。产权是行为性的权利，产权主体必须通过行动来实现自己的权利，或者自己使用自己经营，或者转让使用权，因此产权主体是在行使某一个具体的细分权利中，在产权的流动、交易中实现作为主体的意志与利益的。

保护并促进产权流动是保护财产权利的基本要求。产权主体按照自己的意志在行使某个具体权利时，有多方面的选择，自己使用或让别人使用，这实际上是对如何最大化地实现主体利益的选择，是对不同的权利行使方式进行比较和选择。而这种比较和选择的前提是产权流动性，如果产权不能流动，不能交易，那么主体就失去了选择的机会，失去了最大化实现财产权利的机会，财产权利就没有得到很好的保护。所以，产权必须在流动中得到保护，流动性是产权保护的基本原则。

按照产权的特征和保护原则的要求，建立起适合于产权流动运行的机制，才能从根本上保护财产权利。促进产权流动、交易的制度是市场经济体制的重要内容，也是市场优越性的体现，当然这一制度也是随着市场经济的发展而不断完善的。

新一轮林改中，把建立林权流转制度作为重要的内容，是符合林业特点的产权运行机制的有意义探索，这也是对林业财产性质的深化认识。因为长期以来存在着一种过分强调林业特点的倾向，造成其不适合进行市场化改革，同时林业财产不具有一般财产的性质，所以是不能进行流转的等。如果说在林业产权的主体是集体或者是少数大户的情况下，建立林权流转制度也许不那么急迫的话，在新一轮林改后，在产权主体已经分散化，在众多的平民成为产权主体的情况下，建立适应林业产权流动的运行机制，就显得非常重要和紧迫，这是保障平民财产权利的长效制度建设。

(四)林权证抵押贷款：让平民的财产变资本的制度安排

财产变资本是市场经济的重要特征，也是市场经济的神奇活力所在。市场机制是一个不断把各种财产变成会增值的资本机制，不管是物质的财产、自然的财产，还是存在于人体身上的劳动力财产，都变成了资本的存在形式，变成了进一步创造财产的资本。

财产变资本的深度和广度决定了社会财富的积累程度，也决定了个人财产的积累程度。在市场经济高度发达的欧美，金融体系完善，资本市场的功能齐全，人们很容易通过贷款获得需要的资本，抵押贷款更是无所不包，因此已经形成了财产变资本、资本创造财产的良性互动的体制和机制，这对于社会经济的发展起着十分重要的作用。

建立财产变资本的机制是保护财产权利的要求。财产能否转变为可以增值的资本，这是关系到产权效能的重要问题，也是关系到产权主体的切身利益的根本问题。所以建立起财产变资本的体制机制，是对财产进行更深层次的保护，是对财产收益权利的根本性保护。

在新一轮林改中建立的林权证抵押贷款制度，就是一个关于财产变资本的机制建设的有益探索，这对于经济、社会不发达的山区，是特别有意义的探索。在目前的金融制度下，资金作为市场经济的血液，由农村源源不断地向城市单向流动，因此使本来就缺乏资金的农村，陷入财产与资本的恶性循环中，更加剧了农村的贫困与落后。在这方面，山区又处于更为不利的地位，贷款无门、资金短缺成为广大山区的普遍问题。正是在这样的背景条件下，进行林权证抵押贷款，建立财产变资本的制度，是从更深的层面上，让广大平民从林改中获得林业财产权利的保护，而且是更高层次的保护，因为是对造血功能的保护。

总之，新一轮林改在实现财产权利的平民性上有了历史性突破，这是通过制度创新而实现的，通过建立以平民为财产主体的产权制度来实现的，是通过建立多层次多角度的保护平民财产权利的制度而实现的。当然，这些制度都还处于初创阶段，需要在深化改革中进一步探索与完善。另一方面，这些制度的有效性也需要由今后的实践来检验(张春霞，2009)。

第五节 福建新一轮林改的突破：还林业财产权利于平民

林改的实质内容是把农业大包干家庭责任制的改革推广到林业，把林业财产的权利还给平民老百姓，实现林业财产权利的平民性。这里的“平民”与“林农”是有不同的，经营林业的人群都可以是林农，但它不一定是集体成员的全部，而平民则是集体成员的全部或至少是大多数，改革就是要使林地和林木财产成为平民林农的生存之基与发展之本。在 20 世纪 80 年代初，以“林业三定”为开端的集体林权制度改革，历经了 20 多年的探索而未能破题。开始于 2003 年的福建新一轮林改，实现了耕者有其山的林业财产权利平民化的改革，破解了集体林权制度改革的难题。新一轮林改因此成为中国农村的第一次改革。

一、农村第一次改革的实质与林改的难题

“改革”作为一个时代用语，是有它明确的起始时间，“林权制度改革”也不例外，是从 20 世纪 70 年代末 80 年代初开始的，其内容是对原来的以“集体所有、集体集中统一经营”为特征的人民公社产权制度的改革。因此新中国成立初期的土改是新中国林业经济制度建立的起点，而不是林改的起点。新一轮林改，则是由福建省于 2003 年首创的，之后在江西等地先后推广，现已在全国全面推行的改革。

(一)农村改革的实质内容

拉开中国改革序幕的农村改革，它的成功实际上是产权制度改革的成效，其实质是实现了农业财产权利的平民性。因为产权制度是市场经济的带有根本性的基础制度，没有明晰的产权，就不可能建立起促进市场经济发展的激励机制，不

能够形成积极主动的市场交易的主体，就不能建立起一个各项财产权利明晰、相应的权能主体明确、利益激励机制健全的新产权制度。因此中国市场化改革必须从产权制度开始，产权改革也必然要成为中国改革的逻辑起点和核心内容。由安徽小岗村农民发起的农村改革，他们首创的大包干联产责任制，实际是以“保持土地集体所有不变、把使用权均分到户、由农民家庭进行自主经营”为主要内容的产权制度改革。这样的改革首先对“集体所有、成员没有”的财产权利进行明晰，实行分田到户，由农民直接使用耕地，并以家庭独立经营的制度，代替了“集体所有、集体支配、统一经营”的制度。开创了一个崭新时代的农村改革，如雨后春笋般在全国迅速推广。

农业改革的成功经验是进行了以农地所有权与使用权相对分离为主要内容的产权制度改革，拥有了土地的使用经营权的农民，生产经营的积极性得到很大的提高。改革的实践证明，新的产权制度是有效率的，而正是这样的效率创造了世界瞩目的奇迹，开创了中国市场化改革的先河。

(二)林权改革的难题

农村改革的成功经验能否推广到林业，林业的改革能否同农业一样采取分山到户的家庭大包干责任制，始终是林业改革的难题。

产生这一难题的主要原因是林业的特点，以及林权制度的特点。林业产权包括林地和林木这两个既有联系又不可分割的生产性财产的各种权利，而且长周期的林木具有受益主体各不相同的多种效益，其生态效益的受益主体是社会，所以林改必须解决生态效益与经济效益的矛盾。实际上，长期以来的林业管理制度也是权衡这一矛盾的结果，如严格的限额采伐管理制度，就是偏向于保护社会获得生态效益而不利于林农取得经济效益，它实际上是通过限制林业经营权和收益权而弱化了林业产权。那么林改是否会造成社会关注的生态效益的损失？这就成为涉及社会与林农的利益关系的敏感而又重要的问题。

林业的特点决定了林业在推广农业改革经验，在进行林地的两权分离时有它特殊的问题和一连串的连锁反应：为推行家庭经营责任制必须进行均山；而均山又必须同时分林，以解决林木的产权问题；分林有可能发生先砍树的后果；由此将会引起社会无偿获得的生态效益的福利损失，可能造成严重的生态安全问题。

因此，林业的多效益性特点决定了林改目标的特殊性，林改必须在多效益的矛盾中进行权衡，以总效益的最大化为目标。这个目标需包括两个方面的内容：不能出现大规模的乱砍滥伐；实现效率的改进和活力的提升，以促进林业的发展。这也成为评判改革成效的两个标准，只有同时满足这两个要求的改革，才是成功的改革。而是否引起森林资源的破坏成为改革的底线，也是对林权改革的特殊要求。

林业的特点，使林改的历程成为在多效益的矛盾中进行权衡以实现总体效益最大化目标的过程，这是个在艰难探索中不断求解的过程。

二、林改的历程：艰难探索而未能破题

林业改革几乎是与农业改革同时起步，经过20多年的艰难探索而未能破题。这个过程可以分为两个阶段：20世纪80年代初期的“摸石头”的探索；20世纪80年代后期出现了回归集体或联合经营的导向。两个阶段中间的转折点是安徽岳西为代表的全面的分林到户改革，由于这一改革分林先砍树，引发了大规模的乱砍滥伐，没有达到改革的最低目标而以失败告终。转折就成为必然趋势。

（一）“林业三定”开始的探索：80年代初多形式的承包制

20世纪80年代初的“林业三定”（稳定山权林权、确定林业生产责任制、划定自留山），其林改的含义在于：“稳定山权林权”，实际上是对各个集体之间不清晰的山界和林权进行界定；“确定林业生产责任制”尝试进行所有权与使用权相分离的多种形式，探讨了多形式的责任制；本具有破冰含义的“划定自留山”，在各地落实中却存在着自留山的量少、质差和山头地块不落实等问题。

在“林业三定”的三个任务中，“稳定山权林权”实际上是其他“二定”的基础和前提，而“确定林业生产责任制”则是主要的、也是艰巨的任务，其延续的时间也最长。这个时期围绕着“确定林业生产责任制”的主要任务，各地积极探索多形式的承包责任制。与农业分田到户“家庭承包责任制”的一枝独秀不同，林业生产责任制是百花齐放的多形式：有生产某个环节的承包，如管护承包，砍伐承包等，也有各种形式的家庭承包，出现了李金耀的“全国第一大包”的典型。这个阶段实际上是没有主导形式的摸石头探索过程。

福建仙游县的李金耀在全国率先向集体承包了大片的山地进行造林，成为全国的第一包山大户。包山大户的形式在当时引起很大的影响，其林改的含义是：进行了山地所有权与使用权分离、实行了联产承包的独立经营的尝试。显然，这比管护承包或者某个生产环节的承包前进了一步，因而是林改的有益探索。大户承包成为当时福建林业生产责任制的一个重要形式，而主导的形式还是集体统一经营。

与福建不同的是，这期间的浙江、湖南、江西等其他集体林区则有更多的探索，生产责任制的形式也比较多样，特别是经济林、荒山进行了分户承包经营。但这与农业改革有很大的不同：农业的家庭责任制是以全面的均田到户为产权基础的，林业的家庭承包制则只是在部分山地和林种中进行分山到户；农业的家庭承包制是对生产全过程的联产包干责任制，因而在双层经营中实际是家庭经营，而林业则不同，是强调集体统一经营为主。

(二)安徽岳西“分林到户”的教训与林改进程的转折

林业在进行多形式的生产责任制的摸石头探索中，安徽岳西独树一帜进行了全面的“分林到户”改革。这是一场在岳西县委主导的、在全县范围内进行的改革，他们提出了“两山并一山，统作自留山”，实际上是采取了农业改革的模式，把所有的用材林、经济林，包括现有林在内，全部均山分林到户。在林改还处于摸石头阶段，在林业生产责任制还没有主导形式的情况下，这种做法引起了政府和社会各界的极大关注，并引发了一场关于改革取向的大讨论。包括管理层、理论界、实际工作者在内，对于林改能否实行均山分林、采取农业大包干责任制的形式这一焦点问题进行认真的讨论，提出了各不相同甚至是对立的观点，当时的主流观点是大包干责任制不适合于林业，其理由是分林必然会导致森林资源的大规模破坏。可见，林改赋予安徽岳西以特殊的使命，这一改革的成功与否，必将对林改进程产生导向性的影响。

事实也正是如此。安徽岳西分林到户后不久，就发生了森林的破坏，这对于当时还处于争论中的社会各界，对于还在观望中的管理者，是个惊醒和震动，直接导致了林改政策的转折，政府对于林改的导向由初期的允许多形式的摸石头探索，转变为后来的明确强调集体和联合经营，均山分林实际上成了林改禁区。

分林先砍树的事实也更进一步强化了主流的观点，对人们的思想观念产生了重大影响。从 20 世纪 80 年代中期开始，安徽岳西成为人们进行改革的镜子，也成为理论界关心与探讨的热门话题，几乎每一次的林业经济学术讨论会都涉及分林到户问题，林改是否、能否采取农业大包干责任制的形式，即改革的取向越来越成为林改前行的难题。

当然，当时的理论界也提出了不同于主流的观点，认为岳西的探索虽然失败了，但不能因此就把大包干的家庭承包责任制设定为林改的禁区(张春霞，1985)，而应当认真分析和总结岳西的教训，努力探索出一条符合林业特点的林权改革的道路。因为岳西失败的原因是多方面的，客观地说，林业的特点使分林到户比农业的改革更为复杂也更具风险性，但政策失误和准备不足是更为重要的原因。长期来林权的频繁变动，使林农对政策失去了信心，正如在后来的社会调查中当地农民所说的：分林的改革是决策层打盹的时候做出来的，所以要趁着管理者还没有醒的时候赶快砍树。可见，“赶快砍树”是对长期以来多变的林业政策的理性反应。另一方面，在缺乏足够准备的情况下，原来实行严格计划管理的木材市场于 1985 年突然开放，价格以数倍于计划价格的幅度上扬，管理缺位，为分林砍树创造了客观的条件，加上没有其他的政策支持，所以出现分林先砍树的结果也就不奇怪了。

虽然，安徽岳西的失败不能证明分林到户不适合林业，但另一方面也说明了分林到户的改革需要有更多的条件和更艰难的探索。

（三）林改向集体和联合经营回归

安徽岳西激进的改革陷入了分林先砍树的怪圈，这也预示林改存在特殊的风险。为了规避这种风险，林改选择了回归集体经营和重新联合经营，导致了林改的转折。“三明模式”和湖南怀化的试验在这样的背景下应运而生。

1988 年 4 月，经国务院批准为集体林区改革实验区的三明市，设立了“分股不分山，分利不分林”的改革项目，并在此基础上成立了“林业股东会”。该项目的初衷是既防范风险以更好地保护森林资源，又通过“林业股东会”的制度创新来提高林业的活力，实现林改的目标。从形式上看，“林业股东会”的制度设计是科学的：其一，原来的集体林已经通过股份的形式分给了农户，农民以股东的形式成为集体林木的所有者；其二，林业股东会是独立于村集体、专门经营林业的经济组织，因此已经改变了原来的集体统一经营的模式；其三，股东会的章程中也设计了股东代表大会、监事会等一系列保护农民权利的制度，也明确了股东代表大会是最高权力机构。但该制度的实际运行却未能实现设计者的初衷：股东会的经营名义上是独立的，实际上并没有摆脱原来的由干部控制的集体统一经营的传统，不能克服大锅饭的低效率；农民对于林木的所有权也仅存在于股票的纸面上的，是名义所有，因为在农民既不能用手也不能用脚投票，选择经营者，也不能有效地约束股东会的经营者，不能真正掌握收益的分配权，停留在纸面上的名义所有权就不可能发挥激励作用，林业股东会也因此失去了活力，林业股东会成为 20 世纪 90 年代林改的对象就成为必然趋势。当然，对于“八山一水一分田”且森林资源十分丰富的福建，如何为当代也为后代保住绿水青山，也是改革必须慎重对待和妥善解决的重要问题，因此“三明模式”虽然不能实现社会对于林业活力和效率的预期，不能实现帕累托最优，但也是在当时的客观条件下的次优选择，是基于福建的特殊林情的有益探索。同时这也进一步说明了明晰产权是重要的基础，也说明了集体集中经营的模式是难以实现效率的目标，即使以股东会的新形式替代集体也一样。

与三明试验区同时进行的湖南怀化试验区则有不同的林改探索。“怀化山区开放开发试验区”是由湖南省于 1988 年 8 月批准的，之后又于 1990 年被国务院批准为全国农村改革试验区，重点是探索山区综合开发与改革的道路。在国务院批准的总体方案中的“山地制度建设”和“多种开发形式”两个项目，探索了以林木、林地使用权和资金等不同要素进行联合，实现了对山地的多元主体的开发。怀化试验区是对于已经承包到户的山林进行多种形式的联合经营，由于是在已经明晰的产权基础上进行的多主体联合，因而其产权的基础不同于“三明模式”，所以怀化的经营主体更具有活力。

当然，不管是“三明模式”还是怀化模式，他们共同的地方是绕开“均山分林到户”的林改禁区，并且都强调“合”的问题。区别的只是集体经营还是联合经营。

三、福建新一轮林改：从“承包”到“均山分林”的跨越，实现林业财产权利的平民性

（一）福建新一轮林改：基于不同产权制度的绩效比较与竞争的必然选择

新一轮林改是被严峻的现实逼出来的，是在改革与发展的新形势下的必然选择。因为在整个20世纪90年代，除了不跨越政策禁区，坚守现有用材林不能均分到户的底线外，集体林区的林权改革并没有止步。南方各地均出现了家庭经营、大户经营、集体经营等不同的经营制度共存的新格局，这些以不同的产权制度为基础的经营制度所表现出来的不同效率，以及它们对于林业和林区发展所起的不同作用，形成了鲜明对比，实际形成了不同产权制度之间的竞争。在同一地区的经济林与用材林、不同林区、无林区与林区之间的不同产权制度的绩效对比，促进了人们对于均山分林这一改革禁区的反思，促进人们对于改革取向的进一步思考，从而为新一轮林权制度改革提供了必要条件。

首先，改革的推动力来自于同一个地区经济林与用材林的不同产权制度之间的绩效比较：家庭经营制度与集中经营制度。在新一轮林改前，集体林区的经济林基本上已经实行了家庭经营，由于分户经营的制度活力大大提高了经济林的生产力，虽然其面积只占很小比重，却生产出丰富多样的产品，在满足了社会日益增长的需求的同时，也为农民增加了收入，成为山区农民家庭经济的最重要来源，这对于尚不发达的山区来说是非常重要的。而与经济林形成对比，大面积的现有用材林的生产力却没有多大变化，更重要的是用材林的集体收入很少或几乎没有用于直接分配，没有成为林农家庭经济的来源，没有为改变林区的经济贫困和社会落后现状做贡献。如此之大的反差为新一轮的林改提供了动力。

其次，改革的推动力来自于资源禀赋不同的林区之间的产权制度绩效比较：分散的农户经营和集中于大户或集体经营。

在现有用材林资源不太丰富的林区，林改过程中已经逐渐把荒山地或少林地，甚至是部分用材林承包给农民家庭经营，这些山林逐渐成为山区农民家庭的经济来源，发挥了其作为生产性财产的功能。

而在森林资源丰富的老林区，长期以来受到传统体制的束缚，留下来的计划经济体制的历史遗产更多，包袱也更重，林改的压力也更大。特别是大面积的现有用材林，其经济效益和生态效益的矛盾最为突出，丰富的森林资源已经成为改革的“包袱”：丰富的资源是生态的宝库，所以更需要保护，因此改革更需要慎

重，伟大的使命不允许改革有任何的风险。因此在20多年的林改艰难探索过程中，福建曾经产生了李金耀的大户包山的典型，产生了以集体经营为主要内容的“三明模式”的典型，却不可能过早产生均山分林到户的典型。正是在这样的历史进程中，林业财产的配置已经出现了不同于其他林区的新情况：一部分的用材林仍然维持大锅饭的集体经营，而另一部分则经过拍卖或承包，已经集中于大户，脱离了集体所有、集体经营的轨道，成为少数人的财产和资本而与广大平民无缘，不能成为平民谋生和致富的手段。林业生产性财产的初始分配不均所引起的社会矛盾，随着社会的发展与进步不断加剧，经济问题已经逐渐上升为社会和政治问题。

“八山一水一分田”的福建，作为南方重点林区，森林资源丰富、覆盖率居全国第一，又有优越的气候、自然地理的优势，林业的活力却比不上非重点林区，八山的资源潜力并没有转化为林区发展的经济实力，山区依然是贫困和落后的代名词。社会主义新农村建设迫切需要林改的推动；另一方面，在全国林业功能布局中被划为商品材主要产区的福建，又需要尽快突破体制的历史遗产，冲破林改的禁区。

其三，依靠家庭经营的制度优势而迅速崛起的平原林业，为新一轮的林改提供了重要的启示。在集体林区的林权改革举步维艰、为能否进行分林到户而困惑的时候，平原林业却异军突起，在森林资源十分匮乏、因而对木材的需求十分强烈的平原地区，依托于已经明晰产权的农田，家庭经营的平原林业得以迅速发展，这对于集体林权改革起着重要的示范与催化作用。因为这里虽然不是直接“分林”，却是在已经分到户的农田上种的、由家庭独立自主经营的林子，这些林子不但没有像人们长期以来担心的那样被乱砍滥伐，而且以它特有的生机与活力，成为商品林业发展的新增长点，这对于分林必然导致森林资源的大破坏的主流观点是个很大的冲击，对于重新认识分林到户的政策禁区也有重要的启迪作用。崛起的平原林业充分展示了家庭经营的活力，说明了深化林权改革的重要性和紧迫性。

（二）福建新一轮林改的突破：内容与实质

新一轮林改的内容是实现了从“承包”到“均山分林”的历史性跨越。“承包”与“均山分林”代表的是新一轮林改前后的不同改革内容特征，这二者之间是有着本质区别的。“承包”虽然可以是对林业生产全过程所采取的，也可以是采取家庭经营的形式。但“承包”不是面向全体林农，使每一个林农都能够平等地享受到作为集体成员的所有者应当享有的各项财产权益。而“均山分林”就不同，这是面向平民的改革，通过“均山”，实现了耕者有其山，使普通农民都能够平等地拥有使用属于集体林地的权利，并且能够从使用经营中获得收益，以经营成果的直接形式来实现林地的所有权；同时通过“分林”，使林农成为集体财产的主人。可见，新一轮林改的“均山分林”，是一场面向全体林农的改革，是为了使林业的基本生产资料真正成为林农的生存之基、发展之本的改革，是为了使林农成为受到直接经济利益驱动的、能够自我约束的林业经营者，成为林业的主人的改革。

新一轮林改前后的“承包”与“均山分林”区别的实质在于是否给林农以独立使用林地的经营权，是否给林农以林木的财产权，是否让林地成为山区农民生存权和发展权的物质保证和林区的基本社会保障。在 21 世纪，通过新一轮林改的“均山分林”来实现林业财产权利的平民性是非常紧迫和必要的，因为经过 20 多年的改革，林业财产权利主体已经多元化了，并且已经出现了严重的非平民化的倾向。这已经完全不同于当年安徽岳西“两山并一山，统作自留山”，当时进行均山分林的对象是集体的山与林。而经过了 20 多年的承包改革，相当一部分的集体山林经营权，或者是经过公开的拍卖，或者是经过名义上的承包和拍卖，实际上都已经异化为少数人的特权，并转变为少数人发财致富的资本。新一轮林改在尊重历史的原则下，承认那些经过合法程序的承包，而对于那些尚未承包出去或承包到期的集体林进行均山分林到户，这既是实现平民的财产权利的改革，也是捍卫和保护平民的财产权利的改革，因此具有特别重要的意义。

以实现林业财产权利平民性为主要内容的福建新一轮林改，是以一系列的制度创新实现了林改的预期目标。在整个改革的过程中，不仅没有发生分林先砍树现象，而且出现把山当田耕、把林当菜种的新气象，大大提高了林农护林营林的积极性，为提升林业经济的竞争力，为林区的经济社会的发展奠定了必要的产权基础(张春霞，2008)。

第六节 发展私有林的意义

一、有利于林业产权的多元化

林业是国民经济的重要组成部分，随着改革继续深化，按分类经营、分类管理要求，国家在管严、管好生态公益林的前提下，必然要放开、搞活商品林。商品林建设属竞争性领域，其发展要靠宽松的政策调动社会一切积极因素参与。私有林具有产权关系明晰，利益关系直接，政府投资少、效益高、经营机制灵活等特点，能大大调动投资者的积极性，吸引大量的社会资金参与私有林建设，最终形成以国家投入为导向，社会投资为主体的私有林多元投资格局，形成社会办林业的局面。

二、有利于培育和保护森林资源，改善生态环境

长期以来，我国林业体制单一，经济结构单一，所有制结构单一，林种结构单一，其最大弊端是忽视人民群众的经济利益，很难调动社会和个人造林绿化的积极性，严重阻碍了林业的迅速发展，致使我国成为世界上缺林少绿的国家之一。根据联合国粮农组织（FAO）2010 年全球森林资源评估结果（表 3-1），2005 年全球森林面积 40 亿 hm^2，约占土地面积（不含内陆水域面积）的 31%，人均森林面积 0.6hm^2。全球人工林面积 2.64 亿 hm^2，约占世界森林面积的 7%。从森林功能来看，全球商品林面积接近 12 亿 hm^2，生物多样性保护林面积超过 4.6 亿 hm^2，防护林面积 3.3 亿 hm^2，分别占世界森林面积的 30%、12% 和 8%。从森林权属来看，公有林面积占世界森林面积的 80%。全球森林碳储量达到 2890 亿吨。全球超过 50% 的森林资源集中分布在 5 个国家，中国是其中之一，列俄罗斯、巴西、加拿大和美国之后，以森林面积 1.97 亿 hm^2，位居第五；森林蓄积 132 亿 m^3，居世界第六，但我国森林覆盖率只有 18.21%，仅相当于世界平均水平的 61.52%，居世界第 130 位；人均森林面积 0.132hm^2，不到世界平均水平的 1/4；人均森林蓄积 9.421 m^3，不到世界平均水平的 1/6。（2010 等 10 月份具体报告）特别是随着林业经济体制改革的不断深入，林业发展的深层次问题日益凸显。社会对林业不断增长的多样化需求和落后的林业生产力水平之间的矛盾，

表 3-1 2005 年森林面积最大的十个国家

国 家	森林面积（百万 hm^2）	占全球比重
俄罗斯	809	20.47%
巴西	478	12.09%
加拿大	310	7.84%
美国	303	7.67%
中国	197	4.98%
澳大利亚	164	4.15%
刚果	134	3.39%
印度尼西亚	88	2.23%
秘鲁	69	1.75%
印度	68	1.72%
其他	1333	33.72%
合计	3953	100%

成为现阶段我国林业的基本矛盾。林业生产力水平低主要表现在：农业用18亿亩耕地，解决了中国13亿人的吃粮问题，而林业用43亿亩林地(其中集体林地25亿亩)却没有解决13亿人的用材问题，现在每年要用186亿美元进口1亿多m^3木材，这43亿亩林地更没有解决中国人民对生态的需求问题。因此必须加快我国林业发展的步伐，而发展私有林正是冲破所有制约束、转变经营机制的好办法，它的发展壮大不但能够促使我国森林资源总量不断增长，而且还能使生态环境有所改善。

三、是解决我国"三农"问题的重要途径

从我国现实情况看，要实现全面建设小康社会的宏伟目标，关键在于农村的发展。没有农民的小康就没有全国人民的小康，没有农村的现代化就没有国家的现代化。我国农村人口多、生产力落后、农民生活水平低，农民增收困难是"三农"问题的核心。而对于多山的地区来说，要从某种程度上解决农民增收问题，优势在山，潜力在山，而山区的主业是林业。大力发展私有林不但能加快贫困地区脱贫致富的步伐，带动地方经济的发展，而且还可以吸纳农村剩余劳动力。避免人口向大中城市和发达地区的盲目流动，既有利于保持山区和农村社会稳定，又能减缓对城市发展的压力。可见，要解决贫困地区的经济问题，需要大力发展私有林。

四、有利于缓解我国林业发展和生态建设投入资金不足的矛盾

在我国，森林资源培育、生态建设与资金短缺的矛盾异常突出。根据国务院通过的《全国生态环境建设规划》，我国将用50年左右的时间，从根本上扭转生态环境恶化的趋势，保护生物多样性，促进社会经济的可持续发展，但需要的资金在10000亿元以上。水土流失面积55亿亩的治理，需要资金约11000亿元。如果加上40亿亩荒漠化土地的绿化，其造林绿化平均成本应在每亩600元以上，需资金24000亿元(含部分地区的引水工程)。以上几项合计大约需要资金40000亿元。假设按2005年中央对林业投入的资金415.3亿元(中国林业发展报告，2006年)计算，则需要96年才能实现这一宏伟目标。在林业建设需要大量资金而缺口较大的时候，通过发展私有林则可以使这一矛盾得到缓和。私有林以明确的责、权、利关系和经济效益吸引社会资金投资林业，经营林业，并以投资主体多元化发展私有林，活化林业经营体制，调整造林绿化的投资结构(中国可持续发展林业战略研究项目组，2002)。

综上所述，加快发展私有林，有利于调整林业结构和区域布局；有利于促进商品林建设，加快造林绿化步伐；有利于增加森林资源总量，缓解木材和林产品

短缺问题。同时由于私有林以其特有的林业产权机制和灵活多样的经营管理特点，为我国林业的发展吸引了大量社会资金，极大地缓解了林业发展资金投入不足的矛盾；由于私有林具有劳动密集型的经营特点，发展私有林在很大程度上可以缓解我国农村尤其是贫困山区的劳动力就业问题；最终通过私有林的发展提高当地的经济发展水平，为我国林业的可持续发展做出积极的贡献。因此必须大力发展私有林。

第四章
福建私有林经营现状与特征

森林覆盖率全国第一、集体林权制度改革走在全国前列等是福建林业的显著特点，在城镇化和工业化的大背景下，集体林权制度改革后的私有林经营现状与特征发生了一些显著的变化。

第一节　福建省林业经营情况概述

福建省位于我国东南沿海，属亚热带气候，因此气候温和，雨量充沛，光照充足，土地肥沃，再加上福建的地形以山地居多，山地面积占全省土地面积的80%，这些特点使得福建在发展林业方面具有得天独厚的自然条件。福建的森林资源相当丰富，截至2008年年底，福建省全省林业用地面积1.36亿亩，有林地面积1.15亿亩，森林覆盖率高达62.96%，位居全国第一，活立木蓄积量4.97亿m^3，居全国第七。丰富的森林资源为福建林业发展带来了巨大收益，2008年度林业产业总产值高达1323.76亿元，比2007年增长12.1%。

一、全省林业经营的劳动力投入情况

从图4-1可知，1999~2008年期间，福建省农林牧渔业劳动力呈现逐年递减的趋势，从1999年的779.7万人下降至2008年的636.55万人，10年间全省农林牧渔业劳动力减少了143.15万人，降幅高达18.36%，这主要是因为在工业化、城镇化的浪潮下，大量的农民放弃田地和林地涌入城市务工。

二、全省林业经营的中间消耗情况

林业的生产经营过程中，离不开一些中间物质消耗，主要包括种苗、肥料、燃料、农药、水电以及小农机具。除此之外，在林业生产经营过程中还要消耗相当一部分非物质生产部门的劳务支出。从图4-2可知，1999~2007年期间，虽然在2003年出现一定幅度的下降（林业中间消耗由上一年的29.7亿元下降至24.65亿元），但福建省林业中间消耗总体呈波动上升趋势，从1999年的23.91亿元，增加到2007年的41.9亿元，年均增长率高达7.26%。而林业中间消耗的

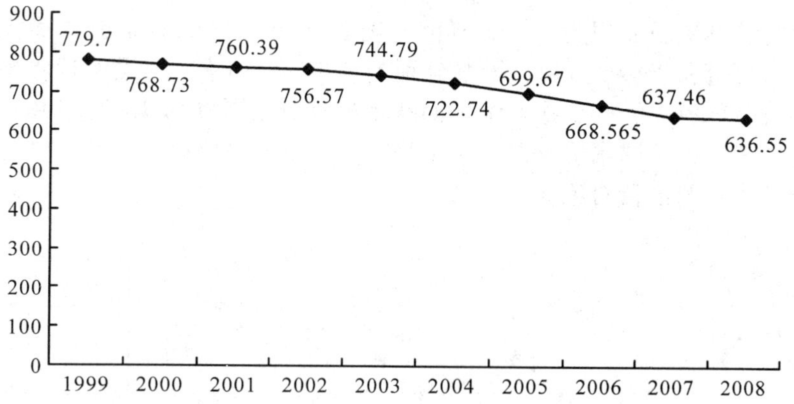

图 4-1　1999～2008 年期间农林牧渔业劳动力投入情况(万人)

注：数据来源于福建省经济与社会统计年鉴。

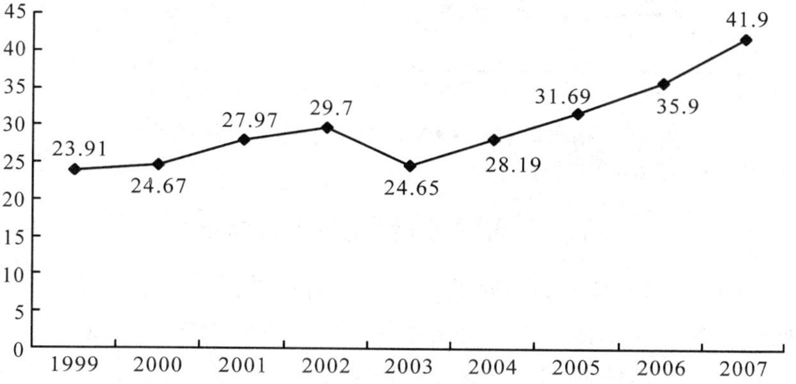

图 4-2　福建省 1999～2007 年期间林业中间消耗情况(亿元)

注：数据来源于福建省经济与社会统计年鉴。

不断增长正说明福建省林业目前依然停留在以物质费用的高投入为主的粗放型经营阶段，集约型经营程度不高。

三、全省林业经营的林地投入情况

林地是林业生产经营过程最为基本的生产投入要素。近年来，福建省林业用地面积一直稳定在 1.36 亿亩，有林地面积 1.15 亿亩。1999～2008 年期间，福建省造林更新面积呈现波浪形上升趋势：1999～2000 年呈现小幅度上升之后，2000～2002 年呈现出平稳下滑趋势，到 2003 年更新造林面积突然激增 10.09 万亩，达到 36.33 万亩，然而到 2004 年却又跌回到之前的水平，之后的几年，虽然有出现小幅度的下降，但是总体还是呈现出上升势头。而用材林更新造林面积的上升趋势相对较为平稳(图 4-3)。2008 年，福建省更新造林面积为 49.22 万亩，用材林造林更新面积为39.33万亩，较之1999年度的更新造林面积分别增加了13.31万亩和23.36万亩，增幅分别为37%和146%，这说明近年来福建省在更新造林方面有一定的工作业绩。而从用材林更新造林面积高达146%的增幅可知，近年来，由于原木价格的不断上涨，在经济效益驱使下，福建省林农主要是以用材林为主要经营对象。

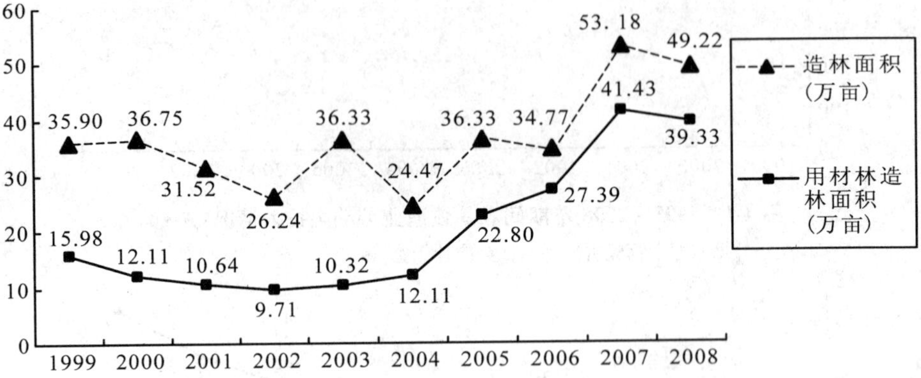

图4-3 福建省1999～2008年期间造林更新面积情况

注：数据来源于福建省林业统计年鉴。

四、全省林业经营的产出情况

林业经营的产出主要以两种形式体现：木材产量以及现金。图4-4显示了福建省1999～2008年林业总产值的变化情况，从中可以得知，1999～2008年期间福建省林业总产值总体是上升的，由1999年的80.16亿元上升到2008年的149.76亿元，但在2002年出现小幅度的下降，之后就一直呈现稳步上升趋势。其中2008年为涨幅最大的一年，林业总产值由上一年的120.72亿元增加到149.76亿元，涨幅达到24.1%。

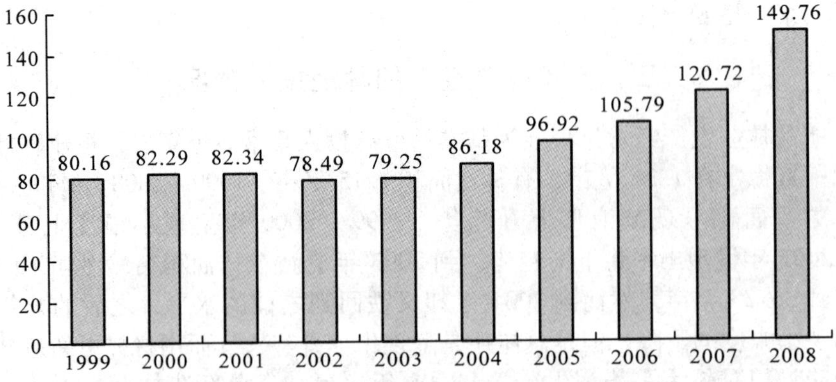

图4-4 福建省1999～2008年林业总产值变化情况(亿元)

注：数据来源于福建省经济与社会统计年鉴。

与林业总产值呈现上升趋势一样，农民人均家庭经营林业收入大体呈现上升趋势，除了2000年由上一年的29.39元暴增到当年的69.18元，而后2001年又跌回到41.66元，2002～2008年总体呈现逐步上升趋势，2008年升至有史以来的最高点，为175.38元(图4-5)。

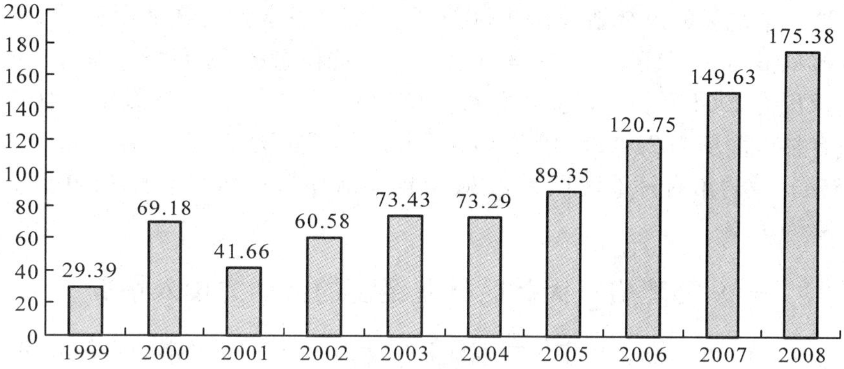

图4-5 福建省1999～2008年期间农民人均家庭经营林业收入变化情况(元)

注：数据来源于福建省经济与社会统计年鉴。

从图4-6可以得知，在林业经营的另一个产出指标(木材产量)上，1999～2008年期间，福建省原木(杉木、松木、杂木)产量总体呈现出平稳上升趋势，由1999年的400.9万m^3上升到2008年的732.63万m^3，期间增幅最大的为2003年，由上一年的424.4万m^3增加到545.16万m^3，增幅高达28.5%。而与之相对应的是杉木产量的增长，福建省杉木产量由2003年的271.9万m^3稳步增加到2008年的377.68万m^3。

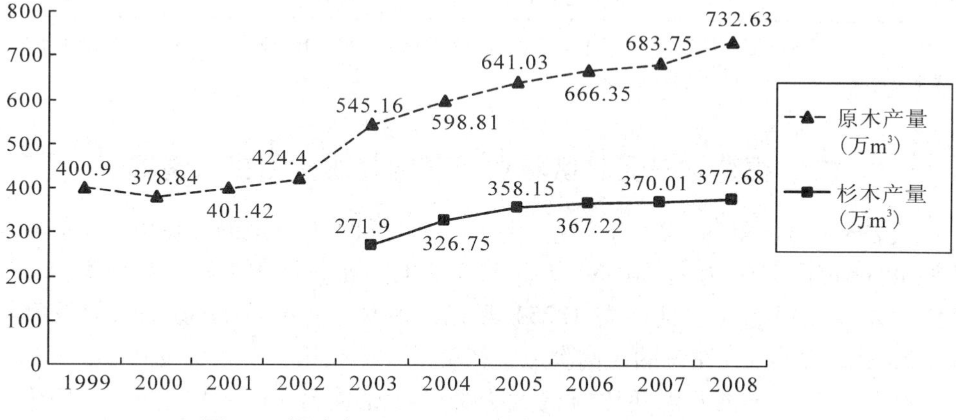

图4-6 福建省1999～2008年期间木材产量变化情况

注：数据来源于福建省经济与社会统计年鉴。

第二节 福建省三大林区林业经营情况概述

本研究选择的调查样本地为福建的三大主要林区——闽西北的南平、三明和龙岩。这三个地区的有林地面积共8031.8万亩，占全省有林地面积的69.84%，活立木蓄积量为3.12亿m^3，占全省活立木总蓄积量的62.88%。其中，南平市有林地面积为2964万亩，活立木总蓄积量为1.25亿m^3，森林覆盖率为75.7%；三明市有林地面积为2148.8万亩，活立木总蓄积量为1.15亿m^3，森林覆盖率为76.8%；龙岩市有林地面积为2226万亩，活立木总蓄积量为7249万m^3，森林覆盖率为78%。

一、福建省三大林区林业经营的劳动力投入情况

从表4-1可知，2007年度，在福建省三大林区中，南平市的农林牧渔业从业人员数最多为76.30万人，龙岩市以59.89万人位居第二，三明市的农林牧渔业从业人员数最少，为55.69万人。而林业系统的在职员工，三明市人数则最多，有8958人；南平次之，为7335人；龙岩位居最末，仅有3540人。

表4-1 2007年度福建省三大林区劳动力情况

地区 项目	南平	三明	龙岩
农林牧渔业从业人员（万人）	76.30	55.69	59.89
林业系统在职职工（人）	7335	8958	3540

注：农林牧渔业从业人员数据来源于福建省经济与社会统计年鉴；林业系统在职职工数据来源于福建省林业统计年鉴。

二、福建省三大林区林业经营的物质费用投入情况

从表4-2可以得知，2007年度，南平、三明和龙岩三地的林业生产中间物质消耗量分别为74456万元、61998万元和33501万元。具体物质消耗分类上，南平市主要以燃料为主，共花费18254万元，占林业生产中间物质消耗花费的24.52%；化肥以11.78%的比例次之；花费最少的是用电，仅为6.7%。三明地区占林业生产中间物质消耗比重最大为种子，比重为16.94%，共计10501万元；位居第二是燃料，比重为15.07%；与南平地区一样，用电花费也是三明地区林业生产物质中间物质消耗中所占比重最小的。而在龙岩地区，排在前两位的是化肥、种子，分别占龙岩林业生产中间物质消耗的11.94%，9.11%；而花费

最小的为农药，仅为1398万元，比重为4.17%。

表4-2 2007年度福建省三大林区林业生产物质费用投入情况(万元)

项目＼地区		南平		三明		龙岩	
林业生产中间物质消耗		74456	比例(%)	61998	比例(%)	33501	比例(%)
林业经营主要物质消耗	种子	6192	8.32	10501	16.94	3052	9.11
	农药	7302	9.81	2063	3.33	1398	4.17
	燃料	18254	24.52	9342	15.07	2565	7.66
	用电	4991	6.70	1147	1.85	1798	5.37
	化肥	8769	11.78	8078	13.03	3999	11.94

注：数据来源于福建省经济与社会统计年鉴。

三、福建省三大林区林业经营的林地投入情况

2007年度，南平、三明和龙岩三地的人工造林更新面积分别为34.70万亩、31.58万亩和22.56万亩。人工造林主要以用材林为主，其中南平地区用材林造林面积占总造林面积的94.93%，三明地区为96.39%，龙岩地区最高，达到97.30%。人工造林的第二林种是经济林，2007年度南平、三明和龙岩三大地区的经济林造林更新面积分别达到了1.67亿亩、1.13亿亩和0.49亿亩，分别占总造林面积的4.81%、3.58%和2.17%(表4-3)。

表4-3 2007年度福建省三大林区人工造林情况(万亩)

项目＼地区		南平		三明		龙岩	
人工造林更新面积		34.70	比例(%)	31.58	比例(%)	22.56	比例(%)
主要造林林种	用材林	32.94	94.93	30.44	96.39	21.95	97.30
	经济林	1.67	4.81	1.13	3.58	0.49	2.17

注：数据来源于福建省林业统计年鉴。

四、福建省三大林区林业经营的产出情况

从三大林区的林业经营产出情况上看(表4-4)，2007年三明地区和南平地区的林业总产值相差不多，分别为38.29亿元和35.91亿元，而龙岩地区相对较少，仅为17.48亿元。这一差距也在原木产量上有所体现，南平地区和三明地区

的原木产量分别为228.15万m^3和213.83万m^3，而龙岩地区仅为80.16万m^3。三大林区中，杉木产量占原木产量的比重皆为最高，松木居中，杂木的比重最小，说明在福建省原木经营中，杉木是最主要树种。而从原木分类产量上看，南平地区的杉木产量最多，为166.67万m^3，占原木产量的73.05%，松木次之，占21.34%。三明地区的杉木产量占原木产量的比重没有南平地区高，为57.70%，松木产量为61.59万m^3，是三大林区中产量最高的。而在龙岩地区，杉木产量所占比重与松木相差不多，分别占原木产量的49.26%和40.38%，而杂木产量以8.30万m^3占龙岩地区原木产量的10.35%。在农民人均纯收入方面，三大林区的农民人均收入相差无几，三明以5141元居于首位，龙岩和南平则分别5086元和5059元位列第二、第三。

表4-4 2007年度福建省三大林区林业经营产出情况

项目 \ 地区		南平		三明		龙岩	
林业总产值(亿元)		35.91		38.29		17.48	
农民人均纯收入(元)		5059		5141		5086	
原木产量(万m^3)		228.15	比例(%)	213.83	比例(%)	80.16	比例(%)
原木分类产量	杉木产量	166.67	73.05	123.37	57.70	39.49	49.26
	松木产量	48.68	21.34	61.59	28.80	32.37	40.38
	杂木产量	12.80	5.61	28.87	13.50	8.30	10.35

注：数据来源于福建省经济与社会统计年鉴。

第三节 福建省杉木经营现状分析

一、杉木用材林

根据《森林法》第四条中森林的具体用途，可将其划分为五类：①以防护为主要目的的森林、林木和灌木丛——防护林，主要包括水源涵养林，水土保持林，防风固沙林，农田、牧场防护林，护岸林，护路林；②以生产木材为主要目的的森林和林木——用材林，这其中也包括生产竹材为主要目的的竹林；③以生产果品，食用油料、饮料、调料，工业原料和药材等为主要目的的树木——经济林；④以生产燃料为主要目的的树木——薪炭林；⑤以国防、环境保护、科学实验等为主要目的的森林和林木——特种用途林。其中，用材林是林业中种类多、数量大、分布普遍、材质好、用途广的主要林种之一。用材林可分为一般用材林和专用用材林两种。一般用材林主要是指培育大径通用材种（主要是锯材）为主的森林，而专用用材林则是指专门培育某一材种的用材林，包括坑木林、纤维造纸林、胶合板材林等。

目前，杉木作为福建省用材林的主要树种之一，广受林农青睐，它主要具有以下几个特点：①生长快，经营周期短。据本课题组在上一个国家自然基金"私有林经营意愿与补贴制度"的研究中发现，杉木的经济成熟年限为 17 年，略短于马尾松的 20 年，虽然较长于桉树的 7 年，但是由于桉树对于土地肥力的损害较大，难以进行新一期的种植，因此林农在选择树种时往往更倾向于杉木；②产量高。一般而言 20 年生的杉木林分平均生长量每公顷可达 9 ~ 11m^3，而对于一些立地条件好、面积较小的速生丰产林则可达到 15 ~ 30m^3；③用途广。杉木的用途很广，在建筑、家具、器具、造船等各方面被广泛使用。此外，从 2005 ~ 2008 年期间福建省商品林产量情况上看，杉木产量所占比例呈下降趋势，但始终维持在 60%，表明杉木依然是福建省林农经营用材林的主要树种。

表 4-5 2005 ~ 2008 年期间福建省杉木产量情况

项目 \ 年份	2005	2006	2007	2008
商品林（m^3）	5607298	5973341	6181522	6563467
杉木（m^3）	3581543	3672239	3700783	3776754
杉木所占比重（%）	63.87	61.48	59.87	57.54

注：数据来源于福建省林业统计年鉴

二、福建省杉木经营现状分析——基于 171 户林农的问卷调查

在此次针对杉木经营情况的调查中，本课题组深入南平、三明和龙岩 3 个地市，对其辖区内 4 个县市，23 个乡镇，62 个村庄的 224 户林农进行入户调查，共收集有效问卷 222 份，问卷的有效率达到 99.1%。本研究从中选取了符合要求的 171 个样本，从每个样本中选取一个地块做实证研究，选取的标准主要基于以下 3 个方面：①选择样本农户经营的最大地块，原因是农户在最大地块上投入时间和精力较多，普遍能够代表其家庭的经营水平和经营效率；②本研究主要是研究杉木的生产效率，即要求所选取的样本能够杉木的投入产出量；③在经营杉木的过程中，其主要投入在于前 5 ~ 6 年，即森林郁闭之前，由此，所选取的样本必须有种植杉木且杉木的生长年数在 6 年以上，即 2003 年以前种植的。

（一）调查样本林业经营的劳动力投入情况

家庭规模的大小在一定程度上也影响到林农经营林业的规模，在所选定的

171 户林农中，家庭规模一般为 3～5 人，占 73.10%，其中最大的达到了 9 人，最小的仅为 1 人，户均 4.22 人。家庭规模的大小直接影响劳动力数量。本研究的劳动力数量是指除学生外，十六岁以上六十岁以下有劳动能力的人。由此，调查发现林农家里的劳动力数量以 2～4 人居多，占 80.65%，其中最大的达到 6 人，有 6 户，最小的仅为 1 人，有 9 户（表 4-6）。

表 4-6 样本林农家庭规模及劳动力规模情况（户）

指标 / 规模	家庭规模		劳动力规模	
	户数	比重（%）	户数	比重（%）
1	5	2.92	9	5.26
2	10	5.85	66	38.60
3	41	23.98	36	21.405
4	49	28.65	37	21.64
5	35	20.47	17	9.94
6	20	11.69	6	3.51
7	6	3.50	—	—
8	4	2.34	—	—
9	1	0.58		
总数	171	—	171	—
平均值	4.21	—	2.93	—

注：数据来源于问卷调查

林业经营离不开劳动力的投入。在林业经营中，主要有四个阶段需要劳动力投入：①造林阶段，此阶段的工序主要包括林地清理（劈山、炼山、清杂等）、整地、挖穴种植和施肥，除草以及补植等；②幼林抚育，幼林抚育一般要持续 3～4年；③成林抚育，这主要是指成林后的 1～3 次间伐；④森林管护，主要是指林道建设、防火（带）设施建设、巡山管理（护林防火；病虫害防治；管理用工）等方面的用工投入。劳动力投入的数量直接影响着林业经营的效率，投入过少，会导致林木生长过差，产出过少；投入过多，造成劳动力资源的一种浪费，经营效率低下。从表 4-7 可以看出，在所调查的 171 块林地中，亩均最大投工数达到 127.5 工，亩均最小投工数为 1.33 工，亩均平均投工数为 15.21 工（注：1 工即为每人每天工作 8 个小时）。从中可以发现，当前林农在劳动力投工方面存在较大差异，存在一定的盲目性，没有形成一种规范化、标准化作业的意识。

表 4-7　样本林农林业经营的劳动力投入情况

指标	亩均最大投工数	亩均最小投工数	平均值
数量(工)	127.5	1.33	15.79

注：数据来源于问卷调查

(二)调查样本林业经营的资金投入情况

林业经营过程中所需投入的资金主要包括种苗费、农药化肥费以及林地使用费等。调查发现，并非每个林农在种苗上有所花费，这主要是因为在20世纪80年代末90年代初，林业部门为了消灭荒山，往往赠送免费的苗木给林农以鼓励他们开荒造林。因此，调查样本中有36户林农在种苗上没有支出，这部分人占21.05%，其他135户林农在种苗上每户平均花费为48.10元/亩，其中花费最大的为189.58元/亩，最小的为0.53元/亩；在农药化肥的使用上，调查发现大部分林农在种植过程中并未使用农药化肥，仅56户有使用，占32.75%，而有使用农药化肥的林农中，每亩花费最大的为1434.19元，最小仅为0.15元，平均每户花费152.42元/亩；在林地使用费的花费上，由于我国的林地归国家所有，因此，林农在使用林地时必须缴纳一部分地租，即为林地使用费。然而，本课题组在针对林地使用费的调查中发现，53.22%(91户)的林农未交纳林地使用费，主要基于下面两个原因：①当地政府为了鼓励发展林业，实行免收林地使用费政策；②村集体或当地乡镇政府从自身财政收入中支出一部分替林农交纳此费用。同时，由于缴纳的方式以及缴纳的时期不同等其他原因，林农缴纳的林地使用费的数量也不尽相同，最多的达到2389.66元/亩，最少的则只需0.8元/亩，平均每户需支出527.10元/亩(表4-8)。

表 4-8　样本户林业经营过程中的资金投入情况

项目 类别	亩均种苗花费				亩均农药化肥花费				亩均林地使用费			
是否投入	投入	比重(%)	未投入	比重(%)	投入	比重(%)	未投入	比重(%)	投入	比重(%)	未投入	比重(%)
户数	135	78.9	36	21.1	56	32.8	115	67.2	70	46.8	91	53.2
最大值(元)	189.58		—		1434.19		—		2389.66		—	
最小值(元)	0.35		—		0.15		—		0.8		—	
平均值(元)	48.10		—		152.42		—		527.10		—	

注：数据来源于问卷调查，上述花费皆为2008年现价。

(三)调查样本林业经营的林地投入情况

新一轮林权制度改革之后，随着福建省各县市积极落实"分林到户"政策，原属于国家或集体的林子被分割成小块分发到各家各户。问卷调查显示，样本户中平均每户经营3.31块林地，其中2.13块杉木地块。地块最多的林农竟然达到了15块，其次是14块，而杉木地块最多的林农也有13块，其次为7块。从表4-9可以看出，家庭林地地块规模分布最广为2~3块，比例高达50.88%，排在第二位是1块和4块，均占14.62%，规模在5~6块和6块以上的分列第三、第四。从林农所经营杉木的地块规模上看，林农经营杉木规模以1块居多，达到48.54%，由此可知，超过一半的林农家庭经营杉木规模在2块以上。

表4-9 样本户家庭林地分割情况

类别＼项目	林地地块数					杉木地块数		
	1块	2~3块	4块	5~6块	6块以上	1块	2~3块	3块以上
户数(户)	25	87	25	18	16	83	66	22
比重(%)	14.62	50.88	14.62	10.53	9.36	48.54	38.59	12.87

注：数据来源于问卷调查。

图4-7具体显示了样本林农家庭林地经营规模状况，从中可以得知样本林农的户均林地面积为196.96亩，其中户均杉木面积为133.09亩；家庭劳动力人均林地面积为78.88亩，该数值具体到杉木就降低到53.95亩；林农家庭人均林地

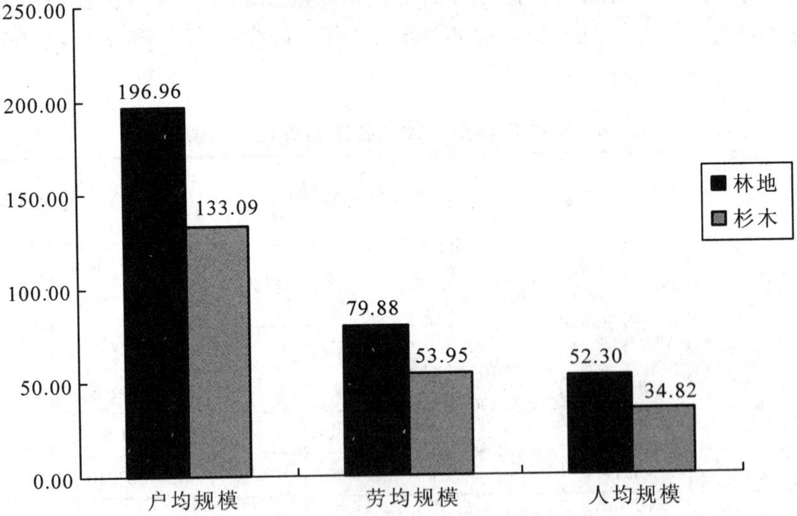

图4-7 样本户家庭林地经营规模状况(亩)

注：数据来源于问卷调查。

面积仅为52.30亩，而家庭人均杉木面积仅为34.82亩。由此可知，虽然林农的户均林地较具规模，但是劳均规模和人均规模还相对过小。

（四）调查样本林业经营的产出情况

本研究在针对林农经营杉木产出方面的调查中，调查问卷设计了木材出材量和林地上的活立木市场价值这两项指标，这两项指标都是由林农根据林地上林木实际生长情况估算得出的。从表4-10可以得知，所选取的171块杉木地块中，种植年数以6～7年、18～26年居多，这部分样本共有130个，占总数的76.02%，这主要是因为现有的杉木主要是在20世纪80年代消灭荒山时期和2003年新一轮林权制度改革之后新造的林子。从表4-10中还可以看出，由于林农的经营水平的不同，各个样本的林地产出呈现较大差异，以种植20年的杉木为例，其经营状况良好，亩均出材量可高达11.00m^3，经营状况较差的，亩均出材量仅为2.38m^3。这种差异性虽然与林地的立地质量有不可分割的关系，但是也与林农的经营水平有一定的关系，具体表现在种植密度、抚育水平、管护水平、药费使用等方面。对于生长年限较长的，盗伐是影响其采伐量的一个重要因素，以生长年限为27年为例，其亩均最大出材量可达到16.00m^3，但亩均最小出材量仅为0.30m^3。亩均出材量的差异也直接影响到活立木市场价值，仍以生长年限为27年的杉木为例，其亩均最大活立木价值高达7200.00元，但亩均最小活立木价值却仅为195.00元。综上所述，林农的经营水平极大地影响了林地的产出状况。

表4-10　样本户林地产出情况

种植年数（年）	户数（户）	亩均出材量（m^3）			亩均活立木市场价值（元）		
		平均值	最大值	最小值	平均值	最大值	最小值
6	14	0.82	1.32	0.051	1218.94	3598.00	212.12
7	8	1.45	2.23	0.30	1750.00	3500.00	600.00
8	3	2.08	2.65	1.30	2500.00	4000.00	1500.00
9	3	2.49	3.50	1.98	1127.78	1333.33	1000.00
10	2	3.70	4.90	2.50	1875.00	2500.00	1250.00
11	3	4.93	5.50	2.99	3596.33	5500.00	2289.00
12	5	4.33	8.00	1.00	3056.30	6530.00	200.00
13	1	5.00	5.00	5.00	5000.00	5000.00	5000.00
14	4	5.78	8.00	4.20	1696.38	2500.00	520.83
15	1	5.00	5.00	5.00	3000.00	3000.00	3000.00
16	2	6.34	7.70	3.62	3141.89	4697.00	1395.35

（续）

种植年数（年）	户数（户）	亩均出材量（m^3）			亩均活立木市场价值（元）		
		平均值	最大值	最小值	平均值	最大值	最小值
17	5	5.96	9.00	3.00	3653.85	7300.00	1620.00
18	8	4.87	7.21	1.90	3159.81	6128.50	1875.00
19	14	6.24	10.00	2.00	3261.73	6000.00	800.00
20	16	6.09	11.00	2.38	3474.00	9900.00	565.22
21	8	6.20	12.00	2.64	3239.09	5500.00	1449.28
22	6	8.99	12.00	5.50	4047.75	5186.50	3000.00
23	10	7.91	12.43	4.00	6086.95	9400.00	700.00
24	17	5.96	12.54	1.57	3256.68	8333.33	729.93
25	10	5.68	12.00	1.22	3277.75	6400.00	303.98
26	9	6.09	10.00	2.00	3150.11	4571.43	1500.00
27	10	7.78	16.00	0.30	4387.68	7200.00	195.00
28	4	8.86	13.00	0.20	3775.00	7000.00	600.00
29	2	13.00	15.00	11.00	6400.00	6800.00	6000.00
30	1	6.00	6.00	6.00	4000.00	4000.00	4000.00
31	1	8.00	8.00	8.00	2000.00	2000.00	2000.00
34	1	5.00	5.00	5.00	2000.00	2000.00	2000.00
36	1	10.00	10.00	10.00	3000.00	3000.00	3000.00
37	1	10.00	10.00	10.00	40000.00	40000.00	40000.00
42	1	4.62	4.62	4.62	923.08	923.08	923.80

注：数据来源于问卷调查，资金费用均为2008年现价

第四节 福建省毛竹林经营现状分析

一、福建省毛竹经营历史回顾

20世纪40年代前，福建省竹农经营毛竹林措施简单，一般只有在挖笋之前劈一劈杂草。当时笋不值钱，竹农多数是挖笋做笋干或砍青造土纸，实际上是有竹无业，竹林只是一种副业收入。福建省毛竹经营实际上始于20世纪60年代，先后经历4个阶段：

第一阶段，粗放经营期。从“文化大革命”到20世纪80年代初，竹林由集

体统一经营，由于粗放管理和掠夺性经营，大面积毛竹林变成荒芜失管状态，竹林严重衰败，“小、老、矮、黄、稀、病”的地产毛竹林占全省80%以上（陈存及，2006）。

第二阶段，开始改造期。20世纪80年代初至90年代初，1982年福建省对山林权属重新进行界定，毛竹主产区开始了落实分户经营责任制，之后各级政府逐步重视，先后采取一系列卓有成效的优惠政策和扶持措施，在全省掀起了大规模的毛竹低产林改造，开始实施深翻抚育管理。各地通过广泛宣传发动，下发通知通告，组织巡山护林，制定奖惩措施，打击“笋霸”等措施，有效地保证了留养新竹。广大竹农从分户经营中得到了经济实惠，科学育竹由自发变为自觉。

第三阶段，经营见效期。即从20世纪90年代初至21世纪初，此阶段开始迈上丰产高效基地建设的科学管理之路。1990年以来推行“集体所有、家庭经营、长期承包、明确职责、合理分配”的竹林生产经营责任制，越来越大地调动了竹农的生产经营积极性，促进了全省科技兴竹工作的开展，学科学、用科学在竹区迅速掀起，竹林的经济效益明显增长。

第四阶段，快速发展期。21世纪初至今，新世纪福建毛竹资源培育跨入科技兴竹新时期，竹林培育的科技进步带动了毛竹林的分类经营、高产高效和定向培育，科学经营成了很多竹农的自觉行动，建设高产高效丰产竹林的热潮如火如荼。实施科技兴竹与加工业带动的战略，竹业经济取得突飞猛进的发展。

“十五”期间是福建省竹业经济发展最快的五年，经营毛竹已成为山区农村农民致富奔小康的重要项目。政府通过出台各种优惠措施，极大地调动了广大农民经营竹山和社会各经济实体兴办笋竹加工企业的积极性。以南平为例，竹业已成为农村三大主导产业之一，全市竹业经济呈现高速发展势头。“十五”期间，全市竹业产值累计完成183.97亿元，比“九五”的95.58亿元增长了92.5%，其中加工产值累计达100.3亿元，比“九五”的34.9亿元高出66.4亿元，增长190.3%，翻了近两番（资料来源：南平市林业局竹业科）。

经过20多年的努力，到现在福建省竹林面貌明显改观，资源总量迅速增长，竹林质量和产量显著提高。虽然我省竹林培育有了大幅度的改善，但发展不平衡，低产、低质、低效的竹林还存在，2006年，毛竹林中低产毛竹林占60%左右，半数以上的毛竹林处于较粗放经营状态，产出低（陈兰仙，2006）。

二、福建省毛竹经营现状分析——基于95户竹农的问卷调查

（一）劳动力状况

第一，户主特征。本次调查的农户户主以男性为主，在95份有效问卷中，男性94人，占98.9%，女性1人，占1.1%。年龄最小的27岁，最大78岁。以中年

为主，40～49 岁与 50～59 将近各占 1/3，平均年龄为 47 岁，分布如图 4-8。

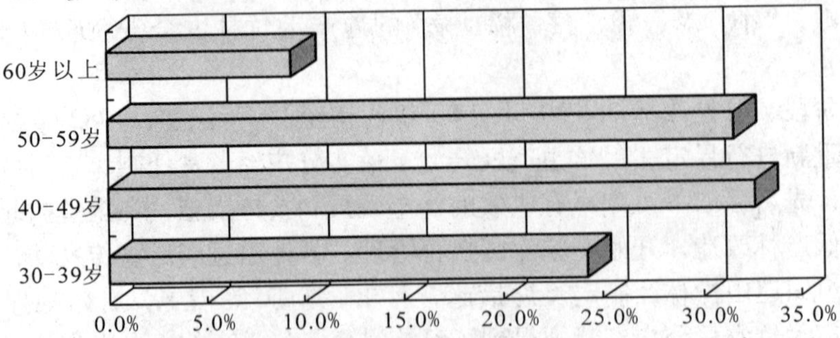

图 4-8　调查的户主年龄分布图

户主整体文化程度不高。户主受教育程度比率最高的是初中，占 46%，其次是小学，占 34%，具有高中文化程度的仅为 15%，没有高中以上文化程度的；农户中，党员占 34%，村干部占 40%，林业干部占 23%，如图 4-9。

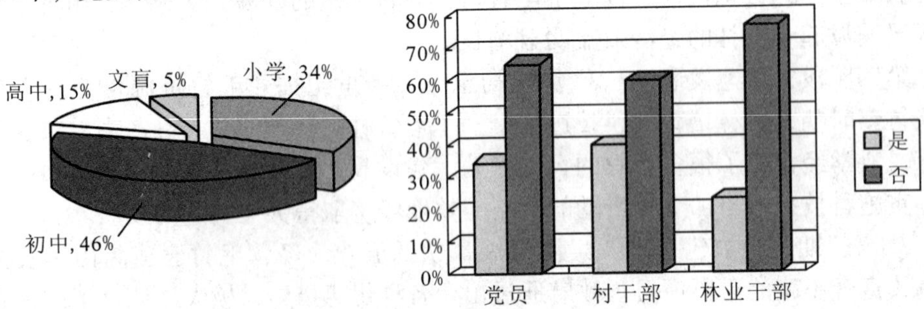

图 4-9　户主受教育程度与身份状况

第二，家庭劳动力特征。农户的家庭人口最多为 8 人，最少为 1 人，平均 4.6 人；其中劳动力人数最多为 6 人，最少为 1 人，平均 3.6 人；参与林业人数最多为 4 人，最少为 1 人，平均 2.1 人，见表 4-11。

表 4-11　农户家庭劳动力特征

家庭总人口			家庭劳动人口			参与林业人口		
	样本	比例%		样本	比例%		样本	比例%
1～3 人	21	22	1～2 人	24	25	1 人	14	15
4 人	26	27	3 人	23	24	2 人	64	67
5 人	26	27	4 人	22	23	3 人	13	14
6 人	13	14	5 人	18	19	4 人	4	4
7 人以上	9	9	6 人	8	8			
总计	95	100	总计	95	100	总计	95	100

第三，家庭收入特征。农户家庭全年的总收入平均值为49576元。如图4-10，收入在1万~2万之间的收入占比例最多，为20%。竹林收入占家庭总收入比重平均值为32.7%，其中毛竹收入占家庭总收入为10%~30%之间的比重最多，为37.9%。同时分析发现年总收入在1万以下的家庭中毛竹占家庭总收入的比例平均高达46.7%，说明在收入较低的家庭对毛竹更为依赖，毛竹是其家庭的主要来源；此外，在毛竹收入占家庭年收入比例为10%以下的家庭年平均收入为58205元，说明在总收入较高的家庭毛竹收入占其比例比较小，其主要收入来源于经商和务工等。

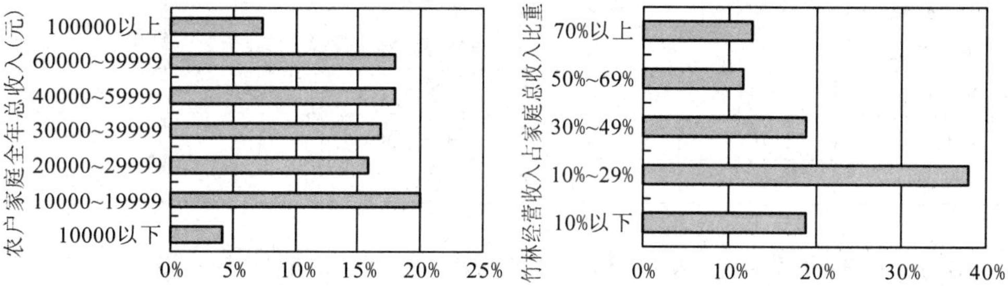

图4-10　竹农家庭收入状况分布图

(二)毛竹林地状况

第一，毛竹林地经营状况(表4-12)。①在经营的7种类型中，本次调查的95户农户中毛竹承包经营的有86户，占90.53%，租赁经营和股份合作制经营各有1户，均占1.05%，自留山经营经营有7户，占7.37%，没有股份制、集体林场和联营的经营方式。②对农户林地使用年限分析可发现，有65户的林地为30年使用年限，占总样本的68.42%；10~20年的有10户，占10.53%；50年和永久经营的分别占13.68%和7.37%。农户经营竹山平均面积为33.79亩，最多为700亩，最少为1亩。③林地面积10到29亩的农户最多，为39户，占样本量的41.05%。总体而言，农户毛竹林地面积属中等。④就经营管理方式来看，对毛竹实现集约经营的农户只有3户，仅占调查样本总体的3.16%，53.68%的农户目前还是一般经营，对毛竹无法或无力进行大规模投入，还有16.84%的农户还是实行未采取任何管理措施的粗放经营。这说明福建省毛竹经营以一般和粗放为主，经营管理效率较低。

表 4-12　毛竹经营状况描述

经营类型	样本	比例(%)	使用年限	样本	比例(%)
承包经营	86	90.53	10~20 年	10	10.53
租赁经营	1	1.05	30 年	65	68.42
股份合作制	1	1.05	50 年	13	13.68
自留山经营	7	7.37	永久	7	7.37
总计	95	100.00	总计	95	100.00
样本林地面积	样本	比例(%)	经营管理方式	样本	比例(%)
1~9 亩	29	30.53	集约经营	3	3.16
10~29 亩	39	41.05	半集约经营	25	26.32
30~59 亩	17	17.89	一般经营	51	53.68
60 亩以上	10	10.53	粗放经营	16	16.84
总计	95	100.00	总计	95	100.00

第二，林地质量状况(表 4-13)。在调查的 95 个样本地块中 2 类地最多，约占 65.26%，说明福建毛竹林地质量中等。毛竹在生长过程中需要充足的水分供给，特别是竹笋的生产与水分供应密切相关，每年 8 月份后毛竹进入孕笋期，但福建省正值干旱季节，比较缺水，这会严重影响竹笋的发育，如能在此时给予适当水分供应从某种程度上说其作用胜过肥料。但调查中发现，有地表水的林地只有 34 户，没有地表水的林地有 61 户，占 64.61%，同时林地无水利设施的占 74.7%，一般和良好的均为 12.6%，充分说明福建省毛竹林地整体水利设施匮乏，绝大部分毛竹处于自然灌溉的状态，无法保证毛竹生长所需的水分，这从侧面印证了福建毛竹林地集约化经营管理水平较低的结论。

表 4-13　林地质量状况描述

林地肥沃程度	样本	比例(%)	有无地表水	样本	比例(%)	水利设施	样本	比例(%)
1 类地	22	23.16	有	34	35.79	好	12	12.63
2 类地	62	65.26	无	61	64.21	一般	12	12.63
3 类地	11	11.58				无	71	74.74
总计	95	100.00	总计	95	100.00	总计	95	100.00

第三，毛竹林经营特征(表 4-14)。标号对毛竹经营水平的提高有着很重要的作用，但在调查中对毛竹进行标号经营的农户只有 12 户，占 12.63%，87.37%的农户仍然是无标号经营。经营方式中采用大小年的有 18 户，占

18.95%，81.05%的农户为大小年经营。毛竹经营种类中混交林经营的有27户，占28.42%，纯林经营的有68户，占71.58%。

表4-14　毛竹林经营特征描述

有无标号	样本	比例(%)	经营方式	样本	比例(%)	毛竹种类	样本	比例(%)
有	12	12.63	大小年	18	18.95	混交	27	28.42
无	83	87.37	花年	77	81.05	纯林	68	71.58
总计	95	100.00	总计	95	100.00	总计	95	100.00

第四，毛竹病虫害发生和防治状况。病虫害发生次数最多为3次/年，平均1.23次/年。对病虫害防治采用化学农药、生物农药、人工捕杀、害虫天敌防治、综合防治，其中综合采用化学农药和生物农药防治的最多，有31户，占32.6%，其他依次为化学农药、生物农药、林业站防治和人工捕杀，这表明竹农生态意识较为薄弱。

(三)资本投入状况

表4-15所示：肥料是毛竹林地资本投入的重要部分。调查的毛竹林地肥料使用中，最少的不用肥料，最多的1年用3次，每年用一次肥料的农户最多，为45户，占47.37%，其余依次为2次，0次和3次。每亩每年的药肥费用最少为0元，最多为1390元，平均92.68元。

表4-15　毛竹肥料使用状况描述

施肥次数	样本	比例(%)	每亩药肥费用	样本	比例(%)
0次	22	23.16	19以下	26	27.37
1次	45	47.37	20~89	40	42.11
2次	23	24.21	90~149	16	16.84
3次	5	5.26	150及以上	13	13.68
总计	95	100.00	总计	95	100.00

近九成竹农经营林地的资金主要来源为自有资金(85.5%)，其次为银行贷款(7.4%)，表明竹农在林地经营中用于各生产要素的投资普遍用自己的资金。同时，有55.8%的竹农认为自己经营林地的资金来源对维持目前的经营状态是顺畅的，其余竹农由于子女教育、医疗、盖房等原因资金周转不太顺畅或不顺畅，不能及时保证林地的资金需求。从这一点可以发现对目前竹农的经营进行进一步的投资是可以实现的，问题的关键是实现竹农在观念上对毛竹经营从一般经营向集约经营的转变。

（四）科技状况

科学技术是第一生产力，科技推广应用的程度极大地影响毛竹经营的效率高低。调查结果表明，村里有毛竹林建设示范户的占到了55.8%，自己家是示范户的有28户，占29.5%。对毛竹进行土壤测试的有6户，占6.3%。72.6%的农户没有接受过与毛竹有关的培训，接受过培训的农户只有35户，占总体的36.8%，其中最多的接受6天培训，最少的接受半天培训。此外，对于林业科技服务热线，听说和知道96355热线的农户只有7户，且都没有咨询过问题，反映出竹农接受科技的机会较少。遇到技术难题，42.1%的农户选择找林业站科技人员进行解决，28.4%按习惯或凭感觉办，16.8%请教当地有经验的人，10.5%自己找资料，还有2.1%的人用其他办法。这表明林业站科技人员在毛竹科技宣传中有重要作用。

（五）经营遇到的困难

调查表明，在竹农经营毛竹遇到的主要困难中，最大的困难为交通不便（44.2%），由于交通投资巨大，竹农普遍难以对交通条件进行改善。竹农反映，对于那些距离公路较远的山区毛竹林，运输成本相当昂贵，砍伐根本不划算，所以宁愿不去经营，而让其处于自生自灭状态，因此此类竹林近趋荒芜。其次，投入资金紧缺也是主要困难（43.2%），其一，作为投入主体的竹农缺乏长远的眼光，投入积极性不高，存在"等、要、靠"的思想；其二，有些竹农已经认识到毛竹应当集约化经营才能实现高收益，对于浙江省毛竹科学经营效率之高非常羡慕，但苦于一次性难以承担巨大的资本投入，只能"心有余而力不足"。再次，技术问题也是一大难题，占30.5%，反映出了竹农对科技在经营毛竹实现增收的认同和强烈需求。此外，劳动力不足也是竹农遇到的较大问题（26.3%），这在劳动力密集产业中是比较普遍的。其余困难所占比例较小，依次为：盗伐严重、销售渠道、林产品价格、信息来源不畅、其他、政策问题，具体见表4-16。

图4-16 经营毛竹遇到的困难

遇到的困难	农户数	比例(%)	遇到的困难	农户数	比例(%)
劳动力不足	25	26.3	销售渠道	6	6.3
交通不方便	42	44.2	技术问题	29	30.5
投入资金紧缺	41	43.2	林产品价格	6	6.3
盗伐严重	7	7.4	信息来源不畅	5	5.3
政策问题	4	4.2	其他	5	5.3

说明：此题调查为为多项选择题。

第五节 福建茶叶经营现状分析

一、自然环境与经济发展水平概况

(一)自然环境概况

福建省位于中国东南沿海，北纬23°33′～28°20′、东经115°50′～120°40′之间，东北与浙江省毗邻，西与江西省接界，西南与广东省相连，东隔台湾海峡与台湾岛相望。陆域面积12.4万km^2，海域面积13.6万km^2。地势西北高、东南低，多山地、丘陵。福建气候温和，属亚热带海洋性季风气候，年平均气温17～21℃，平均降雨量1400～2000mm，是中国雨量最丰富的省份之一。森林覆盖率60.5%，居全国首位①。福建属乌龙茶文化范围内，是世界上乌龙茶的主产地，拥有得天独厚的自然条件。福建大部分属于华南茶区，这一茶区高温湿热，水热资源丰富，年均温20℃以下，极端最低温年均值为－3℃以上，年降水量在1500mm以上，以红砖壤和赤红壤为主，比较有名的产区有泉州安溪，名茶主要有铁观音。福建还有部分地区属于江南茶区，这一茶区土壤适宜，年均气温15.5℃以上，极端最低气温年均值多不低于－8℃，年降水量1000～1400mm，以红壤为主，比较有名的茶区如福建的武夷山等，名茶有武夷岩茶(杨江帆，2004)。

(二)经济发展水平概况

2008年全省生产总值为1万亿元，人均生产总值30132元，城镇居民人均可支配收入17850元，农民人均纯收入6180元。2008年全省财政总收入1516.33亿元。2008年农林牧渔业产值1965.01亿元。粮食种植面积1815.41万亩，其中稻谷面积1291.83万亩。茶叶生产在福建省的农业生产结构中占有重要地位。据统计，2008年福建乌龙茶产量达12.6万吨，占全省茶叶总产量的51.4%；绿茶产量10.7万吨，占总产量43.%。据福建省农业厅统计，2008年福建省茶叶总产量达24.73万吨，占全国的19.2%，居全国第一位；其中乌龙茶产量占全国85.7%；茶园种植面积260万亩，占全国10.5%，居全国第二位；亩产量达99kg，比全国平均水平高出30.2%。2008年福建茶叶出口量约2.3万吨，特别是乌龙茶、白茶等特种茶类在国际市场中占重要地位，乌龙茶的对日贸易近年来基本稳定在1.8万吨左右，约占全省茶叶出口总量的80%②。

---

① http：//baike.baidu.com/view/2812.htm？fr＝ala0_1_1；

② http：//finance.sina.com.cn/roll/20090227/17192700081.shtml。

(三)福建省茶农经营规模及其变化趋势分析

根据中国统计年鉴(2008)数据绘成图 4-11，从历年变化趋势来看，茶园面积是不断上升的，分成 4 个阶段：1978 ~ 1986 年为第一阶段，茶园面积是持续上升的，且上升速度较快。1978 年福建茶园面积为 141.225 万亩，到 1986 年已升为 179.775 万亩，8 年共增加了 38.55 万亩；1986 ~ 1994 年为第二阶段，茶园面积是波动上升的；1994 ~ 1998 年为第三阶段，茶园面积是小幅持续下降的；1998 ~ 2007 年为第四阶段，茶园面积是持续上升的，且上升速度较快，1998 年福建茶园面积为 186.345 万亩，2007 年为 254.64 万亩，9 年就增加了 68.295 万亩，平均每年增加 7.59 万亩。

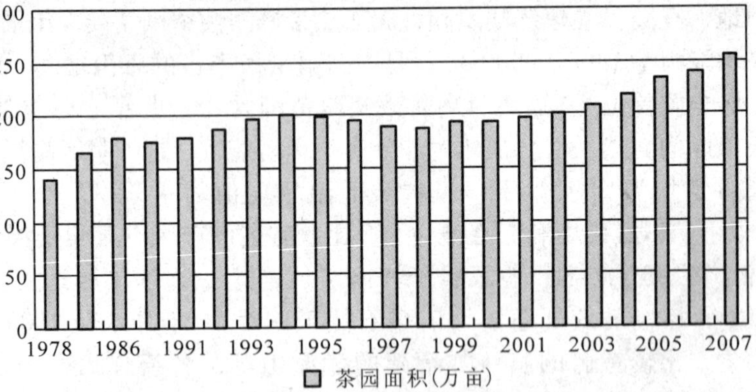

图 4-11 1978 ~ 2007 年福建茶园面积变化趋势

从表 4-17 可知，茶园面积占农作物总播种面积比重在不断上升，分为 2 个阶段：第一阶段是改革开放初期至 20 世纪 90 年代末期(1978 ~ 1998)，这一阶段茶园面积占农作物总播种面积比重在 3.5% ~ 5% 之间波动；第二阶段从 20 世纪 90 年代末期至 2007 年（1998 ~ 2007），该阶段的茶园面积所占比重开始逐年上升，1998 年为 4.26%，2007 年为 7.75%，突破了 7%。全国茶园面积占农作物播种面积的比重基本上不超过 1%，而福建茶园面积占农作物播种面积的比重基本在 5% 左右，而且有进一步上升的趋势，说明福建发展茶叶产业有得天独厚的条件，近年来茶业在福建得到进一步的发展。福建茶园面积占农作物播种面积比重上升的原因除了福建茶园面积自身的增长之外，还有部分原因是由于农作物播种面积的波动变化。

表 4-17　1978～2007 年福建茶园面积及其占农作物总播种面积比重情况

年份	茶园面积(万亩)	农作物总播种面积	茶园面积占农作物总播种面积比重(%)
1978	141.225	2701.05	3.49
1980	164.805	2573.93	4.27
1986	179.775	2401.03	5.00
1990	175.11	2745.92	4.25
1991	179.16	2826.85	4.23
1992	187.83	2881.05	4.35
1993	196.11	2786.95	4.69
1994	200.295	2800.97	4.77
1995	198.06	2835.09	4.66
1996	195.06	2900.75	4.48
1997	189.93	2943.63	4.30
1998	186.345	2918.81	4.26
1999	193.365	2915.41	4.42
2000	193.815	2793.25	4.63
2001	195.975	2713.07	4.82
2002	200.025	2661.37	5.01
2003	207.87	2486.9	5.57
2004	217.59	2457.12	5.90
2005	232.845	2392.92	6.49
2006	239.73	2236.35	7.15
2007	254.64	2191.18	7.75

资料来源：《福建统计年鉴 2008》计算整理而得。

福建目前茶园的户均规模和人均规模(表 4-18)变化不大，户均规模基本在 0.32 亩左右徘徊，人均规模都有所增加但增幅不大。1978 年户均规模为 0.34 亩，1980 年增加至 0.39 亩，之后基本处于波动下降的趋势，2000 年以后开始略微上升，但是幅度非常小，到 2005 年才上升到 1978 年的水平(图 4-12)，说明茶园的户均规模在未来如果继续保持这种趋势的话，福建的茶叶户均经营规模扩大的进程会相当缓慢。相比之下，人均规模波动较小，从 1978～2007 年一直在 0.07 亩左右徘徊，从 2000 年开始有较小幅度的上升，2005 年的人均规模是 2000 年的 1.2 倍，人均规模增长速度小于户均规模的增长速度。从上面茶园面积的户均规模和人均规模变化情况来看，福建茶园面积无论是户均规模还是人均规模均远远大于全国，一方面说明福建茶农个体的经营规模有可能是相对较大的，另一方面有可能是福建的茶叶从业人员远远大于全国各省的平均数，而户均规模和人均规模是用茶园面积分别除以乡村户数和乡村人口数计算而得，因此，户均和人均所经营的茶园总面积相对较大。

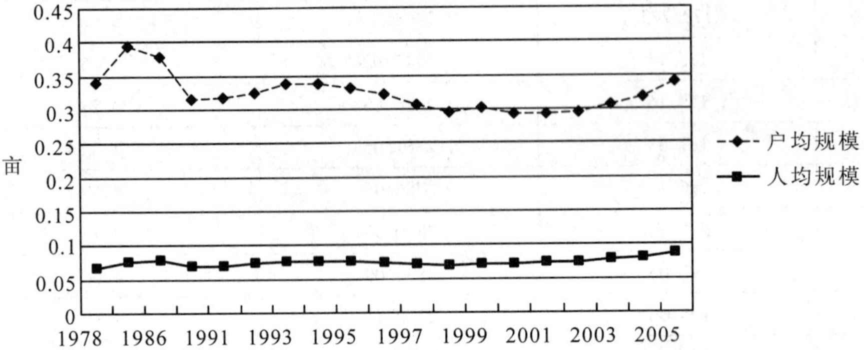

图 4-12 1978～2005 年福建茶园的户均规模和人均规模的变化趋势

表 4-18 1978～2006 年福建茶园户均规模和人均规模

年份	户均规模	人均规模
1978	0. 341	0. 0667
1980	0. 393	0. 0770
1986	0. 378	0. 0781
1990	0. 316	0. 0698
1991	0. 317	0. 0700
1992	0. 325	0. 0730
1993	0. 337	0. 0755
1994	0. 339	0. 0770
1995	0. 330	0. 0753
1996	0. 321	0. 0738
1997	0. 308	0. 0717
1998	0. 296	0. 0697
1999	0. 302	0. 0723
2000	0. 294	0. 0720
2001	0. 294	0. 0727

（续）

年份	户均规模	人均规模
2002	0.296	0.0741
2003	0.306	0.0776
2004	0.319	0.0810
2005	0.341	0.0873

资料来源：《中国农村统计年鉴》(2000～2007)及《光辉的历程：福建五十年》计算整理而得。

二、福建省茶农经营规模效率状况及其变化趋势分析

采用传统的效率评价指标(土地生产率、劳动生产率)来分析我国茶农经营规模效率状况。

(一)土地生产率

福建作为我国茶叶的主产区，其土地生产率对于全国茶叶产业发展和经营效率的提高有重要的意义。

从表4-19可以看到，福建的茶叶单位产量持续上升，土地生产率不断增加，总体保持快速上升趋势。1990年每亩土地的茶叶产量是33.24kg，低于全国平均单产33.94kg，2007年已增加到87.97kg，是全国平均单产48.17kg的近2倍，比1990年增加了164.7%，年均增幅为9.7%，其增长速度远远高于全国平均单产增长速度。福建茶叶单位面积产量不断增长，土地生产率的增长与福建省农业方面的政策和福建茶农积极地投入是分不开的，尤其是福建特色产茶区的形成、种茶技术的提高和品牌效应为促进土地生产率的提高起到了重要作用。

表4-19　福建茶叶总产量及单位面积产量

年份	福建茶叶总产量(万吨)	茶园面积(万亩)	单位面积产量(kg/亩)
1990	5.82	175.11	33.24
1995	9.45	198.06	47.71
2000	12.6	193.815	65.01
2002	14.33	200.025	71.64
2005	18.48	232.845	79.37
2007	22.4	254.64	87.97

资料来源：《中国农村统计年鉴》计算整理而得。

(二)劳动生产率分析

从表4-20可以看出，从1990年以来福建劳动生产率出现了大幅度的提高。1990年福建乡村农林牧渔业从业人员劳均茶叶产量为7.41kg，远远高于全国劳均茶叶产量2.78kg，2007年这一指标值已达到35.13kg，是1990年的近5倍。福建劳动生产率总体是上升的，并且增长速度远远高于全国的劳动生产率。

表4-20 福建茶叶总产量及劳均茶叶产量

年份	福建茶叶总产量（万吨）	福建乡村农林牧渔业从业人员（万人）	劳均茶叶产量（kg）
1990	5.82	784.94	7.41
1995	9.45	777.03	12.16
2000	12.6	768.73	16.39
2002	14.33	756.57	18.94
2005	18.48	692.17	26.70
2007	22.4	637.46	35.14

资料来源：《中国农村统计年鉴》和《福建统计年鉴》计算整理而得。

三、福建省茶林经营现状分析——基于74户茶农的问卷调查

(一)样本茶农经营规模状况

根据问卷调查数据绘制图4-13，反映了74个样本茶农经营规模状况。2007年，样本茶农的户均规模是3.59亩，劳均规模是1.07亩，人均规模是0.76亩，块均规模是1.51亩。表明样本茶农的户均规模相对较大，劳均规模、人均规模

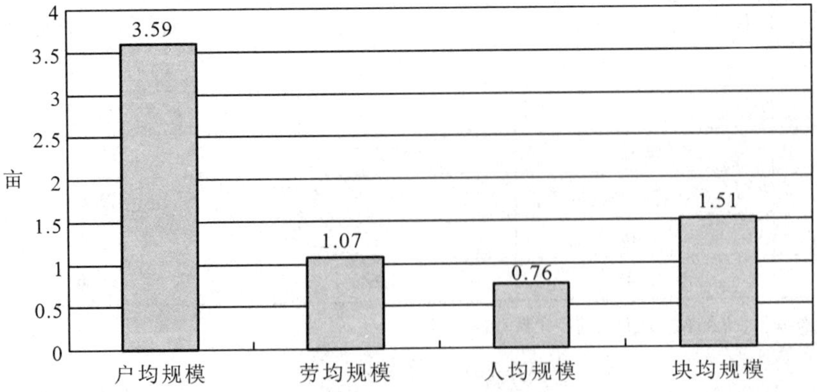

图4-13 样本茶农经营规模状况

和块均规模都比较小。因为家庭人口数一般大于劳动力数量，所以人均规模小于劳均规模。在问卷调查中发现许多茶农都拥有多个茶园，由于茶园的分散性，样本茶农的块均规模也比较小。

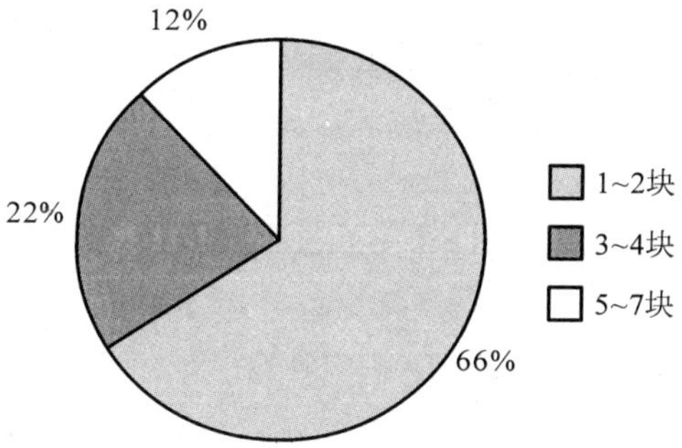

图 4-14 样本茶农地块数情况

样本茶农每个家庭平均拥有的地块数为 2. 38 块，其中拥有地块最多的茶农家庭有 7 块。图 4-14 反映了样本茶叶经营的地块数的分布比例，可以看出样本茶农家庭拥有的地块数在 1 ~ 2 块之间的数量最多，占所有样本茶农的 66%，但是也有 22% 的样本茶农家庭拥有的地块数在 3 ~ 4 块，12% 的样本茶农家庭拥有的地块数在 5 ~ 7 块，说明仍有接近 34% 的茶农家庭拥有地块数在 3 块以上，样本茶农经营具有一定的分散性。

（二）样本茶农经营规模分布状况

从表 4-21 可以看出，茶农家庭经营规模小于 1 亩的样本数为 15，样本数分布比重为 20% 左右，表明小规模的经营还是占有一定的比重；经营规模 1 ~ 3 亩的样本数为 30，样本数分布比重为 41. 1%，将近一半，表明采取这种经营规模的农户占有很大的比重；经营规模 3 ~ 6 亩的样本数为 26，样本数分布比重高达 35. 62%；经营规模 1 ~ 3 亩和 3 ~ 6 亩的共占 76. 72%，占了样本农户的绝大多数；经营规模 6 ~ 10 亩的样本数为 10，样本数分布比重仅为 13. 7%，这表明随着经营规模的扩大，茶农样本数所占的比重不断减少；10 亩以上的茶农仅 2 户，比例最低的为 2. 74%。而茶叶用地分布也呈现中间大、两头小的状况，经营规模为 0 ~ 1 亩和 10 亩以上的茶叶用地所占比重分别为 3. 78% 和 10. 68%，其中 0 ~ 1 亩的茶叶用地数量所占比重最小。而经营规模为 1 ~ 3 亩、3 ~ 6 亩和 6 ~ 10 亩的茶叶用地所占比重分别为 25. 92%、36. 92% 和 22. 7%，都占有相当大的比重，这 3 类加起来达到样本农户茶叶总面积的 85. 54%，这表明，经营规模为中等的样本茶农，其茶叶用地所占的比例较高。

表 4-21 样本茶农经营规模分布状况

经营规模(亩)	样本数	样本数分布比重(%)	茶叶用地分布比重(%)
0~1	15	20.55	3.78
1~3	30	41.10	25.92
3~6	26	35.62	36.92
6~10	10	13.70	22.70
>10	2	2.74	10.68

资料来源：根据问卷调查数据整理而得。

(三)样本茶农经营收益状况

表 4-22 反映了样本茶农经营收益的状况，户均茶青产量是 3949.041kg，劳均产量为 1181.475kg，人均产量为 852.90kg，亩均产量为 1099.76kg。在年收入方面，2007 年茶农年收入较高，户均年收入为 41300.89 元，劳均年收入为 12356.41 元，人均年收入 8920.02 元，亩均年收入为 11501.79 元。茶农经营收益状况一定程度上决定了其种植茶叶的积极性，进而影响茶叶经营效率。福建省作为全国的乌龙茶主产区，茶叶经营的收益不断提高，使茶农经营茶叶的热情高涨，进一步促进了茶农经营效率的提高。

表 4-22 样本茶农年茶青产量和收入状况

项目	年茶青产量(kg)	年收入(元)
户均	3949.04	41300.89
劳均	1181.48	12356.41
人均	852.90	8920.02
亩均	1099.76	11501.79

资料来源：根据问卷调查数据整理而得。

四、小 结

从茶农经营规模变化趋势来分析，采用茶园面积、茶园面积占农作物总播种面积的比重及茶园的户均和人均规模的历年数据来表示我国和福建省的宏观上的茶农经营规模的变化情况和规模。从结果来看，无论是我国还是福建省的茶园面积和茶园面积占农作物总播种面积的比重都呈上升趋势；另一方面，我国茶园面积的户均规模和人均规模增加幅度并不明显，而福建省的茶园面积的户均规模基本在小范围内波动，人均规模增长幅度不大。

从茶农经营规模效率概况和变化趋势来看，用单位面积茶产量表示土地生产率，用劳均茶叶产量表示劳动生产率，通过这两个评价指标来反映宏观上我国及福建省的茶农经营规模效率概况及其变化规律，我国历年的单位面积茶产量和劳均茶叶产量不断上升，表明我国茶叶土地生产率和劳动生产率呈上升趋势；福建的单位面积茶产量和劳均茶产量总体呈上升趋势，并且速度较快，特别是近十几年劳均茶产量的增长速度快，反映了福建省茶叶土地生产率和劳动生产率都有大幅提高。运用传统的生产率评价指标概括我国及福建省的茶农经营规模效率概况，可以从宏观层面反映现实状况，为运用 DEA 来测算经营规模效率打下基础。

第二篇

私有林经营规模效率测算与评价

第五章
福建林业的经营规模效率问题

"八山一水一分田"的福建林业占了大部分的国土面积，但同时林地的立地条件也受到了限制，坡度大于30度的林地占了大多数，加之具有福建特色的省情，使得福建林业的经营规模效率具有与全国其他省份不同的特点。

第一节　集体林业不同发展阶段的经营规模效率问题

集体林业占据了我国林业相当大的比例，资料表明我国集体林面积一直处在55%以上（Xu Jintao，2008；Zhang Yaoqi，2001；Miao Guangping、R. A. West，2004），而在南方集体林区中，集体林所占比例更是高达90%以上，由此可知，集体林业在我国林业发展中的地位不容忽视。林业经营规模效率将不可避免地影响着集体林业的发展，我国集体林业中的经营规模效率问题是伴随着集体林区林权制度改革的变迁而变化的。新中国成立以来，南方集体林业经历了多次"分"和"合"的变革，专家学者对此进行了归纳和总结，总的来说，南方集体林区经历了以下五次林权制度变革（郑风田等，2009；刘小强，2010；刘璨，2006），即建国初期土地改革分林到户阶段、人民公社时期的集体山林统一经营阶段、20世纪80年代初期的林业三定阶段、20世纪90年代初期的林权初级市场化阶段以及2003年到至今的新一轮林权制度改革阶段。每一次改革，都对南方集体林业的经营规模效率产生重大的影响。

一、新中国成立初期中国南方集体林业的经营规模效率问题

这一阶段始于1949年，终于1955年(1949～1955)。新中国成立之后，中央政府公布了《土地法》，废除了地主阶段封建剥削的土地制度，通过没收地主的土地山林，分配给无地、少地农民。农民对林木和林地拥有完整的所有权、使用权、收益权和处置权，极大地激发了农户经营林业的积极性。后来很快进入互助组、合作化时期，中共中央于1953年12月通过了《关于发展农业生产合作社的决议》，除了少量的自留地外，其余的土地都交给农业生产合作社，实行统一规划、统一生产，实行的是土地分红制度，使农民享有部分的土地收益权。截止

1955 年 6 月底，全国有 50% 的土地参与了生产互助组，14% 的土地加入了初级生产合作社(夏旺斯，1999)。虽然合作化解决了林业生产中的一些问题，但由于合作社的规模越办越大，与当时农村生产力水平以及干部经营管理能力不相适应，再加上政策不允许林地出租和买卖，严重阻碍了林地资源的合理流通及优化配置，因此合作化并没有实现提升林业生产效率的目标。

二、人民公社时期中国南方集体林业的经营规模效率问题

这一阶段始于 1956 年开始的高级农业合作社，结束于改革开放初期(1956 ~ 1980)。1956 年初全国各地开始兴办人民公社的雏形——高级农业合作社。这时期，除了少量零星树木依然归社员私有外，其他土地(除宅基地和坟地)都无偿归还合作社集体(截止 1958 年 8 月，全国 88% 的土地都加入了高级农业合作社)，由集体统一经营管理，并取消了初级农业合作社的土地分红制度，实行按劳分配制度。1958 年 8 月，中共中央通过了《关于在农村建立人民公社的决议》，全国各地争先恐后组建起“一大二公”(公社的规模大和公社的公有化程度高)的人民公社，在不到 4 个月的时间内，全国各地都实现了人民公社化。各地农民都积极地将原属的土地(包括自留地、坟地和宅基地)，连同耕畜、农具等生产资料都无偿上缴给公社，由公社来统一规划、统一生产、统一管理，分配上实行平均主义(魏倩，2002)。人民公社的建立使得林地的所有权、使用权、收益权和处分权统一集中到集体手中。这一制度虽然使得分散林地再一次集中起来统一规划、生产和管理，有利于林业的规模化生产，但同时也衍生出不少问题：首先，政策频繁变动使得农民产生一种不稳定感。从新中国成立初期的“分”、到农业生产合作社的“部分分、部分合”，再到人民公社的“合”，前后时间不到 10 年，农民对中央政策的反复变动产生厌倦和不信任感，再加上农民丧失了林业经营主导权，同时也享受不了林业给其带来的收益，这些极大地挫伤了农民经营林业的积极性；其次，人民公社采取的是“大锅饭”政策，难以避免出现搭便车的行为，农民在林业生产中的劳动投入的质量相对较差，林业经营方式粗放，造成林业经营效率低下以及生产资源被大量浪费，林业规模化生产程度虽高，但生产要素的产出率却是十分低下；再则，国家对于集体的林业生产行为的干预性很强，集体并非真正地拥有“四权”。他们所拥有的仅仅是名义上的“四权”。人民公社期间，国家实行的是由上而下的命令机制，国家不允许土地出租和买卖，同时对于木材生产实行集中统一管理。因此，集体虽然拥有林木、林地的所有权、使用权、收益权和处分权，但是却无法决定生产什么、生产多少，甚至怎样生产也要受到国家的约束，林产品的市场买卖也要经由国家统一购买销售，完全脱离了市场，也造就了畸形的林产品价格，这极大地阻碍林业经营规模效率的提升；最后，由于

林业生产特有的生产周期长、作业场所分散、项目繁多以及生产劳动的季节性等特点，因此，林业作业的质量和数量难以保障。此外，在大跃进时期（1958～1960年），为了大力发展工业，森林被过度砍伐，大量的森林资源被破坏，据统计，湖北在“大跃进”期间林地面积和木材蓄积量下降了30%（Liu Dachang，2001），而四川的森林覆盖率更是由建国初期的20%降低到了9%。

三、林业三定时期的经营规模效率问题

这一阶段始于1981年，结束于1992年。在参照农业的家庭联产承包责任制的基础上，1981年初中共中央发布了《关于保护森林发展林业若干问题的决定》，开始在全国推行“林业三定”，即稳定山权林权、划定自留山、确定林业生产责任制，在保留林地所有权的前提下，将自留山和责任山的林地使用权及林木的所有权（农民只拥有部分责任山的所有权）、收益权（集体和农户共享责任山的林木收益权）和部分处分权（责任山的林地处分权依然属于集体）交还给农民，并于1985年放开了木材市场，允许木材自由交易，这一政策充分调动了农民林业生产的积极性，大大提高了林业经营规模效率，在一定程度上促进了林业的发展。然而从另一个方面上看，由于山林的划分是根据林地的远近、质量的好坏，按照家庭人口或劳动力的多少进行平均搭配划分而成，这使得划分后的山地细碎分割，“一山多主、一主多山”的现象比比皆是，边界纠纷较多，这都不利于林业的经营，难以发挥林业的规模效益。再加上之前林业改革在“分”与“合”之间的多次反复，使得小农意识强烈的农民在分到林子后将将其全部砍伐，砍伐后也不再重新更新造林，有些地方出现了乱砍滥伐森林现象。为了遏制这种现象，中共中央、国务院于1987年出台了《关于加强南方集体林区森林资源管理坚决制止乱砍滥伐的指示》，提出要严格执行采伐限额管理制度，并禁止划分成片集中的用材林。而对于这部分没有分下去的山林管理上，全国各地也根据自己的实际采取了多种模式进行保护，其中福建省三明市的林业股东会体制的成效最为明显。为了避免森林资源进一步受到破坏，坚持对集体山林实行村集体统一经营，在全市有林行政村组建村股东会，实行“分股不分山、分利不分林”，这在一定程度上遏制住了乱砍滥伐森林现象，为其他省份的林改提供了较好的经验。但是由于一些政策落实不到位，再加上整个林业发展环境的改变，林业股东会下的山林逐步沦为了“干部林”，即一切事情干部说了算，村民即没有经营权，也没有受益权，从而导致村民对于集体山林采取漠视态度，森林失了火也没有人去救，树木被人盗伐了也没人制止。

四、林权初级市场化的经营规模效率问题

这一阶段始于1992年，结束于2003年。由于林业生产责任制在无法保障林农经营权、收益权以及处分权上暴露出的问题日益严重，各地开始重新探索林权改革的新道路。1992年底党的十四大确定了以公有制为主体，多种所有制形式共同发展的基本经济制度，从而为林权市场化改革奠定了坚实的基础。1995年国家体改委和林业部联合公布了《林业经济体制改革总体纲要》，该纲要明确要求要以多种方式流转宜林"四荒地使用权"，允许农户、企事业单位等经济主体通过招标、拍卖、抵押、委托经营等形式流转林地使用权，进而使得森林资源得以变现。在这个阶段中，集体依然拥有林地的所有权，而林地的使用权和木材的所有权则是归属于各流转主体(农户和企事业单位)，而收益权和处分权则是在所有者和使用者之间按照一定的比例分配，集体则获得出租林地使用权或拍卖林木所有权而得来的承包金或地租。这个阶段是继建国初期土地改革之后，再一次实现了林权所有权和使用权的分离，充分调动了农民经营林业的积极性，也促进了生产要素的自由配置，实现了生产要素的优化配置，同时也消灭了大量以往无人问津的荒山。同时，通过林地流转，一定程度上实现了林业规模经营，促进了森林资源的可持续经营。然而，由于缺乏规范的林地流转制度、流转合同制度、林地或林木资产评估制度以及强有力的中介组织，导致流转主体在林地的流转过程中，出现流转行为不规范、不透明，流转价格过低等问题，衍生出了不少林权纠纷，在一定程度上阻碍了林业经营规模效率的提升。

五、新一轮集体林权制度改革后的规模效率问题

这一阶段是林权市场化改革的延续、深化阶段，于2003年至今。2003年6月，中共中央、国务院颁发了《关于加快林业发展的决定》，从而拉开了新一轮林权制度改革的序幕。新一轮的林改以福建、江西、浙江等三省为试点，陆续开展了以"明晰所有权是基础，放活经营权是关键、落实处置权是手段、确保收益权是落脚点"为主要内容，以确定农民经营林业的主体地位为核心的集体林权制度改革，第一次从根本上落实了"山有其主、主有其权、权有其责、责有其利"的林业经营主体的权利问题，极大地调动了林农经营林业的积极性，在很大程度上促进了林业的继续向前发展。此次林改的主要工作重点在于以下几个方面：首先，继续落实家庭联产承包经营为主体、多种经营形式并存的集体林经营机制，明晰林木的所有权和林地的使用权，确确实实地将这两权落实到农户手中；其次，开展林权登记，稳定民心，防止林业三定时期的乱砍滥伐现象的继续出现；再则，规范流转机制，鼓励各地成立林权交易中心，严格要求流转主体按照"依

法、自愿、有偿、规范”的基本原则流转林地。通过新一轮林改，充分挖掘了林地和森林资源的潜力，合理利用了农村剩余劳动力，并通过市场这一工具极大程度上实现了生产要素优化配置，进而充分发挥林业规模效益；进一步解放和发展了林业生产力，在一定程度上缓解了我国木材供给紧张的现实需要；大幅度地增加了农民收入，改善了农村生活水平，推进了广大农村的长期和谐发展。

第二节 福建林业的特点及其对经营规模要求

一、福建林业经营的自然条件及其规模要求

福建林业生产的气候条件比较优越。福建位于我国东南沿海，地处于北纬的23°33′~28°20′、东经115°50′~120°40′之间，与台湾隔海相望。全省大部分属中亚热带，闽东南部分地区属南亚热带，气候温和、雨量充沛、光照充足。2009年全省各地市的平均气温在15.5~22.6℃之间，全年平均降水量在920~1818mm之间，以上气候优势使得福建省林木生产率高，生产周期短，以杉木为例，其年生产率高达12.43%，居全国第一，轮伐周期大约只有20年。

山林比例高是福建发展林业生产的又一特色和优势，与优越的气候条件共同孕育了丰富的森林资源。全省土地总面积虽然只有12.14万km^2，仅占全国土地总面积的1.3%，居全国第23位，但林地面积多达914.81万hm^2，占全省土地面积的75%以上，森林覆盖率63.1%，稳居全国第一位，活立木蓄积量5.32亿m^3，居全国第七位（中国林业统计年鉴，2010）。在森林资源中，生态公益林4226万亩，占林地面积的30.7%；竹林面积1490万亩，居全国首位，约占全国竹林面积的五分之一；生物资源中全省有高等植物4703种，脊椎野生动物1600多种，种类占全国的三分之一（福建林业厅，2008）。全省建成县级以上自然保护区88处，其中国家级自然保护区10处，省级22处，面积合计50.19万hm^2，占全省土地面积的4.13%，居华东地区前列。

福建山地类型组合和分布呈明显的层级结构，为林业生产提供了有利条件。在福建山地中，低山所占比重约为45%，坡度中等，多数在20°~30°之间，水热条件较好，土层较厚，基岩出露很少，土壤以山地红壤和山地黄壤为主，具有一定的肥力，是福建省当前山地利用的重点；丘陵这一土地类型的面积在山地中比重亦大约在45%，坡度一般不超过25°。其相对高程分别为5~8m、20~25m和60~80m，土层较厚，土壤以红壤为主，尚含有一些矿物质养分，有利于植物的生长，但由于丘陵大都沿江分布，经受侵蚀、分割，常不相连续，利用不当宜造成水土流失，丘陵地区是福建水土流失比较严重的地方；中山和高山在山地中

所占的比重约为10%，这类土地坡度大，一般都在40°以上，土层薄，常有基岩出露，土壤以山地黄壤为主，较高部位有山地草甸土的发育，均含有较多的有机质(赵昭晒，1984)。

总体来看，福建自然条件为林业生产经营提供了得天独厚的条件，但同时也应该注意并着力解决以下事项：第一，福建山地比例大、有适合于林业经营的自然条件，林业在为山区农民增加收入走上富裕道路中发挥更大的作用。在新一轮林改后，林农平均每户获得了数十亩到一百亩不等(马九杰等，2008)的林地经营权，在林地呈现破碎化的条件下，如何进一步提高林业经营效率是一个迫切解决的问题；第二，福建自然条件要求林业规模经营要注意保护生态环境，防止水土流失。如上所述，福建山地地形中丘陵面积比重约占45%，这部分被河流侵蚀、分割，生态环境较为脆弱，开发利用不当易发生水土流失。因此在进行较具规模的林业生产时，不能仅追求林业生产的经济价值，同时要采取有力措施，保护丘陵地区的生态环境。第三，因地制宜，适当提高针阔混交复层林结构，以优化林业生产结构，适应林业生产经营规模要求。据统计，1950～1990年全省杉木林和马尾松累计营造面积占全省累计造林面积55.05%，占同时期用材林累计造林面积的比例高达86.6%。闽委〔2009〕44号文件提出要大力推进林种结构调整，争取将针叶纯林改造为针阔混交复层林，加大对栽培速生丰产潜力的树种和经济价值较高的树种的扶持力度，以优化林业生产结构，适应建设海西现代林业的要求。

二、福建林业经营的社会条件及其规模要求

2009年全省总人口3627万，其中农村人口1864万，农村总户数693.53万，村民委员会14435个，平均每户常住人口3.98人，平均每百户农民经营山地面积32.48hm^2，大约是林改前2003年的三倍，在福建三明、南平、龙岩三大林区中，农民家庭平均每户整半劳动力数量均不足三人，2009年福建农村人均家庭经营纯收入3330.18元，其中林业收入191.96元。

改革开放以来，2003年推进新一轮集体林权改革之前，福建省先后推行了几次集体林权制度改革，比如“分股不分山，分利不分林”的“三明模式”、“百村试点改革”等，虽然没从根本上解决涉及山林产权等与集体林经营中的密切相关的诸多问题，也造成政策变动频繁相关林权主体利益缺乏保障的问题，但这些改革在我国历次的集体林权改革中均处于先行地位，在当时也发挥了重要的历史作用，并且为新一轮集体林权改革奠定了较好的基础，创造了良好的条件。

福建省在我国新一轮集体林权改革中处于先行、突破、创新地位。从2003年始，福建省作为集体林改试点省份之一，开始推行以“均山分林、确权发证”

为重点的集体林权改革，拉开中国新一轮集体林权改革的序幕。2006 年福建省基本完成“均山分林、确权发证”的主体改革后，又率先推进以林业投融资体制为重点的综合配套改革。截至 2008 年 7 月底，福建省基本完成集体林权制度改革主体任务，全省已明晰产权的村有 12364 个，占有改革任务村的 99.8%，完成明晰产权面积 7549 万亩，占应改革面积的 97%，完成林权发证面积 7151 万亩，占应发证面积的 90.8%，并且在采伐管理制度改革、林业管理体制、服务体系建设、林业投融资体制改革等方面取得一系列的成效，实现了“山定权，树定根，人定心”(福建省林业厅，2008)。2009 年 12 月 9 日中共福建省委颁布《关于持续深化林改建设海西现代林业的意见》，标志着福建省集体林权的改革重心已从农村林地产权改革开始向建设现代林业转移，集体林权的改革任务基本完成。

福建林业经营的社会条件对林业经营规模提出要进一步明晰产权，加快林权证到户步伐。产权清晰是林业开展一定经营规模的前提，也是经营者权益保障的基本条件，更是新一轮集体林改的目标之一。然而福建省在全国新一轮林改中处于先行突破地位，改革伊始，许多工作处于探索中，存在不规范、不到位等不容忽视的问题，加上福建林权改革在 2008 年中央 10 号文件颁布之前已基本完成，与中央文件要求将林权落实到农户，确立农民经营主体的精神有一定的差距，具体表现在有些地方林权登记发证工作没有及时跟进，产权明晰程度不高，联户发证面积比例偏大，林权证到户率只在 60% 左右，农民合法权益得不到法律保护，影响了林改的进一步持续深化。2010 年福建省办公厅发布闽政办〔2010〕262 号和闽政办〔2010〕287 号文件，要求全省开展林改“回头看”进一步推进林权登记发证工作，确保 2011 年底各地林权登记发证率①不低于 85%，林权证发放到户率[1]在不低于 60% 的基础上力争达到 80%。

三、福建林业经营的经济条件及其规模要求

福建经济实力处于全国中上游，可以为林业生产发展提供有力支撑。2009 年福建地区生产总值为 12236.53 亿元，居全国第 12 位，人均地区生产总值 33840 元，居全国第 10 位。在福建地区生产总值中，第一产业占 9.7%，第二产业占 49.1%，第三产业占 41.2%。2009 年福建省城镇居民人均可支配收入 19577 元，农民人均纯收入 6680 元，农村居民恩格尔系数为 45.9%，农村居民基尼系数为 0.367。

2009 年全省林业产值达 1472 亿元，占同年福建地区生产总值的 12%，比

① 林权发证率指林权登记发证面积与森林资源数据中的林地面积之比。

2004 年增加 657 亿元，年均递增近 10%。福建省林业已拥有中国名牌产品 2 个、中国驰名商标 6 个、国家免检产品 7 个，2003 年以来全省累计发放各类林业贷款近 91 亿元，其中林权抵押贷款 31 亿元，林业小额贷款 27 亿元，有效解决林农发展资金难题，引导林业合作经济组织建设，成立各类合作组织 2 万多个，促进林业规模化、专业化、集约化经营，实行森林火灾统保，全省 1.15 亿亩森林资源按每亩 500 元的标准参加保险，5 年来林业发展提供了大量的木材和林副产品，农民人均林业收入年增长 20% ~25%，一些主要林区的农民从林业发展中获得的收入已占家庭总收入的一半以上，林业成为林区发展、农民致富的重要支撑，2005 年以来，全省植树造林面积每年都超过 200 万亩，2009 年达 251 万亩，比 2004 年翻一番，人工林林分蓄积量 1.96 亿 m^3，占全国的 10%，位居全国各省市首位(福建省政府，2009)。

福建林业经营的经济条件要求进一步拓宽社会资本进入林业产业的融资渠道，完善相关配套制度，以提升海西现代林业集约化、规模化水平。众所周知，林业经营相对耕地经营来说需要较高的资金投入，福建林业经营虽面临有利的经济环境，但在一些体制机制上尚存在一些障碍，阻碍了林业规模化经营。金融机构要进一步扩展农村担保物范围，创新林权抵押贷款形式，简化贷款手续，延长贷款期限、降低贷款利率；政府及相关保险机构要进一步扩大政策性森林保险范围，免除社会资本进入林业经营的后顾之忧；政府有关部门要进一步探索推出水电、旅游等受益行业合理补偿生态公益林建设的具体办法，完善森林生态效益补偿机制。

四、福建林业经营的技术条件及其规模要求

新一轮林改后，福建涌现出多种林业科技服务创新发展模式，走出一条以模式创新带动科技服务新体制建设的特色发展路径，形成了点、面、网综合配套，产前、产中、产后全程服务的科技助推林改格局，通过乘数效应巩固和扩大了集体林权制度改革成果，使科技在发展现代林业、建设生态文明、促进科学发展中发挥了关键作用，做出了重要贡献(黄建华等，2009)。

第一，开通 96355 林业科技服务热线，改善林业科技服务手段。2004 年，福建省开通了综合性、多功能的 96355 林业科技服务热线。96355 作为无偿、直接面对林农的科技服务模式，得到迅速发展和推广，显示出强大的生命力和良好的前景。2008 年年底，全省开通热线的 48 个林业重点市(县区)从事热线服务的人员达 350 多人，无偿为林农、林业生产经营者开展各类科技、信息、政策、法规咨询服务达 5 万多次，印制分发各乡村科普宣传材料 4 万份，内容涉及林业科技、种苗、政策、管理和市场等 10 多项，同时将广大林农的科技需求及时反馈

给服务供给方，实现供需双方的良性互动(黄建华等，2009)。

第二，建立健全科技特派员制度，有效整合农村科技服务资源。1999 年初，南平市首创了科技特派员制度，运用利益机制引导大批科技人才到农村生产第一线与农民相结合。2009 年在全省范围内选派了 100 名实践经验丰富的科技人员作为全国林业科技特派员。同时，成立林业科技服务林改暨科技特派员工作领导小组，进一步推进了林业科技特派员深入基层、企业和农户开展挂点服务和创业行动。据统计，全省林业科技特派员通过基地示范带动、技术培训推动等多种形式，深入乡村 2000 多农户中开展林业种植、加工等技术指导，在促进农民致富、发展特色产业、加快科技成果转化等方面都取得了实实在在的效果，迄今为止近半数科技特派员组织培训、技术指导 2 ~ 3 次，多的达到 10 余次，全省累计培训林农 4 万多人次(福建省林业厅，2010)。

第三，深入实施林业科技入户工程，提升林农科技素质。通过技术培训、科技下乡、村会协作、企业 + 农户、科技示范(示范企业、示范点、示范项目、示范户) 等方式，大力实施百企千村万户、林农技术员培训、林业服务热线和网络服务、科技示范致富等五大行动，重点推广林业主导品种、主推技术和实施主体培训，建立科技人员直接到户、良种良法直接到山、技术要领直接到人的长效机制，成立省级专家服务团，为科技入户提供全方位技术服务和咨询(黄建华等，2009)。

第四，强化林业科技示范网络建设，促进林业科技与生产紧密结合。选好点、选对人、选准技术，建立层次、多类型、各具特色的林业科技示范网络，提高成果的转化率和科技贡献率。如在全国首个集体林权制度改革示范县 - 永安市及邵武市，将原有单一的示范基地，建设提升为综合的现代林业科技示范园区，培育一批示范企业(林场)、示范村以及村级林农技术员和科技示范户，建成永安、邵武、永春等国家级林业科技示范县(市)，启动百县千村万户林业科技示范行动，以构建全国林业科技示范体系，为林业生产和林农提供示范样板(黄建华等，2009)。

然而由于福建农村林业生产力不发达，基础实施落后、交通闭塞等原因，从林农角度看，福建林业技术无论在生产还是技术服务推广方面还基本停留在传统经营阶段，具体体现在林业生产工具基本还是以锄头斧头为主，树种单一；在技术投入方面农户总是乐于采用生产周期短、短期效益明显的树种，也愿意在这些树种上进行操作性技术、物化性技术投入，而那些周期性很长的林木，除去抚育阶段的技术投入外，农户在其他阶段基本没有技术投入(许冰峰，2008)；技术传播途径仍然依靠亲朋好友或当地的土专家等人际传播方式，所供给的技术往往与林农或林业企业所拥有的竹资源立地条件、社会经济条件不相适应，致使林农或林业企业采取不与技术推广人员合作，林农或林业企业有时采取拒绝技术的态度(林斌等，2010)。

在提高林农组织化程度方面，福建林业科技条件现状对林业生产经营规模提出了较高要求。福建林业科技条件较为传统，林业科技进步贡献率偏低的重要原因是林农组织化程度偏低，尤其是新一轮林改后这种情况尤甚。众多分散的林户囿于财力，无法购买先进的生产工具和林业技术，与此同时，林业科技推广机构面对众多分散的林业生产经营者，林业科技推广的市场交易成本过高，加之林业科技成果与实际需求部分脱节，林业科技推广服务效果可想而知。提高林农组织化程度，促使分散的农户也能够购买和消费先进适宜的林业技术，同时林业科技推广机构的服务成本也会显著下降，这才能从根本上改变林业科技条件相对落后的现状，提高林业科进步贡献率。

五、福建林业经营方式及其规模要求

福建林业经营方式，从全省范围内看是有统有分，统分结合。自 2003 年开展新一轮集体林权改革以来，尤其是 2008 年中央 10 号文件颁布以来，各地积极探索经营管理体制改革新路子，林业经营形式呈多样化发展，针对新一轮集体林权改革实践，结合相关法律法规的规定，目前福建集体林经营主体主要有林农单户、家庭合作林场(联营户)、自然人、农民林业专业合作社、国有林场、国有采育场以及涉林企业法人等众多主体，集体林经营形式主要有以下几种：

第一，林农单户和家庭合作经营(联营)。林农单户和家庭合作经营(联营)是实践中最常见的集体林经营形式，是新一轮林改明细落实产权到农户，确立农民林业经营主体任务的必然要求与结果。这里指的林农单户和家庭合作(联营)经营是新一轮林改后，通过确权发证后林农在自己拥有的林地承包经营权的林地上的经营。家庭成员参加林业经营活动的成果直接归家庭所有，多参与就多得益，经营活动的效率越高，效益越好，家庭得益就越多，反之就越少，这样就使“参与”和“得益”的关系直接统一于“家庭”这一组织内部，不需要任何中介和其他制度，社会林业的本质内容在家庭经营的形式中取得了最简单明了的表现形式，也是直观的和典型的表现形式(张春霞等，2000)。家庭合作经营(联营)其实是习惯性称谓，现实中多表现为组建的家庭合作林场，该组织并没有在国家工商部门登记，属于乡村非正式组织的一部分。有学者指出福建省单个家庭承包经营成为林地经营类型中最主要的经营方式，2005 年单个家庭承包经营占所有林地面积的 35%，远远高于其他经营形式所占的比重，联户经营林地面积占林地面积的比重 13% 左右，一跃成为仅次于单户经营的最主要的经营形式(裘菊等，2007)。

第二，农民林业专业合作社经营。林农专业合作社也是新一轮林权改革后涌现的林业合作组织，也是农村最具发展潜力的集体经济组织，2006 年出台的《农民专业合作社法》赋予了其法人地位，为林农专业合作社的发展奠定了法律基础。国家林业局林改发〔2009〕190 号和工商办字〔2010〕45 号文件均明确提出允许林农以林地承包经营权和林木所有权出资，组建林农专业合作社。农民林业专业合作社经营模式也是官方大力提倡与鼓励支持的集体林经营的形式，截至 2009 年 9 月底，福建省累计建立林业专业合作社 1433 个（福建林业厅，2010），约占全国农民林业专业合作社总数的 10%。国家和福建省委、省政府对农民林业专业合作社采取了"三免三补三优先"扶持政策，即免收登记注册费、免收增值税、免收印花税，实行林木种苗补助、贷款贴息补助、森林保险补助，采伐指标优先安排、科技推广项目优先安排、国家各项扶持政策优先享受。

第三，自然人、涉林企业通过招投标方式获得林地而采取的经营方式。主要指林改前，村集体通过"招牌挂"形式将集体所有的林地承包给本村集体内成员或村集体外自然人、涉林企业等法人组织，由受让者自主经营的一种形式。这种集体林经营方式在实践中林权纠纷中占相当比例，林农对此反应也最为强烈。

第四，入股经营、合资合作经营。入股经营是集体林权人依法将林地承包经营权、林地使用权、林木所有权量化作价，出资到乡镇企业、有限责任公司、股份公司等具有正式法人资格的组织，取得对林地的占有、使用权、收益权，并由入股正式法人组织进行企业化管理的一种经营方式。这种经营方式目前法律采取较为保守的态度，依据现行有关法律规定，只允许村集体经过法定程序以林地使用权组建乡镇企业，允许以非家庭承包方式取得的林地承包经营权人入股组建有限责任公司、股份公司等企业法人。

合资合作经营形式主要有"公司 + 村里 + 林农"合作造林模式、"公司 + 基地 + 农户"经济合作组织模式。"公司 + 村里 + 林农"也就是林业投资公司负责造林和病虫害的资金投入，农民负责后续管护，基地采伐收益按投资公司占五成、山林单位二成，农民管护三成比例分配；"公司 + 基地 + 农户"的具体形式多种多样，有借贷方式、租赁方式、合作方式（杨益生、张春霞，2010）。

第五，按股分红，折股经营。具体做法是以村民委员会或村民小组为单位对现有山林进行评估折价定股，成立股东会，进行独立经营管理，而后每年按股分红。这种经营模式就是 20 世纪八九十年代风靡一时的"三明模式"，"三明模式"虽然与国家新一轮林权改革的精神不太符合，但如果是出自农民集体的意愿，这种经营方式村集体完全可以通过民主法定程序予以保留。

第六，村集体统一经营。对不宜林改到户的林地，主要为生态公益林，村集体对山林依然以集体统管为宜，但要进行划定管护片，选聘护林员，明确管护职责，确定合理报酬，制定奖惩办法，实行检查监督，落实责任目标管护。

多样化的林业经营形式要求林业经营规模必须注意以下两点，以确保林业规模化经营得到健康持续发展，确保林农权益不受损害。第一，林业经营必须选择适合林区农村国情的林业经营方式。迄今为止，最具有发展前景的林业经营方式是以农民林业专业合作社为代表的农村林业合作组织经营模式，农民林业专业合作社是农民在熟人社会基础上组建的合作组织，提高了林农组织化程度，成员之间、成员与组织之间监督成本低且有效，避免了集体统一经营的委托代理关系扭曲现象，并且现行法律政策都对其采取大力支持态度，可以很好地成为林业规模化经营的组织形式；第二，林业经营必须以保障、提高林农权益为出发点和落脚点。在采取村集体外部经济实体参与的入股经营、合资合作经营形式时要特别注意保障林农参与权监督权，履行相关法律程序，有关部门要完善相关林权流转平台建设，加大入股经营、合资合作经营的监管力度，有效防范和化解纠纷，确保林农权益不受损害。

第六章
私有林经营规模效率研究的理论基础

私有林经营的效率问题始终是困扰林业改革和发展的焦点与难题之一，其实质是如何评价和看待私有林的经营效率。而这种评价是需要建立在科学的理论基础之上。

第一节　规模经济理论

一、规模经济理论

关于规模经济内涵。根据美国经济学家曼昆的定义：规模经济是长期平均总成本随产量增加而减少，反之则称为规模不经济，即在通常情况下，当生产规模很小时，单位产品生产成本极高，以后随着规模扩大，生产成本逐步下降，当达到最低点时，再扩大生产规模，伴随着管理等费用的增加，单位产品的成本不但不会下降，反而会上升，形成规模不经济。如图 6-1，其图形呈 U 型，其最优的规模为 P 点。一般来说，经济活动中之所以出现规模经济主要有两种原因：其一是分工协作。当产量足够大时，人们可以采用专门化设备与工具来提高效率，可以更好地在劳动者中实行分工，从而有利于改善劳动熟练程度与积累经验。其二是生产过程中使用了不可分投入。不可分的投入品有一定的最大生产能力，在不可分投入品生产能力利用不足的情况下，扩大生产规模可能产生规模经济。

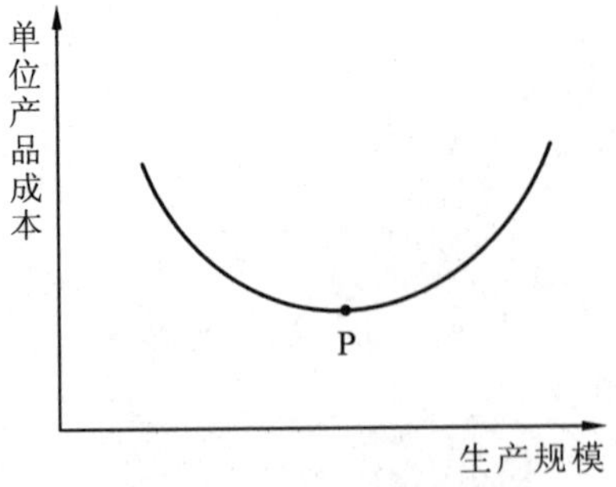

图 6-1　规模经济曲线图

对于规模经济理论的研究历史较为久远，最早可以追溯到古典经济学家威廉·配第，他于1672年在其著作《政治算术》提出的关于土地“报酬递减”的粗略模型。自此，经济学家就开始就纷纷从不同的角度对于规模经济理论进行分门别类的研究，一是从生产力的发展来分析企业的规模经济。亚当·斯密在《国富论》中从劳动分工的角度对规模经济进行阐释，认为分工是劳动生产率提高的主要原因，而生产规模与市场需求量的大小反过来也限制着分工。约翰·穆勒在《政治学原理》中论述了分工对于规模经济的重要性，他认为当工作的性质允许，市场的规模足够大时，更需要进行细致的分工。二是从生产关系的发展分析了企业的规模经济，主要代表是马克思，他在《资本论》中指出追求超额利润的资本家之间的竞争，必然会追求规模的经济性，从而会导致减少生产费用的新生产方式的产生，结果是导致了企业的大型化，并在竞争中淘汰了落后企业，最后发展为垄断。三是制度经济学派从交易成本节约对规模经济进行阐述，其代表人物科斯认为企业之所存在规模经济，是因为企业规模增长而节约的交易费用大于管理组织费用的增加所致。四是对于规模经济进行分类研究，新古典经济学的代表人物马歇尔根据规模报酬的变化规律将其分为规模报酬递增、规模报酬不变以及规模报酬递减三个阶段。可见，在众多经济学家的共同努力下，规模经济理论日趋成熟，并在各个产业领域中逐渐发挥着积极的指导作用。

林业规模经济问题是林业实现可持续发展过程中亟待解决的问题之一(曹华、项贤春，2007)。魏远竹(2000)认为规模经济是指在某一生产规模的基础上为追求更好的经济效益而扩大生产规模或者是随着生产能力的扩大获得递增的经济效益，它将可以显著地提高要素生产率，并有力地推进林业经济增长方式转变。林岩松、岳太青(2003)认为规模经济实现经济活动效益最大化的主要途径，效益的最大化必然是规模经营的出现，零星的林业生产实现不了经济效益的最大化。

对于林业规模经济，主要是指林业经济的增长不再依靠林地资源、资金的过多投入，而是强调通过提高劳动生产率、科技贡献率、管理效率，调整产业结构实现经济增长，从而有利于提高经济质量，提高林业竞争力，实现可持续发展。其本质是通过对包括土地在内的生产要素进行优化组合，降低生产成本，提高林地产出率和劳动生产率，林业规模经济生产不仅仅取决于量—— 扩大林地面积，更重要的是取决于质——经济效益或投入产出比。

二、适度经营的理论

适度规模经营是指在一定的自然环境和社会经济条件下，各生产要素(土地、劳动力、资金、设备、经营管理、信息等)的最优组合和有效运行，取得最佳的经济效益。一定的规模经营产生一定的规模效益，经营规模的扩大必须以提高劳动生产率和土地生产率为目的。林业的适度规模经营，是以林地适度规模为基础，相对于分散经营而提出的(董棣，1991)。

要使得林业经营规模化、集约化，最首要的任务是界定在何种经营规模下，林业生产效率是最高的。然而，由于各个地区在生产力水平和林地立地条件等方面存在着区域性差异，因而难以给出一个明确的最优规模。但是，无论怎么划分，林业适度经营规模的划分都要遵循以下几大原则(董棣，1991)：首先，在最优规模经营下，林农所得到的林业收益必须略高于分散经营时的平均所得。如果林业实行规模化经营过之后，林农的收入却低于分散经营时的收入，那么这必将严重损伤林农规模化经营的积极性；其次，林地规模，林农经营的林地规模一定要处于林农的生产经营能力范围之内，否则适度规模的集约化经营就会演变为粗放型的分散经营，最终导致林地收益的降低；再则，林业适度经营规模的划分要以林业生产经营的特性为基础，要合理设置林业经营管理的指标体系来对林业经营效益进行度量，同时，通过对一定规模的林地增加投资以及林业经营水平的提高，引导林农立足于自身条件来选择适当的经营规模；最后，要紧密结合现实林业的经营状况，既要考虑地域差异，也要考虑林农自身的差异，加强对经营规模无条件变化的科学控制，力求通过对规模效益的追求，逐步达到适度的规模，并有步骤、有条件地适度扩大经营规模。

除此之外，林业的适度规模经营还必须协调好自身与社会、经济以及生态三方面的关系。首先，林业的适度规模经营要与当地的生产力水平相协调，在现有的技术和管理体系下，结合当地劳动力的情况，使生产力要素的组合达到最佳；其次，林业的适度规模经营要与各地不同的经济结构相协调，实现与分配、流通、消费相适应的最优经营规模；最后，林业的适度规模经营要与当地的生态环境的容纳量相协调，实现林业与林间资源的保护、涵养和再生，保证同等资源条件下的最佳规模效益。

第二节 经营规模效率相关理论

一、经营效率理论

效率主要的含义是对社会资源使用的有效程度。在经济学上，普遍认为资源具有“稀缺性”特点，如何最大程度的发挥资源的效用，成为经济学家不断探索的问题，效率的概念应运而生。“效率”在西方经济学界广泛使用的一个概念是意大利经济学家帕累托(Pareto)于20世纪初提出的帕累托最优，他将其定义为“对于某种资源的配置，如果不存在其他生产上可行的配置，使得该经济中的是所有人至少和他们初始时情况一样良好，而且至少有一个人的情况比初始时严格地更好，那么资源配置就是最优的"(伊特维尔等，1996)。1957年英国经济学家Farrell进一步将效率分为技术效率和配置效率，并从投入角度给出了技术效率的具体含义。Leibenstein(1966)则从产出角度对技术效率的含义进行界定，Lovell(1993)同样也给出了配置效率的内涵。"效率"概念发展至今，已有许多不同的概念，但是总的归纳起来有以下这几类：

(1)总效率。又称成本效率，它是指在当前的生产力水平下，给定各生产投入要素的价格，所需支付的最小成本占实际投入成本的比重。总效率又可细分为技术效率和配置效率。

(2)技术效率。技术效率是指由科技含量的提高而带来的产出成效，体现的是生产部门在既定投入水平下产出的最大能力，或者是在既定价格和生产技术下，生产部分投入要素的最优比例的能力。本研究的经营规模效率就是属于技术效率范畴。

(3)配置效率。配置效率是指以投入要素的最佳组合来生产出"最优的"产品数量组合，即将成本降低到最小可能水平的能力。配置效率主要分析在相同产出水平下，如何使用"最优的"的要素投入比例，即在产出固定的情况下，如何以最为经济，成本最低的要素投入组合来生产。

(4)规模效率。规模效率主要是判断生产部门是否处于最优规模状态的一个指标。当生产部门处于最优规模状态，此时的经营绩效最高，那么应当保持现有规模不变。当生产部门处于非最优规模状态，那么如果处于规模报酬递减阶段，就应缩小规模，以提高经营绩效；如果处于规模报酬递增阶段，那么扩大规模，即可提高经营绩效。

(5)纯技术效率。纯技术效率是技术效率和规模效率的比值，它是指在技术效率中短期内扣除规模因素后的经营绩效，以判断生产部门对于投入要素是否存在冗余现象。

本研究以林农经营杉木的经营规模效率为研究对象，以技术效率理论、规模经济理论作为研究的理论基础，其中，技术效率理论贯穿于本研究对林农经营规模效率分析。

二、技术效率理论

技术效率理论的研究始于Koopmans(1951)，他对于技术效率的定义是：如果在不减少其他产出(或增加其他投入)的情况下，技术上不可能增加任何产出(或减少任何投入)(张忠明，2008)。随后Debreu(1951)和Shephard(1952)在其基础上，对多投入多产出的技术效率测算方法进行研究。首次提出技术效率理论的学者是英国的经济学家 Farrell，他在 1957 年发表的《生产效率的测量》一文中提到了效率理论，他认为技术效率就是产出规模不变，市场价格不变的条件下，按照既定的要素投入比例所能达到的最小生产成本占实际生产成本的百分比，并将效率分析扩大到所有产业领域（史君卿等，2009）。Farrell 主要是从投入角度对生产的技术效率进行研究，而 Leibenstein（1966）的 X 效率理论，则是从产出的角度对技术效率的概念作了新的定义，他认为技术效率是实际产出水平与在市场价格不变、投入规模及要素投入比例的条件下所能达到的最大产出的百分比（袁益富，1990）。而之后的 S. N. Afriat、J. Richmand、D. J. Aigner，C. A. Knox，Lovell 以及 A. Charnes 和 W. W. Cooper 等学者所构建的效率测算方法都是基于 Farrell 和 Leibenstein 所提出的技术效率理论的。

简而言之，技术效率理论就是研究生产投入要素配置比例的一种理论。本研究所要探讨的林农经营规模效率即为技术效率，目的在于探究在林农的林业经营过程中，如何将林地、劳动力以及资金（购买生产物质资料的费用）的投入比例整合到最优，以期用最小的成本投入得到最大的产出。

第三节　农户经营行为主要理论

农户作为林地经营的主体，他们的行为直接影响着林地经营效率。所以，在分析农户行为是否理性及影响其行为理性因素时，国外学者做了持久深入的探讨。概括起来，目前研究农户经济行为的经典理论有以下两种学说，即“自给小农说”和“理性小农学说”。除此之外还有西蒙的“有限理性”和“满意”法则。

一、舒尔茨的“理性小农说”

以 T·W·舒尔茨（Theodore. Wiliam. Schultz）为主要代表的“理性小农”学派提出了“理性小农说”。1964 年，诺贝尔经济学奖得主美国经济学家舒尔茨在《改造传统农业》一书中指出，在市场完善的条件下，由于农民像“企业，商人”，无论在购买时还是在生产时都非常注意在不同行为的价值之间的比较后才进行行动，农民并不愚昧，他们是理性的，对价格和价值的反应是迅速的（舒尔茨，1964）。所以，农民在处理成本、收益和风险时是工于计算的经济主体。舒尔茨进一步指出传统农业的停滞、落后不是农民缺乏企业家的理性，而在于传统农业中对原有生产要素增加投资的收益率低，对储蓄和投资缺乏足够的经济刺激。这一理论常被概括为“理性小农学说”，其主要观点是：小农完全是理性的，可以合理安排其生产和消费；其生产和消费遵从企业生产理论、消费者行为理论。

二、恰亚诺夫的“自给小农说”

以A·V·恰亚诺夫(Alexander. V. Chayanov)为主要代表的“组织生产”学派从社会学角度观察农民的经济行为，提出了“自给小农学说”。19世纪末20世纪初，俄国形成了一个侧重于家庭农场生产组织和农业经济结构等问题分析的农经学派，被称为“组织生产”学派。恰亚诺夫提出了以小农经济模型为核心的农业经济微观理论。恰亚诺夫指出：家庭农场的运行机制以劳动的供给与消费的满足为决定因素，显然不同于资本主义农场；小农不是“农业工厂”，资本主义经济单元的经济核算基本公式(总收入－原材料－工资＝纯利润)不能用于家庭农场，资本主义经济学用来分析小农经济是不太合适的；由于劳动辛苦程度受制于主观评价，农民家庭式农场的生产，主要是为了满足其家庭的消费需要，并不会像资本主义经济单元那样追求最大利润，并不是在成本与收益之间进行权衡，而是基于有利原则追求一种独特的均衡。这种均衡取决于消费需求满足和劳动辛苦程度之间的比较(A·V·恰亚诺夫，1925，1996)。简而言之，恰亚诺夫认为在市场不完善的条件下，农户首先要考虑的是自我的消费，其生产行为受自我消费的影响，农民并不追求利润最大化，具有非理性的因素。

三、西蒙的“有限理性”和“满意”法则

美国诺贝尔奖得主H·A·西蒙(Herbert. A. Simon)从心理学角度出发，论证了人类行为的理性是在给定环境限度内的理性，有限理性是由人的心理机制决定的。他指出，传统经济理论假定的理性“经济人”只是一种理想模式，现实中是很难具备的，因为人类无法获取决策所需的全部信息，很难具备有一个很有条理的，稳定的偏好体系，难以拥有很强的计算能力，靠此能计算出在他们的备选行动方案中，哪个可以达到偏好尺度上的最高点(赫伯特·西蒙著，1989)。因而在决策中遵循的不是效用最大化的最优决策原则，而是“满意”原则。这就意味着决策者寻求可接受的选择方案，依据是他当时的满意度做出决策，只要对决策的目标和执行的手段基本满意，他们就会做出决定，开始行动，而不是通过考察所有可能的方案之后再选择效用最大的方案。西蒙认为，虽然人们试图实现最佳结果，但是他们的行为却受到“有限理性”的支配。所以，决策者本身是一个有自身偏好、寻求满意的决策单元，不能忽视人们的心理活动及其偏好所支配的人的行为的关系。

我国从20世纪80年代开始，研究学者就对农户经营行为进行了研究，取得了很多优秀成果。对农户经营行为进行了规律性的总结，对农户经营行为的特征与共性、农户经营行为的调整过程、农户经营行为的目标、农户的心态经营行

为、影响农户经营行为的力量等，都进行了研究和论述，提出了很多有意义的论点和结论，对制定农村经济政策起到了积极的作用。温铁军认为中国是农业大国，在国际农产品贸易中占有较大份额，但中国小农经济的农业是农业小国(温铁军，2000)所以，在某种程度上中国不是一个农业国家，是一个小农国家(何帆，2000)。在对中国小农经济大量调查研究的基础上，以黄宗智为代表的历史学派对农户经济行为的分析也较被许多学者所重视。其主要观点是农户在边际报酬极低时会继续投入劳动，这可能是因为农户没有边际报酬的概念；或者是因为农户家庭受耕地规模制约，相对而言家庭劳动剩余过多，又缺乏其他很好的就业机会，劳动的机会成本接近零。如黄祖辉、胡豹、黄莉莉(2005)运用农户行为模型及相关理论，对农户在农业结构调整中的决策行为特征及其影响因素进行了研究。林善浪(2005)根据问卷调查分析了农户耕地经营规模的结构、规模经营的意愿和行为特征。高新才和杨林(2001)从生产者和投资者两个角度系统分析了农户经营行为的一些特点：农户经营目标求稳且短期化；农户经营投资行为乏力；农户生产经营多样化、超小规模化。叶依广和俞跃伟(1998)认为我国现阶段农户经营行为的状况主要有以下几个方面：生产经营目标的双重性、理性与非理性并存；投入上短期化倾向严重；农户兼业化现象普遍；农户生产经营行为与市场预期同步化；农户小农经营意识依然存在。胡继连的《中国农户经济行为研究》、吴绍图的《中国农户投资行为分析》等文章，都对我国农户的经营行为进行了大量的分析研究。

第四节 生产效率的测算方法

一、DEA 方法简介

对于效率的测算方法的研究主要是始于 Farrell，他于 1957 年首次从投入的角度提出以生产前沿来测算技术效率。此后，许多学者基于不同的视角提出了不同的测算方法。S. N. Afriat 首次采用最大似然法建立了一个具有统计性质的前沿生产函数模型，J. Richmand(1974)则提出用修正的 OLS 来研究前沿生产函数，但上述的前沿模型在测算技术效率时，都是仅仅考虑生产过程中的技术因素，而未将非技术因素(生产环境、外部信息等)考虑其中，因此其测算结果存在一定的偏差。为了解决上述确定性前沿模型的缺陷，美国的 D. J. Aigner，C. A. Knox，Lovell 和比利时的 W. Meeusen 等两人都于 1977 年提出了利用随机性前沿生产函数模型来测算效率。著名的运筹学大师 A. Charnes 和 W. W. Cooper 等人则提出数据包络分析方法(DEA)来测算生产的相对效率的有效性，并在该方法的基础上

建立了 C^2R 和 C^2G^2S 两个模型。而 Fare 等(1985)在研究规模效益时也建立了基于非参数的成本费用方法的 FG 模型。此外，还有其他学者也建立了非参数边界法来测算技术效率，例如 Seiford 等(1990)建立的 ST 模型，但是 C^2R 和 C^2G^2S 是最常见的数据包络分析模型(王剑等，2009)。

国外对于经营规模效率方法的研究较多，主要可分为四大类：第一类是确定性参数边界法；第二类是确定性统计边界法；第三类是动态随机边界模型；第四类是确定性无参数边界法。前三类方法隶属于参数型前沿方法，它主要是根据对研究对象的整体特征进行假设，构建一个生产函数(限定了效率的前沿面的)，再根据收集得到的大量样本对生产函数进行参数估计，最终求得各个样本的经营规模效率，例如索洛余值法、CD 生产函数法、成本函数法等。自 1928 年 Cobb & Douglas 首次提出 C－D 生产函数以来，生产函数法在多产出形式、动态性和随机性等方面取得的许多突破性的进展(表 6-1)。

表 6-1　20 世纪参数方法常用的生产函数形式

年份	创始人	函数名称
1928	Cobb & Dougla	C－D 生产函数
1937	Dulaner	C－D 生产函数改进
1957	Solow	C－D 生产函数改进
1960	Solow	体现型技术进步生产函数
1961	Arrow	两要素 CES 生产函数
1967	Sato	两级 CES 生产函数
1968	Sato & Hoffman	VES 生产函数
1971	Christensen & Jorgenson	超越对数生产函数
1971	Diewert	广义列昂剔夫生产函数
1979	Brown，Caves & Christensen	多产出超越生产函数
1980	Greene	最大可能前沿生产函数

资料来源：黑迪．O，狄龙．L．农业生产函数[M]．背景：中国农业出版社，1991：34.

而确定性无参数边界法则是隶属于非参数前沿方法，它无须限定效率前沿面，也不需要预先构建严格的投入、产出的生产函数表达式。非参数前沿方法主要包括数据包络分析(DEA)和自由处置包(FDH)两种方法，其中，DEA 方法由于其能够处理多投入多产出的优点，在测算全要素生产率时广受学者青睐。

国内关于林业经营的效率问题的研究较少，且研究大多侧重于定性研究，多从农户经营行为中具体行为的单一角度进行分析，定量研究较少且样本量较小。主要有以下几种测算方法：

(一)投入产出法

它是由美国经济学家瓦西里·列昂惕夫(Wassily Leontief)提出的。研究一个经济单位或体系(国民经济、地区经济、部门经济、公司或企业经济单位)中各个部分之间投入与产出的相互依存关系的数量分析方法。1975 年 M. Grut 应用投入产出法分析了林业经营中的效率问题，1997 年 C. Price 应用 25 年的时间序列数据分析了英国林业的经营效率，认为林地与劳动力的机会成本对林业生产经营的有效性影响很大，如果机会成本较小，则林业经营是有效率的，并不存在明显的规模效应。2002 年 Ellen Moons 对林业生产经营过程中的经济收益和替代收益(如生态收益、社会收益)进行分析，认为林业生产的生态效率方面存在明显的规模效率。然而，生态效益很难准确地进行测量与评价。

(二)全要素生产率法

全要素生产率(Total Factor Productivity)又称为“索罗余值”，1957 年由美国经济学家罗伯特·索罗(Robert M. Solow)提出，是衡量单位总投入的总产量的生产率指标。即总产量与全部要素投入量之比。全要素生产率的增长率常常被视为科技进步的指标。全要素生产率的来源包括技术进步、组织创新、专业化和生产创新等。产出增长率超出要素投入增长率的部分为全要素生产率增长率。1993 年 Johan Z 对波兰 736 个私人农场的进行全要素生产率分析发现，大农场不会比小农场更有效益(Johan Z.，1996)，Nohuhiko (2007)发现印度东部农民小规模经营水稻在新品种的农地有技术上的效益，而在薄地(高地或中高地)上种植传统品种是接近生产前沿的。

(三)数据包络分析法

1978 年由著名的运筹学家 A. Charnes，W. W. Cooper 和 E. Rhodes 首先提出了一个被称为数据包络分析(Data Envelopment Analysis，简称 DEA)的方法，去评价部门间的相对有效性，属于全要素分析法中的非参数估计法(详见本书第六章第四节)。

在生产规模效率测算方法研究方面，DEA 非参数估计方法与参数方法相比较的明显优越性在于：除了可以判别有效决策单元(DMU)的生产规模报酬率，还可以判断无效决策单元的生产规模(郭京福，杨德礼，1998)，而且 Coelli (1996)提出的求解规模报酬非增(NIRS)的 DEA 模型还可以判断处于规模无效的决策单位所处的生产规模报酬阶段。此外，相对于传统经济学分析和评估方法，DEA 分析技术还具有以下优势(Banker 等，1984；魏权龄，1988，1989，1990；尹润生，1998，2000；刘璨，2003，2005；李扬等，2005)：使用 DEA 方法可以简单地将生产函数模型推广到多输入多输出的复杂系统中去；DEA 方法不要求对投入产出的函数形式做出假设；DEA 度量的效率是着眼于 Pareto 有效前沿面的，它度量的最好业绩是实际可以达到的；DEA 可以计算出第一决策单元的效率指数数；使用 DEA 不仅可以鉴别决策单元是否有效，还可以估计效率的具体程度。DEA 非参数估计方法与参数方法相比较的主要缺点在于稳定性较差和不方便用于预测(郭京福，杨德礼，1998)。在应用 EDA 模型测算和分析中国森林资源比较丰富的地区的林业经济效率方面，刘璨(2003，2005)做了开创性的研究。他运用随机边界生产函数和 DEA 分析了中国森林丰富且还处于贫困状况地区农村经济运行效率的情况，并对我国农户林业全素生产率及效率(经济总效率、技术进步、纯效率、规模效率)变化趋势作了实证研究。因而，应用 DEA 方法将林农林业生产经营的投入要素与产出要素进行研究，对林农林业经营规模效应进行测度、阶段判断与影响因素分析，在分析方法的应用方面也有一定的创新意义。

在 DEA 方法中有 CCR 和 BCC 两个常用的模型，CCR 模型衡量决策单元处于最优生产规模下的效率，规模既定报酬，BCC 模型衡量决策单元在可变规模下的效率。本研究应用产出导向的 BCC 模型如下：假设 DUM 有 m 种投入，s 种产出，中有 n 个 DMU，

$$Minz_{i0} = \sum_{i=1}^{m} V_i X_{ij0} + V_{j0}$$

$$s.t. \sum_{r=1}^{s} U_r Y_{rj0} = 1$$

$$\sum_{r=1}^{s} U_r Y_{rj} - \sum_{i=1}^{m} V_i X_{ij} - V_{j0} \leqslant 0$$

$$V_i \geqslant 0, U_r \geqslant 0 \qquad r=1,2,\cdots,s;\ i=1,2,\cdots,m;\ j=1,2,\cdots,n$$

Y_{rj} 表示第 j 个 DMU 的第 r 项产出；X_{ij} 表示第 j 个 DMU 的第 i 项投入；U_r 为第 r 个产出项权重，V_i 为第 i 个投入项的权重，ε 为阿基米德数(一个极小的正数)；

V_{j0} 代表规模报酬指标，因此，由 V_{j0} 可判断 DMU 的规模报酬所属阶段：

$V_{j0} \leqslant 0$ 时，该 DMU 处于规模报酬递增；

$V_{j0} = 0$ 时，该 DMU 处于规模报酬不变；

$V_{j0} > 0$ 时，该 DMU 处于规模报酬递减。

课题组采用 DEA 分析方法，对福建私有林经营调查的数据进行分析。表 6-2 给出了 BCC(VRS)模型中各个效率值的具体释义。

表 6-2　BCC(VRS)模型的效率值释义

效率值	释　义
经营规模效率	反映生产的相对技术有效性
纯技术效率	经营规模效率中短期内扣除规模因素后的经营效率
林地规模效率	判断决策单元是否处于最优经营规模状态

具有非阿基米德无穷小量 $\varepsilon>0$ 的 C^2R 模型如下：

$$
(D^I\varepsilon)\begin{cases}\min[\theta-\varepsilon(\hat{e}^TS^-+e^TS^+)],\\ \sum_{j=1}^{n}X_j\lambda_j+S^-=\theta X_0,\\ \sum_{j=1}^{n}Y_j\lambda_j-S^+=Y_0,\\ \lambda_j\geqslant 0, j=1,2,\cdots,n,\\ S^-\geqslant 0, S^+\geqslant 0.\end{cases}
$$

其中，θ 指决策单元综合效率值，$\hat{e}^TS^-$ 表示投入冗余值，e^TS^+ 表示产出不足值，运用数据当且仅当 $\theta=1$，$S^-=S^+=0$ 时，决策单元实现 DEA 有效。

二、Tobit 模型的基本原理

由 DEA 方法测算的林农经营规模效率值是处于 0 和 1 之间的数值，由于数据被截断，若此时用普通最小二乘法对模型直接回归，将导致参数的估计有偏差。而 Tobit 模型当中的变量既可以是连续变量，也可以是虚拟变量，主要应用于被解释变量的数值被限定在一定的范围内，由此可以克服普通最小二乘法的弊端。因此，在分析林农经营规模效率的影响因素及其作用大小时，可以采用 Tobit 模型。在 DEA 测算结果的基础上应用 Tobit 模型的来分析影响因素的方法即 DEA - Tobit 两步法最早是由 Coelli T. J. 在 1998 年提出的。它的基本原理是把 DEA 测算出来的效率值作为被解释变量，影响因素为解释变量纳入到模型当中，根据模型回归结果得出影响效率值的主要因素。这种方法在许多领域都得到了广泛的应用，如姚晋兰和毛定祥(2009)运用 DEA - Tobit 两步法来评价分析股份制商业银行效率，涂俊和吴贵生(2006)也同样运用这一方法来评价区域农业创新系统。

Tobit 回归分析是因变量受限模型(limited dependent variable)的一种，当因变量为切割值(truncated)或片断值(censored)时采用。Tobit 模型的一个重要特征是，解释变量 X_i 是可观测的(即 X_i 取实际观测值)，而被解释变量(Y)只能以受限制的。通过限值因变量模型 Tobit 模型来分析影响林农经营规模效率的影响因素，具体模型表达方式如下：

$$
Y=C+\sum_{1}^{27}C_iX_i+u
$$

在这个方程中，Y 为林农经营规模效率($1\geqslant Y\geqslant 0$)，是常数项，自变量 X_i 有 27 个，C_i 等是模型待估系数，u 为独立的随机扰动项，$u\sim N(0,\ \sigma^2)$。

第七章
用材林经营规模效率测算与评价研究
——以福建杉木为例

福建是我国重要的集体林区与速生丰产林基地，集体林权制度改革走在全国的前列，研究福建的用材林经营规模效率具有一定的代表性。杉木作为福建省用材林的主要树种之一，广受林农青睐，它主要具有以下几个特点：①生长快，经营周期短。据本课题组在上一个国家自然基金项目“私有林经营意愿与补贴制度”的研究中发现，杉木的经济成熟年限为17年，略短于马尾松的20年，虽然较长于桉树的7年，但是由于桉树对于土地肥力的损害较大，难以进行新一期的种植，因此林农在选择树种时往往更倾向于杉木。②产量高。一般而言20年生的杉木林分平均生长量每公顷可达$9\sim11m^3$，而对于一些立地条件好、面积较小的速生丰产林则可达到$15\sim30m^3$。③用途广。杉木的用途很广，在建筑、家具、器具、造船等各方面被广泛使用。此外，从2005～2008年期间福建省商品林产量情况上看，杉木产量始终维持在60%（表7-1），表明杉木依然是福建省林农经营用材林的主要树种。由此可知，本研究运用数据包络分析方法（DEA），测算福建省林农经营杉木的经营规模效率，这对于探析福建省用材林的经营规模效率具有一定的指导意义。

表7-1　2005～2008年期间福建省杉木产量情况

项目 \ 年份	2005	2006	2007	2008
商品林（m^3）	5607298	5973341	6181522	6563467
杉木（m^3）	3581543	3672239	3700783	3776754
杉木所占比重（%）	63.87	61.48	59.87	57.54

注：数据来源于福建省林业统计年鉴。

第一节　样本的选取

在此次针对杉木经营情况的调查中，本课题组深入福建各个地市，对其辖区内农户进行入户调查。但并非所有的样本农户都能够符合DEA方法测算的要求，样本需要达到一定的标准才能够进入模型进行测算。样本选取的标准主要基于以下3个方面：①选择样本农户所经营地块中最大的地块，原因是农户在最大地块上投入时间和精力较多，普遍能够代表其家庭的经营水平和效率；②本研究主要是研究杉木的生产效率，即要求所选取的样本对于杉木的投入产出量要相当明确；③在经营杉木的过程中，其主要投入在于前5~6年，即森林郁闭之前，由此，所选取的样本必须有种植杉木且生长年数在6年以上，即2003年以前种植的。参考以上三个标准，选出符合本研究要求的样本171户。因此，之后的实证分析都是围绕这171户有效样本展开的。

第二节　指标数据的选取与定义

本研究主要通过测算福建省杉木经营规模效率，以期求出杉木经营的最优规模。值得注意的是，这里的经营效率主要指全要素生产率，即不仅仅是指林地规模效率，同时也包括纯技术效率以及经营规模效率。本研究测算经营效率时所采用的方法是DEA测算方法，这种方法主要是探讨投入产出的效率问题，在测算之前投入指标和产出指标合理选取是相当重要的。DEA方法是一种基于投入产出的效率测算方法，为了测算林农经营杉木的效率，本研究构建了杉木经营规模效率评价指标体系，见表7-2。

表7-2　杉木经营规模效率评价指标体系

产出指标	投入指标	
林地出材量(m^3)	林地投入(亩)	林地面积
	资金投入(元)	种苗费，农药化肥使用费，林地使用费等
	劳动投入(工)	自投工数，雇工数

一、产出指标的定义及预处理

从表7-2可知，本研究主要是以木材出材量为产出指标。由于林业生产具有一定的特殊性：其成本投入主要集中在林木种植后的前5~6年，即林木郁闭之前。但木材的生长量却是每年在累计。因此，如果单纯将不同林分年龄的杉木的所花费的成本投入和当前产出放入模型计算其效率，所得到的结果必将产生较大的误差。由此，为了使得不同林分年龄的杉木的经营效率具有可比性，本研究采用章允清(2006)根据邵武市卫闽林场306个小班的杉木样本，所构建的基于不同立地条件(Ⅰ、Ⅱ、Ⅲ类地)、不同林分年龄的杉木蓄积量模型作为杉木自然生长模型以作参照标准。其模型如下：

Ⅰ 类地：$M = 460.5863 \times [1 - \exp(-0.082905t)]^{3.098856}$

Ⅱ 类地：$M = 308.64906 \times [1 - \exp(-0.12163t)]^{4.21772}$

Ⅲ 类地：$M = 311.010658 \times [1 - \exp(-0.09728t)]^{4.231095416}$

其中，M 为每公顷的蓄积量，t 为林分年龄。由于杉木的出材率一般是维持在70%左右，由此可得，杉木标准出材量模型：$V = 0.7 \times M$（V 即为单位面积出材量）。实际出材量和标准出材量的比值即为衡量林农经营水平高低的一项指标。由此可构建林农经营水平函数：Index = V'/V，其中，Index 为林农经营水平指数，V' 是杉木的单位面积实际出材量，具体结果见表7-3。

表7-3　林农经营水平指数

问卷编号	经营水平指数	问卷编号	经营水平指数	问卷编号	经营水平指数	问卷编号	经营水平指数	问卷编号	经营水平指数
L0301	0.02	S910	0.47	S909	0.65	S704	0.98	S801	1.33
L0402	0.03	L0603	0.48	N407	0.66	L0903	0.98	S4004	1.33
L0705	0.09	S912	0.49	S302	0.66	N405	0.98	N502	1.34
L1202	0.14	L0702	0.49	L0504	0.66	S4005	0.98	S4010	1.35
S513	0.17	N103	0.49	N105	0.67	S701	1.00	S715	1.35
L1004	0.19	S4009	0.50	N108	0.68	L0104	1.01	N703	1.36
L0602	0.22	L0905	0.50	L0802	0.68	N607	1.04	N701	1.36
L0203	0.22	L1105	0.51	N1005	0.72	N605	1.05	L1203	1.36
L0505	0.24	L1101	0.51	S516	0.73	S1004	1.05	L0901	1.37
L1002	0.26	S202	0.51	S514	0.73	N503	1.05	N104	1.37
L0601	0.26	S904	0.53	L1201	0.74	S303	1.06	N602	1.37
L0202	0.27	L0803	0.53	S308	0.75	S709	1.06	S1002	1.38
L0303	0.28	S512	0.53	S1015	0.76	S4007	1.08	S1003	1.38
L0106	0.29	L0807	0.53	S4012	0.77	S501	1.09	S901	1.38
L1102	0.30	L1103	0.54	S509	0.78	N903	1.10	N507	1.40
L0201	0.31	L0501	0.56	L0701	0.79	S502	1.12	N1301	1.40
L0605	0.31	S4014	0.56	N106	0.79	S314	1.13	L0902	1.40
L1104	0.32	L1204	0.57	N608	0.80	S510	1.18	N606	1.41
N102	0.33	L0706	0.57	S4013	0.82	S1011	1.18	N1302	1.42
L0806	0.33	N301	0.58	S1013	0.84	S203	1.19	N604	1.44
L0103	0.33	L1106	0.58	N401	0.87	L0904	1.19	L0707	1.44

（续）

问卷编号	经营水平指数	问卷编号	经营水平指数	问卷编号	经营水平指数	问卷编号	经营水平指数	问卷编号	经营水平指数
S511	0.34	L0907	0.59	S4011	0.87	S4017	1.20	S201	1.44
L0801	0.34	S306	0.59	S1012	0.87	S505	1.21	S908	1.45
S710	0.35	L0102	0.59	N305	0.88	L0503	1.21	S503	1.45
S903	0.38	S711	0.60	S1010	0.91	L0304	1.22	L0502	1.46
S506	0.40	L1001	0.61	S311	0.91	N303	1.22	N707	1.47
L0403	0.41	S515	0.61	N406	0.91	S304	1.22	S1001	1.49
N306	0.41	L0808	0.62	S1008	0.92	S703	1.22	N107	1.52
L0607	0.42	L0704	0.63	S4002	0.92	S905	1.24	S301	1.52
S508	0.44	N906	0.63	S907	0.93	S1005	1.25	S712	1.55
N101	0.44	S1009	0.64	S1016	0.95	L0805	1.27	N1002	1.56
S504	0.44	N905	0.64	N1006	0.95	L0305	1.28	南平平均值	0.998
S1006	0.44	N1001	0.64	L0804	0.95	N304	1.31	三明平均值	0.923
L1205	0.44	N1004	0.64	L0703	0.97	S305	1.32	龙岩平均值	0.620
L0906	0.44	S1017	0.65	N307	0.98	L1107	1.32	总平均值	0.834

注：问卷编号中最前面的字母 N、S 和 L 分别表示该样本来源于南平、三明和龙岩。

表 7-3 从小至大依次显示了不同林农经营水平指数，从中可知，在全部 171 户样本农户中，共有 109 个样本的经营水平指数低于 1，即 63.74% 的林地由于林农经营不善导致林地出材量低于标准产出，相应的有 36.26%（62 户）因为林农经营水平较高致使林地出材量高于标准产出。总体上看，林农的平均经营水平指数为 0.834，低于正常的经营水平指数 1，因此可知，福建省杉木用材林的经营水平有待进一步提高。此外，从三大林区的平均经营水平指数上看，以南平(0.998)最高，三明(0.923)次之，这两个地区林农的经营水平都很接近正常水平。但龙岩地区的平均经营水平指数仅为 0.620，远低于正常水平，这说明龙岩地区林农的经营水平有待进一步提升。

由此可知，产出指标设置的合理性直接关系测算结果的准确性。因此，本研究构建了林地出材量指数代替林地的木材产出指标，即林地出材量指数 = Index × 林地面积。

二、投入指标的定义及预处理

林农家庭经营杉木的投入指标有三个方面，主要包括林地投入、资金投入以及劳动投入：

(1)林地投入是指林农所经营的林地面积。

(2)资金投入主要是指在杉木生产经营过程发生的，必须计入其成本的投入(不包括劳动投入和土地投入)，主要包括种苗费、农药化肥使用费，林地使用费等；由于各个林农种植杉木的时期不同，因此为了消除物价指数变化对其的影响，本研究统一将与资金投入有关的费用全部转化为2008年现价。

(3)劳动投入主要是指林农在杉木经营过程中的实际用工量，它主要包括自投工和雇工两个方面。

三、投入指标与产出指标的相关性分析

为了验证投入指标与产出指标存在一定的相关性，本研究利用SPSS16.0软件对产出指标和投入指标的相关性进行了分析，具体结果见表7-4。

表7-4　林地出材量与各投入项的Pearson相关分析

	林地出材量指数	林地投入	资金投入	劳动投入
林地出材量指数	1.000			
林地投入	0.879 **	1.000		
资金投入	0.628 **	0.625 **	1.000	
劳动投入	0.654 **	0.826 **	0.737 **	1.000

注：** 表示相关系数在0.01的置信水平下显著(双尾)。

从表7-4可知，投入指标的各个指标——林地投入、资金投入和劳动投入与产出指标——木材出材量都在0.01的置信水平下显著，这表明这三大投入对于木材出材量都有较为显著的影响。其中，林地投入的相关系数最高，为0.879，这充分说明林农经营的林地规模在很大程度上决定了林地的出材量，由此可知，林地还是林业生产中最为主要的生产要素。

第三节　杉木用材林经营规模效率的测算与评价

一、DEA测算结果的总体评价

利用Coelli小组开发的专用软件DEAP2.1来测算基于投入导向的林农经营杉木的经营规模效率、纯技术效率和规模效率，具体测算结果见表7-8。

从总体上看，林农的经营规模效率的平均值仅为0.567，与运用DEA测算的最优值1相比，还有一定的差距，表明林农的经营水平还有待进一步提高。在

171 户样本农户中，仅有 10 户样本农户在纯技术效率和规模效率达到最优的基础上实现经营规模效率有效，即仅有 5.85% 的样本农户的经营规模处于最优，且投入产出比达到最优，有效样本所占比例相对较低。同时，从这 10 户经营规模效率有效的样本农户的林地规模分布上看，70%（7 户）的林地规模是在 20 亩以内的，表明小规模林业经营也是有效率的。

林农的纯技术效率的平均值为 0.641。效率值达到最优的样本农户共有 29 户，占总体样本的 16.96%，这部分农户在经营过程中实现了生产投入要素优化配置，充分发挥了生产投入要素的效用。纯技术效率有效的样本农户的林地规模主要分布在 20 亩以内的小规模经营区域和 100 亩以上的大规模经营区域，其中，15 户的林地规模是在 20 亩以内，占 51.72%，这主要是因为在小规模林业经营下，林农往往采取精耕细作的方式，对各个生产要素的投放量以及配置比例较为合理，要素的利用率较高，这也再次证明了小规模林业经营也是有效率的；另外，10 户的林地规模在 100 亩以上，占纯技术效率有效样本总体的 34.48%，这一部分样本则主要是经营规模达到一定程度后产生规模经济，引发出生产要素边际成本递减，进而提升单位生产要素的收益。

林农的林地规模效率的平均值为 0.901，接近于最优值 1，表明当前大部分林农只需对所经营的规模稍微调整即可达到最优规模。在 171 户样本林农中，仅有 9.94%（19 户）的林农经营处在的规模报酬不变阶段，其中 10 户的生产规模是落在最优的生产前沿面上，即林农的生产要素达到了最为合理的配置比例，且也处于最佳的经营规模状态下。而其余的 9 户虽然当前已处于最优的经营规模，但是由于其生产要素的配置比例并不合理，生产要素的潜力并未得到充分发挥，导致其经营规模效率没有达到最优。

表 7-5 显示了不同经营规模下林农所处规模报酬阶段的分布情况。从中可知，林地规模效率无效的林农共有 152 户，其中处于规模报酬递增阶段和规模报酬递减阶段的林农各占一半，分别为 76 户。通过分析规模报酬阶段与林地规模的关系可知，林地规模区域在 13 亩以内的样本农户，共有 64 户，其中 52 户处于规模报酬递增阶段，8 户处于规模报酬不变阶段，4 户处于规模报酬递减阶段，表明在此经营规模区域内大部分林农应当适度加大生产要素的投入规模，以扩大经营规模，进而提高要素的边际收益，最终达到最优经营规模；而林地规模区域在 14～30 亩之间的林农共有 48 户，处于规模报酬不变阶段的林农仅为 12.50%（6 户），而处于规模报酬递增阶段和规模报酬递减阶段的林农的比例都比较高，分别占 41.67% 和 45.83%，这表明在此经营规模区域内，由于不同农户的管理水平和在生产要素的配置能力等方面都存在较大差异，由此产生两极化现象：部分农户由于自身经营能力过低，难以应付当前其所经营的规模，进而呈现出规模

报酬递减趋势。相反的，另外一些农户的经营管理能力较强，但受限于过小的经营规模，呈现出规模报酬递增现象，应当适度的扩大其经营规模，才得以充分发挥其在经营管理和合理配置生产要素等方面的优势，提高林业经营收益；在30亩以上的规模区域的林农共有76户，其中84.75%的林农处于规模报酬递减阶段，表明此规模区域内的大部分林农由于所经营的林业规模过大，导致其在经营管理上顾不暇接，进而导致规模不经济现象产生。因此，这部分林农应当缩小经营规模，提高林业经营效益。

表7-5　林农所处规模报酬阶段的分布情况

经营规模	样本总量（户）	规模报酬递增		规模报酬不变		规模报酬递减	
		户数	比重	户数	比重	户数	比重
13亩以下	64	52	81.25%	8	12.50%	4	6.25%
14~30亩	48	20	41.67%	6	12.50%	22	45.83%
30亩以上	59	4	6.78%	5	8.47%	50	84.75%
共计	171	76	44.44%	19	11.11%	76	44.44%

二、样本农户三大效率与生产要素的关系详析

经营规模效率可分解为纯技术效率和林地规模效率。纯技术效率主要体现的是生产要素投入产出比的合理性，即要素的配置效率。林地规模效率则主要体现的是生产要素投入规模与当前的林业生产水平以及林农经营管理能力等独立于生产要素之外的因素之间的协调关系，即判断农户的林业经营规模是否处于最优状态。由此可知，影响经营规模效率的最主要因素在于生产要素投放比例的合理性以及投入规模的适度性。当林农的经营规模效率达到最优，即效率值为1时，生产要素的配置比例最为合理，林农经营规模处于最优状态，生产要素的边际收益为0，林地的产出收益达到最大。当林农的经营规模效率非达到最优时，或因生产要素的配置不合理，或因生产要素投入规模并非处于最优状态，或这两种情况共同存在，导致要素的边际收益不为0，林地的产出收益未达到最大。

由此可知，林农经营规模效率、纯技术效率以及林地规模效率主要是由投入的要素和相应的生产技术条件所决定的。因此，为了进一步了解致使林农经营效率无效的原因所在，本研究分别以农户经营林业的三大效率值为被解释变量，以林地、资金和劳动力等三大要素为解释变量，利用调研收集而来的样本农户(无效的决策单元)的数据，构建出CD生产函数，进一步分析各要素投入对效率的影响。而生产技术条件对林农经营效率的影响将会在后面的章节单独进行详细分析，在此先不作讨论。在采用横截面数据估计CD生产函数中各大生产要素对产

出的弹性系数时，不存在类似于时间序列数据估计时的各大要素之间的多重共线性问题，可直接进行参数估计。此外，采用横截面数据对生产函数进行估计，数据都是同一年份，因此基本上可以消除社会进步以及市场行为(价格、供需情况等)对生产效率的影响。

基于横截面数据的生产函数的原型如模型(7-1)所示：

$$Y = A \cdot M^{\alpha} K^{\beta} L^{\gamma} \tag{7-1}$$

其中，Y 表示林农经营效率处于非最优状态下的经营规模效率，纯技术效率和林地规模效率，M 为林地面积(亩)，K 为资金(元)，L 为劳动力(工)，α、β、γ 分别表示林地、资金和劳动力对于林农经营规模效率的贡献程度。A 即表示当前的林业生产技术水平。

模型(7-1)是非线性的生产函数，无法直接进行参数估计，必须将其转化为线性的。由此，对于方程两边求对数，即可得到：

$$\mathrm{Ln}(Y) = \mathrm{Ln}(A) + \alpha \mathrm{Ln}(M) + \beta \mathrm{Ln}(K) + \gamma \mathrm{Ln}(L) \tag{7-2}$$

利用 EVIEWS5.0 软件，采用最小二乘法对模型(7-2)进行估计，结果见表 7-6。

表 7-6　三大效率和三大要素之间的 CD 生产函数关系

变量	模型(7-3)		模型(7-4)		模型(7-5)	
	经营规模效率		纯技术效率		林地规模效率	
	系数	显著性	系数	显著性	系数	显著性
Ln(A)	-1.382	0.0000 ***	-0.645	0.0029 ***	-0.909	0.0000 ***
Ln(林地)	-0.182	0.0215 **	-0.173	0.0206 **	-0.180	0.0013 ***
Ln(资金)	0.050	0.0004 ***	0.079	0.0024 ***	0.080	0.0000 ***
Ln(劳动力)	0.145	0.0590 *	0.023	0.7332	0.126	0.0192 **
方程的统计检验值	R2 = 0.098；DW = 1.914 F = 5.713；Prob(F) = 0.001		R2 = 0.098；DW = 1.958 F = 5.001；Prob(F) = 0.002		R2 = 0.345；DW = 1.814 F = 26.00；Prob(F) = 0.000	

注：*** 表示在 99% 的置信区间内显著，** 表示在 95% 的置信区间内显著，* 表示在 90% 的置信区间内显著。

从模型估计的检验值上看，模型(7-3)、模型(7-4)、模型(7-5)的拟合系数 R2 都不高，这主要是因为模型拟合所采用的数据是横截面数据，由于拟合出的模型目的不在于预测，因此拟合系数 R2 较低不会对分析结果产生太大影响。三个模型的 DW 值都接近于 2，表明变量之间不存在自相关关系。模型的整体显著性的检验值 F 都比较大，都在 99% 的置信区间内显著，模型中变量之间的关系稳定。

从模型估计的结果上看，常数项 Ln(A)体现的是林业生产技术水平系数，而三个模型的常数项系数都为负数，表明当前农户的林业生产技术还是处于一个相对较低的水平，有待进一步提高。

从三大要素对效率的贡献率上看：首先，林地投入与经营规模效率、纯技术效率和林地规模效率的关系都很显著，且系数都为负，随着林地规模的扩大，林农的经营效率递减。递减的主要原因是纯技术效率和林地规模效率的递减。随着林农所经营的林地面积的扩大，林农就不得不放弃精耕细作的经营方式，转而采取高投入高产出的方式来经营林业，而高投入高产出的经营方式不可避免的导致大量生产要素的浪费，要素的配置越加的不合理，其直接体现就是纯技术效率的递减。此外，林地规模的扩大与当前的生产力水平和林农经营管理能力之间的不协调性将会不断被加深，导致林农的经营规模呈现规模不经济现象，经营规模效率不断递减。由此可知，林农不应单纯地追求大规模林业经营，而应在当前的生产力水平下，充分考虑自身所拥有的一切资源，在其所能够承受的范围内选择一个适度的规模进行经营。

其次，资金对于经营规模效率、纯技术效率和林地规模效率的贡献弹性依次为0.050、0.079和0.080，都通过0.01的显著性水平。资金的弹性系数都为正，表明资金对经营规模效率、纯技术效率和林地规模效率的作用都是正向的，具体原因如下（本研究的资金主要包括种苗费、化肥农药使用费以及林地使用费等）：种苗的好坏关系到种苗的存活率和之后的木材的产出量。一般而言，在种苗上花费越大，证明种苗越好，其产出也就越大，其经营效率也就越高。化肥农药的使用有助于增强土地的肥力，增加林地木材产出。化肥农药投入的越多，林地木材产出也相应较多。林地使用费对于林农经营效率的影响必须分两种情况进行分析：当前林地使用费主要以两种形式收取，一种是对于20世纪八九十年代时期被承包的林地，当时规定每年收取5～15元/亩的林地使用费，这个收取标准相对于林地所能带来的收益来讲，是极其低的，几乎可以忽略不计，不足于对经营效率产生太大影响；另一种情况，是根据采伐时林地出材量的百分比收取，此时林地使用费越高，证明林地的出材量越高，林农的经营效率也就越高。

第三，劳动力与经营规模效率和林地规模效率的关系都是显著的，而与纯技术效率的关系是不显著的，这主要是因为在短期内，固定要素（土地）的生产潜力无法完全得到充分发挥，导致劳动力的投入无法与之合理配置。而劳动力与经营规模效率和林地规模效率的关系都是呈现正相关关系，这表明劳动力投入越多，其经营效率和林地规模效率就越大。这主要是因为劳动力投入越多，表明农户更加关注与林业经营，在经营上所花费的精力就越大，相应的效率就越高。

三、样本农户产出不足和投入冗余详析

通过对样本农户中投入冗余和产出不足的现象(表 7-9)进行分析发现：有 17 户样本农户存在产出不足现象，而这 17 户样本农户的经营水平指数的平均值仅为 0. 380，远低于不存在产出不足现象的样本农户的经营水平指数的平均值 0. 884，这表明引起产出不足的一个重要原因是由于林农的经营水平低、经营方式粗放所导致。具体表现在造林更新时不注重种植密度合理性，以及在之后的抚育以及后期的森林管护上所花费的精力不够，致使森林长势不好或者木材被盗伐现象严重，最终导致木材产出率低；此外，样本农户存在产出不足的现象也可能是因为林地、资金或者劳动力等生产要素投入过多，而导致林地木材产出的相对不足。通过对这 17 户存在产出不足现象的样本农户的进一步观察发现，其中有 7 户样本农户只存在产出不足现象而没有存在投入冗余现象，这表明这 7 户样本农户的林地产出不足的原因主要在于其经营水平低下所致，其经营水平指数的平均值为 0. 442，高于 17 个样本农户的平均值 0. 380。而其余 10 户存在生产要素投入冗余现象的样本农户之所以产生林地产出不足现象，既是由生产要素投入过多导致林地产出相对不足所造成的，又是林农因自身经营管理水平低下所引起的。

表 7-7 用材林经营过程中的生产要素的投入冗余分析

	是否存在冗余现象	样本数	比重(%)	产出不足和投入冗余量的平均值	单位木材产出的要素投入量的平均值	差额
林地投入冗余(亩)	存在	20	11. 70	17. 672	7. 140	5. 649
	不存在	151	88. 30	0	1. 491	
资金投入冗余(元)	存在	49	28. 66	14768. 79	1187. 295	1009. 31
	不存在	122	71. 34	0	177. 986	
劳动力投入冗余(工)	存在	92	53. 80	256. 961	36. 972	20. 860
	不存在	79	46. 20	0	16. 112	

表 7-7 显示了生产要素投入冗余情况，从中可以发现，林农在经营林业过程中生产要素投入过多的现象相当严重。调查数据分析表明，在 171 户样本农户中存在林地、资金和劳动力投入冗余的农户分别有 20 户、49 户和 92 户，分占总样本的 11. 70%、28. 66% 和 53. 80%，其中存在劳动力投入冗余现象的农户超过半数，表明林农经营过程中劳动力资源浪费现象较为严重。此外，在对林农经营过程中要素投入冗余量的分析可知，存在要素投入冗余现象的林农在林地、资金和劳动力上分别平均多投入了 17. 672 亩、14768. 79 元、256. 961 工。林农在生

产要素投入过多的现象也反映在每单位木材产出所需的生产要素投入量上，存在冗余现象的林农在林地、资金和劳动力的投入量平均分别要多投入 5.649 亩、1009.309 元、20.860 工。生产要素的过多投入将直接加大林农经营成本，降低林业收益，也在一定程度将不可避免的挫伤林农继续经营林业的积极性，不利于我国林业的可持续发展。因此，林业部门主动下乡指导林农相关的林业生产技术或提供一些免费的培训，尤其是在生产要素配置方面的技术指导和相关培训，以提高林农的经营管理水平。同时，林农也要努力提高自身素质，通过观看一些林业生产经营相关方面的书籍、报纸杂志或者广播电视，拨打 969155 等农业服务热线，或向有经验的老农户请教等方式主动了解和学习林业生产经营的相关信息，提高自身的林业经营管理水平，优化生产要素的配置结构，减少生产过程中不必要的要素投入，进而提高要素的产出效率。

表 7-8 样本农户的经营规模效率、纯技术效率、规模效率和规模报酬阶段

Nu	TE	PTE	SE	SRS	Nu	TE	PTE	SE	SRS
N101	0.289	0.3	0.963	Drs	S710	0.245	0.255	0.958	irs
N102	0.221	0.223	0.989	Irs	S711	0.387	0.393	0.986	drs
N103	0.337	0.339	0.996	Irs	S712	1	1	1	–
N104	0.881	0.903	0.976	Drs	S715	0.911	0.916	0.995	drs
N105	0.428	0.437	0.981	Drs	S901	0.888	0.9	0.987	irs
N106	0.51	0.518	0.984	Drs	S903	0.248	0.272	0.911	irs
N107	1	1	1	–	S904	0.339	0.341	0.993	drs
N108	0.439	0.442	0.993	Drs	S905	0.797	0.813	0.981	drs
N502	0.88	0.915	0.961	Irs	S907	0.618	0.635	0.973	drs
N503	0.682	0.689	0.989	Irs	S908	0.93	0.95	0.979	drs
N507	0.96	1	0.96	Drs	S909	0.419	0.42	0.998	irs
N903	0.72	0.722	0.998	Irs	S910	0.3	0.303	0.991	irs
N905	0.413	0.414	0.998	Drs	S912	0.331	0.381	0.868	irs
N906	0.407	0.419	0.972	Drs	S4002	0.633	0.634	0.999	irs
N301	0.389	0.392	0.991	Irs	S4004	0.882	0.882	1	–
N303	0.809	0.816	0.992	Drs	S4005	0.675	0.677	0.997	irs
N304	1	1	1	–	S4007	0.742	0.743	0.999	irs
N305	0.618	0.635	0.972	Irs	S4009	0.324	0.341	0.949	drs
N306	0.275	0.285	0.966	Irs	S4010	0.866	0.869	0.997	drs
N307	0.653	0.666	0.98	Irs	S4011	0.589	0.589	0.999	irs

（续）

Nu	TE	PTE	SE	SRS	Nu	TE	PTE	SE	SRS
N602	0.92	1	0.92	Drs	S4012	0.496	0.498	0.995	irs
N604	0.934	0.951	0.983	Drs	S4013	0.526	0.532	0.99	drs
N605	0.676	0.689	0.982	Drs	S4014	0.363	0.371	0.978	drs
N606	0.914	0.942	0.97	Irs	S4017	0.771	0.782	0.986	drs
N607	0.726	0.731	0.993	Irs	S801	0.874	0.874	1	–
N608	0.557	0.578	0.965	Irs	L0301	0.019	1	0.019	irs
N401	0.823	1	0.823	Drs	L0303	0.191	0.468	0.407	irs
N405	0.631	0.641	0.985	Drs	L0304	0.854	0.886	0.963	irs
N406	0.617	0.623	0.991	Drs	L0305	1	1	1	–
N407	0.441	0.462	0.955	Irs	L0701	0.509	0.52	0.979	drs
N1001	0.456	1	0.456	Drs	L0702	0.37	0.372	0.996	irs
N1002	1	1	1	–	L0703	0.626	0.638	0.98	drs
N1004	0.414	0.415	0.998	Irs	L0704	0.434	0.451	0.963	drs
N1005	0.499	0.508	0.981	Irs	L0705	0.059	0.06	0.983	irs
N1006	0.632	0.647	0.976	Drs	L0706	0.368	0.383	0.962	drs
N701	0.895	0.943	0.949	Drs	L0707	0.984	0.985	0.999	irs
N703	0.904	0.936	0.966	Drs	L0601	0.361	1	0.361	irs
N707	0.944	0.972	0.971	Drs	L0602	0.15	0.205	0.731	irs
N1301	0.901	0.907	0.994	Irs	L0603	0.329	0.33	0.996	irs
N1302	0.947	1	0.947	Drs	L0605	0.205	0.206	0.995	irs
S501	0.742	0.842	0.881	Drs	L0607	0.579	1	0.579	irs
S502	0.754	0.764	0.986	Drs	L0402	0.019	0.629	0.03	irs
S503	1	1	1	–	L0403	0.307	1	0.307	irs
S504	0.282	0.282	1	–	L0501	0.379	0.38	0.997	drs
S505	1	1	1	–	L0502	0.938	0.953	0.985	drs
S506	0.265	0.354	0.748	Irs	L0503	0.853	0.858	0.994	irs
S508	0.283	0.3	0.945	Drs	L0504	0.439	0.448	0.982	drs
S509	0.543	0.544	0.998	Irs	L0505	0.165	0.166	0.991	drs
S510	0.831	0.882	0.942	Irs	L1101	0.337	0.338	0.998	drs
S511	0.241	0.608	0.396	Irs	L1102	0.192	0.194	0.994	drs
S512	0.371	0.374	0.993	Irs	L1103	0.384	0.588	0.653	irs

（续）

Nu	TE	PTE	SE	SRS	Nu	TE	PTE	SE	SRS
S513	0. 123	0. 239	0. 513	Irs	L1104	0. 208	0. 21	0. 993	drs
S514	0. 512	0. 746	0. 686	Irs	L1105	0. 327	0. 338	0. 969	drs
S515	0. 429	0. 629	0. 682	Irs	L1106	0. 38	0. 394	0. 965	drs
S516	0. 511	0. 786	0. 65	Irs	L1107	0. 929	0. 932	0. 997	drs
S301	0. 982	1	0. 982	Drs	L1201	0. 526	1	0. 526	irs
S302	0. 457	0. 643	0. 71	Irs	L1202	0. 163	1	0. 163	irs
S303	0. 738	0. 739	0. 998	Irs	L1203	0. 867	1	0. 867	irs
S304	0. 785	0. 802	0. 98	Drs	L1204	0. 365	0. 372	0. 979	drs
S305	0. 847	0. 865	0. 979	Drs	L1205	0. 311	0. 33	0. 942	irs
S306	0. 404	0. 45	0. 898	Irs	L0801	0. 24	0. 244	0. 987	irs
S308	0. 481	0. 49	0. 981	Drs	L0802	0. 469	0. 472	0. 994	irs
S311	0. 582	0. 593	0. 981	Drs	L0803	0. 4	0. 407	0. 984	drs
S314	0. 723	0. 737	0. 981	Drs	L0804	0. 651	0. 656	0. 993	drs
S201	0. 952	0. 977	0. 974	Drs	L0805	1	1	1	-
S202	0. 33	0. 334	0. 988	Drs	L0806	0. 254	0. 275	0. 922	irs
S203	0. 767	0. 782	0. 981	Drs	L0807	0. 355	0. 355	0. 999	-
S1001	0. 957	0. 975	0. 981	drs	L0808	0. 433	0. 438	0. 988	irs
S1002	0. 912	0. 922	0. 988	irs	L0901	0. 89	1	0. 89	drs
S1003	0. 885	0. 898	0. 986	drs	L0902	1	1	1	-
S1004	0. 744	0. 843	0. 883	drs	L0903	0. 629	0. 639	0. 985	drs
S1005	0. 802	0. 817	0. 982	drs	L0904	0. 85	1	0. 85	irs
S1006	0. 293	0. 414	0. 707	irs	L0905	0. 356	1	0. 356	irs
S1008	0. 614	0. 629	0. 975	drs	L0906	0. 316	1	0. 316	irs
S1009	0. 425	0. 427	0. 997	drs	L0907	0. 377	0. 385	0. 98	drs
S1010	0. 583	0. 595	0. 979	drs	L1001	0. 423	0. 423	1	-
S1011	0. 804	0. 846	0. 951	drs	L1002	0. 181	0. 193	0. 941	irs
S1012	0. 56	0. 566	0. 99	drs	L1004	0. 136	1	0. 136	irs
S1013	0. 543	0. 553	0. 981	drs	L0201	0. 214	0. 224	0. 958	irs
S1015	0. 535	0. 535	1	-	L0202	0. 186	0. 186	0. 998	-
S1016	0. 669	0. 724	0. 924	drs	L0203	0. 189	0. 534	0. 353	irs
S1017	0. 461	0. 469	0. 982	irs	L0103	0. 23	0. 415	0. 555	irs

（续）

Nu	TE	PTE	SE	SRS	Nu	TE	PTE	SE	SRS
S701	0.643	0.653	0.984	drs	L0102	0.414	0.427	0.968	irs
S703	0.795	0.795	1	-	L0104	1	1	1	-
S704	0.697	1	0.697	irs	L0106	0.204	0.259	0.789	irs
S709	0.683	0.683	1	-	平均值	0.567	0.641	0.901	—-

注：Nu.：问卷编号；TE：经营规模效率；PTE：纯技术效率；SE：规模效率；SRS：规模报酬阶段。

表 7-9 产出不足和投入冗余的决策单元以及调整量

编号	S-	S1+	S2+	S3+	编号	S-	S1+	S2+	S3+
N101	0	0	9819.29	0	S710	0	0	0	31.336
N102	0	0	0	0	S711	0	0	0	10.755
N103	0	0	0	0	S712	0	0	0	0
N104	0	0	5423.49	0	S715	0	0	0	0
N105	0	0	24129.6	153.565	S901	0	0	0	0
N106	0	0	10537.4	0	S903	0	0	0	13.813
N107	0	0	0	0	S904	0	0	1163.785	108.38
N108	0	0	0	0	S905	0	0	6062.95	9.043
N502	0	0	6199.95	0	S907	0	0	0	127.128
N503	0	0	0	60.42	S908	0	0	0	492.164
N507	0	0	0	0	S909	0	0	5808.46	17.752
N903	0	0	0	0	S910	0	0	0	0
N905	0	0	0	0	S912	0.015	0	0	14.295
N906	0	0	32999.8	0	S4002	0	0	0	97.207
N301	0	0	0	0	S4004	0	0	0	0
N303	0	0	0	0	S4005	0	0	0	27.815
N304	0	0	0	0	S4007	0	0	0	70.578
N305	0	0	0	58.301	S4009	0	0	0	1402.25
N306	0	0	0	26.378	S4010	0	0	5258.53	34.931
N307	0	0	0	0	S4011	0	0	0	34.257
N602	0	0	0	0	S4012	0	0	31.014	22.346
N604	0	0	0	10.109	S4013	0	0	3005.91	24.875
N605	0	0	6017.07	14.648	S4014	0	0	34810.3	0

（续）

编号	S-	S1+	S2+	S3+	编号	S-	S1+	S2+	S3+
N606	0	0	251.889	0	S4017	0	0	1207.21	46.287
N607	0	0	0	5.242	S801	0	0	0	0
N608	0	0	0	0	L0301	3.67	7	0	48
N401	0	0	0	0	L0303	1.05	1.681	475.733	0
N405	0	0	6567.61	395.689	L0304	0	0	0	0
N406	0	0	0	32.142	L0305	0	0	0	0
N407	0	0	0	29.825	L0701	0	0	39610	0
N1001	0	0	0	0	L0702	0	0	0	0
N1002	0	0	0	0	L0703	0	0	110873.1	227.082
N1004	0	0	3989.05	71.06	L0704	0	0	0	0
N1005	0	0	0	0	L0705	0	0	0	0
N1006	0	0	0	189.811	L0706	0	0	29065.1	0
N701	0	0	0	1103.00	L0707	0	0	0	0
N703	0	0	0	245.536	L0601	0	110.51	0	1766.49
N707	0	0	10218.7	0	L0602	0.48	0	0	2.488
N1301	0	0	1146.83	4.499	L0603	0	0	0	0
N1302	0	0	0	0	L0605	0	0	0	0
S501	0	0	20528.3	0	L0607	0	39.974	0	349.433
S502	0	0	0	57.907	L0402	3.57	3.286	901.481	0
S503	0	0	0	0	L0403	0	6.832	0	76.028
S504	0	0	8734.23	52.586	L0501	0	0	0	0
S505	0	0	0	0	L0502	0	0	0	131.927
S506	0.16	0	0	13.482	L0503	0	0	0	45.883
S508	0	0	24621.0	0	L0504	0	0	0	56.859
S509	0	0	0	0	L0505	0	0	0	38.098
S510	0	0	0	12.249	L1101	0	0	0	3.96
S511	1.76	0	0	2.846	L1102	0	0	0	21.053
S512	0	0	0	0	L1103	1.074	0	0	11.742
S513	1.35	0.59	39.975	0	L1104	0	0	0	138.717
S514	0.19	0.73	78.787	0	L1105	0	0	0	514.737
S515	0.17	0.77	78.888	0	L1106	0	0	0	237.458

（续）

编号	S－	S1＋	S2＋	S3＋	编号	S－	S1＋	S2＋	S3＋
S516	0.94	0.14	50.307	0	L1107	0	0	0	106.479
S301	0	0	0	0	L1201	0	12.251	0	326.875
S302	0.50	0	0	22.976	L1202	0	126.18	0	2821.05
S303	0	0	0	165.746	L1203	0	0	0	0
S304	0	0	0	2848.09	L1204	0	0	19144.1	875.602
S305	0	0	27503.2	1116.98	L1205	0	0	0	30.168
S306	0	0	0	0.403	L0801	0	0	0	50.315
S308	0	0	20228.1	260.4	L0802	0	0	0	0
S311	0	0	52292.7	1214.56	L0803	0	0	0	0
S314	0	0	54028.1	407.257	L0804	0	0	0	41.348
S201	0	0	0	112.197	L0805	0	0	0	0
S202	0	0	17588.1	348.105	L0806	0	0.895	0	0
S203	0	0	2749.03	681.944	L0807	0	0	0	0
S1001	0	0	2105.54	202.712	L0808	0	0	0	0
S1002	0	0	0	0	L0901	0	0	0	0
S1003	0	0	1604.65	0	L0902	0	0	0	0
S1004	0	0	0	0	L0903	0	0	3408.25	109.644
S1005	0	0	0	549.072	L0904	0	2.487	0	150.919
S1006	0.28	0	0	4.777	L0905	0	4.895	0	332.768
S1008	0	0	0	200.796	L0906	0	6.587	0	223.152
S1009	0	0	0	0	L0907	0	0	1038712	77.558
S1010	0	0	2706.74	0	L1001	0	0	0	213.956
S1011	0	0	0	150.622	L1002	0	0	0	66.649
S1012	0	0	0	21.005	L1004	0.03	17	0	298
S1013	0	0	592.579	200.417	L0201	0	0	0	0
S1015	0	0	0	155.767	L0202	0	0	0	0
S1016	0	0	0	0	L0203	0	7.64	183.694	0
S1017	0	0	0	32.771	L0103	0.51	1.151	147.842	0
S701	0	0	5771.25	303.543	L0102	0	0	0	0
S703	0	0	0	0	L0104	0	0	0	0
S704	0	2.84	0	93.193	L0106	0.393	0	39.457	0
S709	0	0	0	28.144					

注：S－表示林地产出不足；S1＋表示林地投入冗余；S2＋表示资金投入冗余 S3＋表示劳动力投入冗余。

第八章
竹林经营规模效率测算与评价研究
——以福建毛竹为例

竹林是私有林重要的组成部分，课题组的调研显示，林农对竹林的经营意愿很高。由于竹林的经营周期相对较短，加上在当前情况下，竹林经营的经济效益具有“短平快”的特点，即周期短、收益平稳、见效快，因此林农对于竹林的经营热情较高。对竹林经营规模效率的测算与评价有助于进一步理清竹林经营规模效率问题，比较其与其他林种经营规模效率的异同。

第一节　投入产出变量的选择与定义

在 DEA 方法中有 CCR 和 BCC 两个模型，CCR 模型衡量决策单元处于最优生产规模下的效率，即既定规模报酬，BCC 模型衡量决策单元在可变规模下的效率。当前农村市场经济的不断发展，农村劳动力大量转移以及土地流转市场的逐渐形成，都为毛竹林地经营规模效率提高创造了条件。所以不太适合用 CCR 模型分析固定规模报酬，而可变规模报酬的 BCC 模型比较符合实际情况，可以用来进行毛竹林地经营规模效率的测算。同时，BBC 模型将综合规模效率分解为纯技术效率(pure technical efficiency)与规模效率(scale efficiency)，可以直接对毛竹经营中生产要素的整体规模效率做出评价。

基于竹农的分析视角，毛竹经营规模效率的评价既要保证毛竹生产最基本的目标——经济效益，又要保证广大竹农的收益不断增长和生产的可持续性发展。因此，毛竹规模效率评价指标体系的建立要以毛竹规模效率的自然属性特征为基础，并结合毛竹规模效率的经济、社会属性特征。所以，建立如下指标体系(表 8-1)：

(1)产出指标：对于微观主体竹农而言，实现林地收益的最大化是其从事毛竹生产经营的重要目标，因此，在衡量毛竹林地经营规模效率时，本研究选择毛竹林地产品产出总和，即农户家庭当年从事毛竹生产经营的所有货币收入。包括样本地的直接收入：竹材产出，春笋产出、冬笋产出、笋干产出；还包括样本地间接收入，如竹笋相关的加工业、服务业以及立体养殖鸡鸭等。

表 8-1 毛竹经营规模效率评价指标体系

指标		指标细分
产出指标	林地产出(元)	样本地的直接收入+间接收入
投入指标	林地投入(亩)	林地面积
	劳动力投入(工时)	年投工
	资本投入(元)	林地使用费、雇工费、化肥投入费用、病虫害防治费用、林木防火费用、林道维护费用、管护费用、其他经营设施费用等

(2)投入指标：传统生产理论认为，任何生产的投入可以概括为三大要素类：土地、劳动、资本。其实更重要的要素还有科技进步，但在实际中，科技进步往往是物化在劳动和资本两大要素上①，所以此处投入指标就取定以上三大要素：第一，林地投入选取样本竹农家庭毛竹的林地面积。毛竹林地面积基本反映了其家庭林地的经营规模。第二，劳动力投入选取竹农家庭当年从事毛竹生产经营的实际用工量。为了更真实反映毛竹林地的劳动力投入，本研究选择家庭毛竹生产的实际用工量——投入工时。在数值上等于家庭所有劳动力从事毛竹生产的用工总天数(劳动力人数×劳动天数)和换工总天数(换工人数×换工天数)之和。第三，资本投入是竹农从事毛竹生产经营投入中的现金支出部分，即在毛竹地生产过程中发生的、可以直接计入其成本中的投入，资本投入的多少在很大程度上决定了当年毛竹的生产成本，包括林地使用费、雇工费、苗木费、化肥农药投入费等费用。

第二节 DEA 模型下福建毛竹经营规模效率的测算

本研究对毛竹经营规模效率的测算主要以对福建省竹农问卷调查的数据为基础，根据实际情况，从实地访谈及问卷调查获得的数据中，科学选取有效数据，剔除一些数据缺失的决策单元，最终选取了 95 个决策单元(选择所调查竹农经营的一块土地为一个决策单元，以地块单位面积上的投入和产出量为比较标准)进行分析，将数据导入到 DEAXP 软件中进行运行处理，计算其最优值，其中 CRS 表示综合效率值，VRS 表示技术有效性系数，SCA 表示规模有效性系数，其运算结果见表 8-2。

① 国务院发展研究中心．土地规模与农业发展．海南出版公司．1992. 173。

表 8-2　毛竹经营规模效率有效性系数

DUM	crste	vrste	scale	DUM	crste	vrste	scale
1	0. 150	1. 000	0. 150	32	0. 237	0. 729	0. 324
2	0. 523	0. 673	0. 778	33	0. 149	0. 831	0. 180
3	0. 137	0. 280	0. 491	34	0. 192	1. 000	0. 192
4	1. 000	1. 000	1. 000	35	1. 000	1. 000	1. 000
5	0. 182	0. 187	0. 976	36	0. 570	0. 847	0. 673
6	0. 227	0. 358	0. 634	37	0. 829	0. 906	0. 915
7	0. 857	1. 000	0. 857	38	0. 784	0. 830	0. 944
8	1. 000	1. 000	1. 000	39	0. 411	0. 904	0. 455
9	0. 329	0. 370	0. 889	40	0. 412	0. 716	0. 575
10	0. 284	0. 468	0. 607	41	1. 000	1. 000	1. 000
11	0. 525	0. 626	0. 838	42	1. 000	1. 000	1. 000
12	0. 898	1. 000	0. 898	43	0. 305	0. 601	0. 507
13	0. 152	1. 000	0. 152	44	0. 408	0. 562	0. 726
14	0. 214	0. 780	0. 274	45	0. 534	0. 613	0. 871
15	0. 380	0. 674	0. 563	46	0. 459	0. 638	0. 720
16	0. 126	0. 262	0. 481	47	0. 185	0. 756	0. 245
17	0. 151	0. 791	0. 190	48	0. 574	0. 849	0. 676
18	0. 248	0. 405	0. 612	49	0. 482	1. 000	0. 482
19	0. 119	0. 122	0. 973	50	0. 443	0. 537	0. 824
20	0. 102	0. 144	0. 704	51	0. 178	0. 225	0. 792
21	1. 000	1. 000	1. 000	52	1. 000	1. 000	1. 000
22	0. 774	0. 932	0. 830	53	0. 286	0. 503	0. 570
23	0. 331	0. 759	0. 436	54	0. 905	0. 960	0. 942
24	0. 704	0. 913	0. 771	55	1. 000	1. 000	1. 000
25	0. 786	0. 938	0. 838	56	0. 347	0. 362	0. 959
26	0. 440	0. 721	0. 611	57	0. 093	0. 242	0. 385
27	0. 283	0. 336	0. 842	58	0. 111	0. 540	0. 205
28	0. 106	0. 268	0. 394	59	0. 250	0. 453	0. 551
29	0. 528	0. 654	0. 808	60	0. 415	0. 560	0. 740
30	0. 959	1. 000	0. 959	61	0. 136	0. 309	0. 441
31	0. 353	0. 663	0. 532	62	0. 275	0. 494	0. 556

（续）

DUM	crste	vrste	scale	DUM	crste	vrste	scale
63	0.382	0.482	0.791	80	0.314	0.470	0.669
64	0.250	0.429	0.583	81	1.000	1.000	1.000
65	0.467	0.540	0.865	82	0.322	0.621	0.519
66	0.430	0.565	0.762	83	0.726	0.951	0.764
67	0.167	0.366	0.454	84	0.365	0.678	0.538
68	0.203	0.444	0.458	85	0.615	1.000	0.615
69	0.288	0.440	0.656	86	0.423	0.644	0.657
70	0.106	0.346	0.307	87	0.554	0.758	0.731
71	0.188	0.236	0.799	88	0.648	0.672	0.964
72	0.428	0.734	0.584	89	0.878	1.000	0.878
73	0.236	0.328	0.720	90	0.781	0.841	0.928
74	0.195	0.254	0.770	91	0.497	0.552	0.899
75	0.250	0.437	0.573	92	0.467	0.550	0.850
76	0.186	0.327	0.568	93	0.580	0.632	0.918
77	0.175	0.317	0.550	94	0.840	0.980	0.857
78	0.439	0.496	0.885	95	1.000	1.000	1.000
79	0.188	0.292	0.645				

第三节 结果分析

一、毛竹生产经营规模效率偏低

表 8-2 的数据值显示决策单元毛竹生产经营规模效率均值仅为 0.457，其中技术有效性系数为 0.649，规模效率值为 0.687。95 个决策单元中，综合效率值达到 1 的决策单元分别为 DMU4、DMU8、DMU21、DMU35、DMU41、DMU42、DMU52、DMU55、DMU81、DMU95，共 10 个决策单元，仅占所有决策单元的 10.5%，且同时满足纯技术有效性和规模效率值均为 1。由此可发现，总体上福建省毛竹生产的综合效率较低。此外，在综合规模效率值小于 1 的单元分布具体频数近一半（48.2%）的决策单元效率处于 0.33 ~ 1 之间，这更加印证了上述论断。

二、毛竹生产技术有效性不高

通过 DEA 软件的运行测算可知，毛竹生产的 95 个决策单元的平均纯技术有效性系数值为 0. 649；各个决策单元中，纯技术有效性系数为 1 的决策单元分别为 DMU1、DMU4、DMU7、DMU8、DMU12、DMU13、DMU21、DMU30、DMU34、DMU35、DMU41、DMU42、DMU49、DMU52、DMU55、DMU81、DMU85、DMU89、DMU95，共 19 个决策单元，占决策单元总数的 20%，其中同时满足投入和产出松弛量均为零的决策单元共有 10 个，占所有决策单元的 10. 5%，占纯技术有效性系数为 1 的决策单元的 52. 6%，由此可见福建省毛竹生产的技术有效性偏低。

三、毛竹规模无效的样本都呈现规模递增趋势

从定量分析方面看福建省毛竹生产的规模效率值，在这 95 个决策单元中实现规模有效性的决策单元共有 10 个，均呈现规模不变的趋势，占所有决策单元的 10. 5%，非规模有效性决策单元共有 85 个，占所有决策单元的 89. 5%，都处于规模报酬递增趋势。这表明这些决策单元规模无效全部是由于毛竹生产规模较小引起的，可见福建省毛竹生产规模偏小，处于规模效益的第一阶段，还未实现规模最优化，适当扩大毛竹生产规模是提高其毛竹生产经营效率的有效途径之一。虽然目前经营效率处于无效阶段，但仍具有相当的增长潜力，这显示了竹农经营行为及意愿的理性。

四、样本竹农投入冗余与产出不足

通过对 95 户种植毛竹的样本农户进行投入冗余分析（表 8-3）发现，存在林地、资金和劳动投入冗余现象的农户分别有 30 户、9 户和 14 户，分别占总样本的 31. 58%、9. 47% 和 14. 74%。与不存在要素投入冗余现象的样本农户相比，存在要素投入冗余现象的农户平均每千元收入要多投入林地 0. 53 亩、资金 736. 00 元和劳动力 5. 98 工。由此可以发现，福建省毛竹经营整体投入不足，因此当前情况下更需要加大各种资源投入，同时实行集约型生产，尽量使投入的资源得到合理配置，这样才有利于提高产出。

表 8-3 竹林经营过程中的生产要素的投入冗余分析

	是否存在冗余现象	样本数	比重（%）	每千元收入的生产要素投入的差额
林地投入冗余（亩）	存在	30	31.58	0.53
	不存在	65	68.42	
资金投入冗余（元）	存在	9	9.47	736.00
	不存在	86	90.53	
劳动力投入冗余（工）	存在	14	14.74	5.98
	不存在	81	85.26	

第九章
经济林经营规模效率测算与评价研究
——以福建茶林为例

影响茶农生产经营效率的因素是多方面的，经营规模是影响其生产经营效率的重要因素。本研究从茶农的微观视角来考察其经营规模效率，运用 DEA 的方法测算的结果来探索经营规模与效率之间的关系，找出茶农经营规模效率变化的内在规律。国内外学者对于茶农经营规模与效率的关系尚未达成一致看法，存在广泛争议。目前大部分研究多采用传统的评价效率的指标即土地生产率、劳动生产率和资本利润率等来分析茶农经营规模效率，这些研究结果直接反映了在不同的规模下，实际的投入产出比的大小，其不足之处有以下两点：一是无法得出在投入量一定的条件下潜在的最大产出量或者在产出一定的条件下潜在的最小投入量；二是土地生产率、劳动生产率和资本利润率这三个指标在进行效率评价时往往互相矛盾且无法比较。本研究所界定的茶农经营规模效率是技术效率，它能反映出效率的真正内涵；运用数据包络分析方法不需要人为对指标赋权重，具有客观性；能测算家庭总体规模效率、纯技术效率和规模效率值，得出在投入量一定的条件下潜在的最大产出量或者在产出一定的条件下潜在的最小投入量，并判断决策单元所处的规模报酬阶段，从而找出茶农经营规模效率变化的内在规律。

第一节　指标体系构建及变量定义

一、指标体系构建

本研究采用茶青收入作为产出指标对茶农经营规模效率进行评价。投入指标包括劳动力投入、资金投入和土地投入。劳动力投入指茶农家庭当年投入茶叶生产经营的实际用工量，由于许多茶农雇工进行茶园种植，故包括雇工费(元)、年自投工(天)两个部分。资金投入指茶农家庭当年投入茶叶生产经营过程中的现金费用，包括化肥投入量(kg)、农药投入量(kg)、有机肥投入量(kg)、种苗费(元)，由于化肥、农药和有机肥价格差别较大，故用 kg 来计算。土地投入是指茶农家庭当年茶叶种植面积，本研究选取茶农家庭的一个代表地块面积。茶农经营规模效率评价指标体系见表 9-1。

表 9-1 茶农经营规模效率评价指标体系

产出指标	投入指标	
茶青收入	土地投入	地块面积
	资金投入	化肥投入量、农药投入量、有机肥量、种苗费
	劳动投入	雇工费、年自投工

二、变量选取和释义

由于所调查的安溪茶农大部分进行茶青的生产销售，而不是制作茶叶，因此，本研究以茶青收入为产出项，以化肥投入量、农药投入量、有机肥投入量、雇工费、种苗费、年自投工、面积为投入项，采用可变规模报酬(VRS)的 DEA 模型进行实证分析。

表 9-2 DEA 模型的变量释义

变量	单位	变量释义
茶青收入	元	采摘的未加工的茶树嫩梢茶叶销售获得的收入
化肥投入量	kg	在地块上投入的化肥数量
农药投入量	kg	在地块上投入的农药数量
有机肥投入量	kg	在地块上投入的有机肥数量
雇工费	元	雇佣劳动力参与生产经营的费用
种苗费	元	当年购买茶树种苗的费用
年自投工	天	当年自己投入生产经营的时间
面积	亩	户家庭茶树种植的代表地块面积

三、数据处理与说明

本研究对茶农经营规模效率的分析主要以福建省泉州市安溪县 6 个村的 2007 年茶叶生产投入产出的数据为基础，考虑到许多农户拥有 2 块以上茶园而且不同地块的立地条件不同，故以每户农户取一个代表地块为决策单元，在筛选时充分考虑所得问卷数据的科学性和有效性。代表地块的选取方法是选择样本农户经营的地块中的最大地块，原因是农户在最大地块上投入大部分的时间精力，较能代表其家庭的经营水平和经营效率。

第二节　福建茶农经营规模效率的测算

本研究采用Coelli小组开发的DEA软件DEAP(Version2.1)来计算茶农家庭总规模效率、纯技术效率和规模效率。将模型设置为投入导向模型和可变规模报酬(VRS)的DEA模型，采用DEAP软件进行运算，结果见表9-3。

表9-3　茶农经营规模效率值

决策单元	经营规模效率	纯技术效率	规模效率	规模报酬	决策单元	经营规模效率	纯技术效率	规模效率	规模报酬
1	1	1	1	不变	25	0.321	1	0.321	递增
2	0.385	0.397	0.969	递增	26	1	1	1	不变
3	0.608	0.655	0.928	递减	27	0.626	1	0.626	递增
4	0.226	0.245	0.923	递增	28	0.265	0.3	0.882	递增
5	0.383	1	0.383	递增	29	0.969	1	0.969	递增
6	0.061	1	0.061	递增	30	0.732	1	0.732	递增
7	0.133	1	0.133	递增	31	1	1	1	不变
8	0.044	1	0.044	递增	32	0.343	0.7	0.49	递减
9	0.045	0.214	0.208	递增	33	1	1	1	不变
10	0.038	0.4	0.094	递增	34	1	1	1	不变
11	0.075	1	0.075	递增	35	1	1	1	不变
12	1	1	1	不变	36	0.316	1	0.316	递增
13	0.779	1	0.779	递增	37	0.072	1	0.072	递增
14	1	1	1	不变	38	0.571	1	0.571	递增
15	0.741	1	0.741	递增	39	0.231	1	0.231	递增
16	0.494	1	0.494	递增	40	0.105	1	0.105	递增
17	0.766	1	0.766	递增	41	0.571	1	0.571	递增
18	0.827	1	0.827	递增	42	0.309	1	0.309	递增
19	0.232	1	0.232	递增	43	0.239	0.619	0.386	递减
20	0.269	1	0.269	递增	44	1	1	1	不变
21	0.137	1	0.137	递增	45	0.811	1	0.811	递增
22	1	1	1	不变	46	1	1	1	不变
23	1	1	1	不变	47	0.405	1	0.405	递减
24	1	1	1	不变	48	1	1	1	不变

（续）

决策单元	经营规模效率	纯技术效率	规模效率	规模报酬	决策单元	经营规模效率	纯技术效率	规模效率	规模报酬
49	0.929	1	0.929	递增	62	0.353	0.384	0.921	递减
50	0.378	1	0.378	递增	63	0.061	0.595	0.103	递增
51	1	1	1	不变	64	0.952	1	0.952	递增
52	1	1	1	不变	65	0.135	0.251	0.539	递增
53	0.171	1	0.171	递增	66	0.52	1	0.52	递增
54	0.39	0.409	0.952	递减	67	1	1	1	不变
55	0.229	1	0.229	递增	68	0.812	1	0.812	递增
56	0.474	1	0.474	递增	69	0.912	1	0.912	递增
57	0.721	1	0.721	递增	70	1	1	1	不变
58	0.197	1	0.197	递增	71	1	1	1	不变
59	1	1	1	不变	72	1	1	1	不变
60	0.188	0.219	0.859	递增	73	1	1	1	不变
61	0.582	1	0.582	递增	74	0.724	1	0.724	递减

第三节 福建茶农经营规模效率测算结果分析

一、茶农经营规模效率值分析

表9-3中家庭经营总规模效率可以细分为纯技术效率和规模效率。74个决策单元茶叶生产的经营规模效率的平均值为0.593，与最优效率值1还有一定的差距，这表明样本茶农的经营效率相对偏低。在74个决策单元中，在纯技术效率和规模效率均达到最优的基础上经营规模效率也达到最优的决策单元共22个，占总决策单元的29.73%，表明这部分茶农在生产经营中所投入的土地、资金和劳动力等生产要素的规模已实现了茶林收益的最大化，应该保持其生产要素的规模以维持和保障其规模有效的状态，但这部分茶农所占的比例偏小，这表明目前大部分茶农的经营规模效率还有待进一步提高。

茶农经营的纯技术效率平均值略高于家庭经营总规模效率，为0.897，说明安溪茶农的要素配置较为合理，安溪县作为福建特色产茶区，具有一定的优势；茶农经营的纯技术效率值为1的决策单元共61个，占决策单元总数的82.43%，比重较大。这些决策单元在当前的经营规模下，化肥投入量、农药投入量、有机肥投入量、雇工费、种苗费、年自投工、面积等7个投入要素的生产潜力完全得到发挥；但是其中有38个决策单元由于所处的经营规模与要素投入比例不协调而处于规模报酬递减或递增阶段。例如决策单元dum74的纯技术效率值为1，但是由于规模效率值为0.724，导致家庭总体规模效率无法达到最优值，所以处于规模报酬递减阶段；决策单元dum5的纯技术效率值为1，但是由于规模效率值为0.383，导致家庭总体规模效率无法达到最优值，所以处于规模报酬递增阶段。

茶农经营的规模效率平均值为0.660。茶农经营的规模效率值为1的决策单元共22个，占所有74个决策单元的29.73%。从各决策单元所处的规模报酬阶段的分布上看（表9-4），处于规模报酬递增阶段的共有45块，所占比重为60.81%；处于规模报酬不变阶段的有22块，所占比重为29.73%；处于规模报酬递减阶段的有7块，所占比重为9.46%。从中可知，处于规模报酬递增的决策单元占多数，这表明茶农的经营规模普遍偏小。

表9-4　样本茶农的规模报酬阶段分布

样本总数	规模报酬递增		规模报酬不变		规模报酬递减	
	个数	比例（%）	个数	比例（%）	个数	比例（%）
74	45	60.81	22	29.73	7	9.46

二、投入冗余与产出不足分析

表9-5显示了存在投入冗余或者产出不足的决策单元的调整量，这一类的决策单元共有37个，占总决策单元的50%。从投入冗余上看，化肥投入冗余的决策单元最多，达到了24个，占总决策单元的64.864%，劳动投入冗余现象也很明显，雇工投入冗余和自投工投入冗余分别为21个和15个，分别占总决策单元的56.76%和40.54%。土地、农药、种苗和有机肥等要素投入冗余的也分别存在23个、18个、16个和15个，分别占所有决策单元的62.16%、48.65%、43.24%和40.54%，这表明生产要素投入冗余是造成茶农经营规模效率未达到最优的主要原因之一。从产出不足看，有13个决策单元存在产出不足的问题，比重为35.14%，表明产出不足是造成茶农经营规模效率未达到最优的另一重要原因。

表 9-5　纯技术效率非有效的决策单元的产出不足量及投入冗余量

决策单元	茶青收入	化肥投入量	农药投入费	有机肥投入量	雇工费	种苗费	年自投工	土地
2	0.00	113.39	0.00	2263.91	365.18	0.00	0.00	0.59
3	0.00	0.00	0.00	105.92	3871.78	56.78	0.00	0.00
4	0.00	47.31	0.00	68.40	663.60	0.00	0.00	0.36
5	7855.39	184.80	0.32	0.00	18.38	0.00	0.00	0.25
6	4047.61	19.55	0.00	0.00	765.87	0.00	0.00	0.08
8	5263.11	0.00	0.00	0.00	221.06	449.99	0.00	0.76
9	9900.21	0.00	0.35	0.00	104.47	0.00	0.00	0.00
10	10494.75	0.00	0.10	195.51	0.00	0.00	0.00	0.00
11	9382.35	173.53	1.67	0.00	0.00	117.65	0.00	0.50
13	0.00	0.00	2.30	0.00	202.22	0.00	0.00	0.00
19	3000.00	20.00	0.00	49.99	879.99	0.00	8.00	0.52
20	0.00	541.52	5.28	0.00	0.00	0.00	0.00	2.30
21	0.00	61.19	0.00	283.99	0.00	0.00	0.00	0.09
25	0.00	0.00	3.42	0.00	0.00	264.15	0.00	0.00
27	10439.02	198.61	2.46	0.00	341.46	999.99	0.00	0.15
28	0.00	122.85	0.00	222.03	155.89	0.00	0.00	0.00
30	0.00	0.00	0.00	0.00	413.37	574.70	0.00	0.56
32	0.00	0.00	6.14	263.95	0.00	1756.36	104.67	0.00
38	0.00	264.53	39.28	0.00	0.00	0.00	0.00	2.12
40	0.00	672.54	3.78	215.25	0.00	866.10	5.42	0.47
41	0.00	1218.05	46.20	353.38	672.17	0.00	111.43	2.81
43	0.00	2983.62	13.96	7998.10	17842.28	1705.90	0.00	3.57
49	0.00	298.17	0.00	0.00	0.00	0.00	197.57	0.20
50	25.64	408.41	0.00	0.00	578.71	0.00	210.00	0.89
53	16451.72	1921.92	1.27	0.00	0.00	341.27	26.63	0.00
54	0.00	0.00	0.00	0.00	0.00	0.00	46.68	1.33
55	6327.56	3.17	0.00	0.00	1469.30	0.00	0.00	1.33
56	0.00	2188.10	30.65	0.00	13897.47	47471.49	0.00	8.36
58	3591.08	0.14	0.00	0.00	0.00	199.32	5.86	0.44
60	0.00	38.13	0.00	72.47	193.82	213.46	0.00	0.09

（续）

决策单元	茶青收入	化肥投入量	农药投入费	有机肥投入量	雇工费	种苗费	年自投工	土地
61	0.00	46.29	0.00	0.00	3070.74	1199.99	13.74	1.24
62	0.00	0.00	0.00	0.00	425.76	59.37	28.77	0.00
63	10755.44	0.00	0.37	23.06	0.00	0.00	27.14	0.00
64	0.00	0.00	0.00	0.00	0.00	0.00	95.88	0.00
65	0.00	0.00	0.00	89.83	60.47	0.00	0.00	0.00
66	0.00	28.18	10.33	290.08	0.00	1301.59	38.54	0.00
69	0.00	163.38	12.53	0.00	0.00	0.00	13.88	0.00
平均值	2636.05	316.69	4.88	337.73	1249.03	1556.16	25.25	0.78

由表9-6可知，通过对不存在要素投入冗余现象的样本农户的调查发现，每千元茶青收入的化肥、农药、有机肥、雇工费、种苗、家庭劳动力、土地等生产要素的平均标准投入为17.33kg、0.22kg、9.51kg、63.09元、12.97元、2.47工和0.05亩，而存在投入冗余现象的样本农户每得到1000元收入平均需要投入35.67kg化肥、0.57kg农药、53.17kg有机肥、150.67元雇工费、138.96种苗费、2.47个家庭劳动力和0.09亩土地，两类农户每千元收入的生产要素投入的平均差额为18.34kg化肥、0.34kg农药、43.66kg有机肥、87.57元雇工费、125.99种苗费、2.60个劳动力和0.04亩土地。

表9-6　茶林经营过程中的生产要素的投入冗余分析

	是否存在冗余现象	样本数	比重（%）	每千元茶青收入的要素投入量的平均值	差额
化肥投入冗余（kg）	存在	24	32.43	35.67	18.34
	不存在	50	67.57	17.33	
农药投入冗余（kg）	存在	18	24.32	0.57	0.34
	不存在	56	75.68	0.22	
有机肥投入冗余（kg）	存在	16	21.62	53.17	43.66
	不存在	58	78.38	9.51	
雇工费投入冗余（元）	存在	21	28.38	150.67	87.57
	不存在	54	72.97	63.09	
种苗费投入冗余（元）	存在	15	20.27	138.96	125.99
	不存在	59	79.73	12.97	

（续）

	是否存在冗余现象	样本数	比重（%）	每千元茶青收入的要素投入量的平均值	差额
家庭劳动力投入冗余（工）	存在	15	20.27	5.07	2.60
	不存在	59	79.73	2.47	
土地投入冗余（亩）	存在	23	31.08	0.09	0.04
	不存在	51	68.92	0.05	

三、样本茶农的规模报酬阶段分布

表9-7列出了进入模型运算中的样本农户的代表地块即决策单元所处的规模报酬阶段的分布，处于规模报酬递增阶段的样本共有45户，所占比重为60.81%；处于规模报酬不变阶段的有22户，所占比重为29.73%；处于规模报酬递减阶段的有7户，所占比重为9.46%。处于规模报酬递增阶段和规模报酬递减阶段的样本比重超过70%。其中0～1亩的地块数有38户，处于规模报酬递增阶段的有27户，所占的比重为71.05%；处于规模报酬不变的为11户，所占比重为28.95%；没有样本处于规模报酬递减阶段。1～3亩的地块数有28户，其中处于规模报酬递增阶段的有15户，所占的比重为53.57%；处于规模报酬不变的为9户，所占比重为32.14%；处于规模报酬递减阶段的为4户，所占比重为14.29%。3亩以上的地块数有8块，其中处于规模报酬递增阶段和规模报酬递减阶段的样本均为3户，分占37.50%；处于规模报酬不变的为2块，所占比重为25.00%。这表明3亩以下的小规模经营的样本农户大部分处于规模报酬递增阶段，可以扩大经营规模以提高家庭总体规模效率，3亩以上稍大规模的样本农户有大部分处于规模报酬递减阶段，可以减小规模以提高家庭总体规模效率。另一方面，规模有效即处于规模报酬不变阶段的决策单元并不具有唯一性，可能在不同的规模下其经营规模效率都有可能达到最优，只是出现的比重和概率不同。

表9-7 样本茶农的规模报酬阶段分布

林地规模	样本数	规模报酬递增		规模报酬不变		规模报酬递减	
		个数	比例（%）	个数	比例（%）	个数	比例（%）
0～1亩	38	27	71.05	11	28.95	0	0.00
1～3亩	28	15	53.57	9	32.14	4	14.29
3亩以上	8	3	37.50	2	25.00	3	37.50
总计	74	45	60.81	22	29.73	7	9.46

四、样本茶农的土地规模与效率的关系

由图 9-1 可以看出，随着样本茶农地块面积的扩大，茶农的家庭总体规模效率呈现上下波动趋势，说明茶农经营的土地规模与效率并未显现明显的正向关系或者负向关系，土地这一投入要素的大小与茶农家庭总体规模效率并无直接关系。

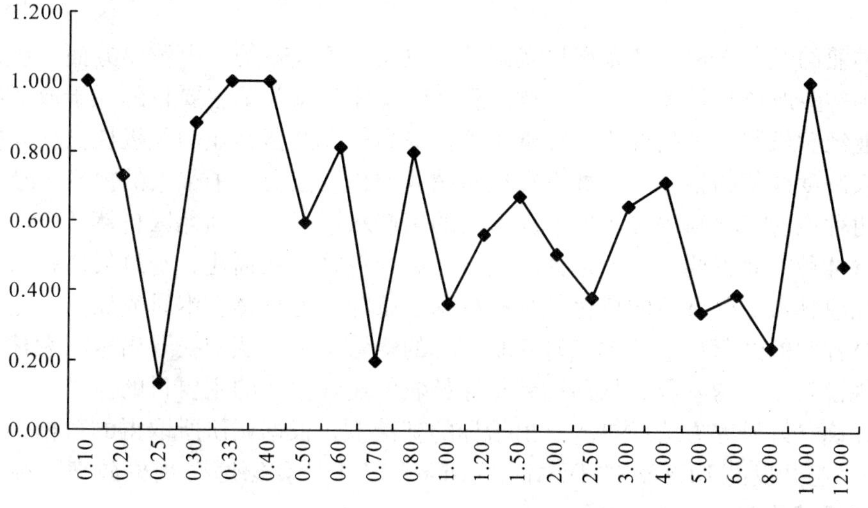

图 9-1　样本茶农地块面积与效率关系

第十章
私有林经营规模效率的比较研究
——基于福建三大林种的调查研究

林业的经营规模效率是衡量我国林业政策改革成效的一个重要方面，也是困扰我国林业改革和发展的一大难题。新一轮集体林权改革主要目的在于放活我国的林业经营机制，提高林业的经营水平，提高林农经营林业的积极性。在此次集体林权制度改革的指导下，林农在经营林业的积极性上有了很大的提高，经营范围、树种也有了很高的自主性。在目前的生产水平下，根据地区自然环境，林农在经营林种方面主要有两大选择：用材林和经济林。在福建，经过集体林权改革后，福建林农主要种植的特色林种有杉木、茶叶、毛竹林。本研究试图通过比较不同林种间的经营规模效率来研究私有林的经营水平，从中找寻出这三大林种在经营规模效率上的差异，从而达到指导林农的实际生产的主要目的。

在确立好研究方法和投入产出指标的基础上，根据调研所取得的数据，运用 Coelli 小组开发的 DEA 软件 DEAP(Version2. 1)来计算家庭总规模效率、纯技术效率和规模效率，得到结果见表 10-1。

表 10-1　福建省三大林种经营规模效率比较情况

效率值	杉木	茶叶	毛竹
经营规模效率值	0. 567	0. 726	0. 457
纯技术效率值	0. 641	0. 834	0. 649
规模效率值	0. 901	0. 829	0. 687
经营有效的样本农户比重(%)	5. 85	10. 50	29. 73

第一节　福建省三大林种经营规模效率比较分析

从表 10-1 可知，福建省三大林种经营规模效率差距不大，总体水平都有待提高。通过 DEA 的测算，可以看出茶叶的平均经营规模效率最高，但也仅为 0. 726，杉木次之，为 0. 567，而毛竹的平均经营规模效率是最低的，仅为 0. 457，都未超过 0. 73，整体都处于中下水平。从经营有效的样本农户的比重上看，杉木仅有 5. 85% 的样本农户实现经营有效，毛竹则为 10. 50%，茶叶经营有效的样本农户的比重最高，为29.73%。由此可知，从整体上看福建省较有代表性的三大林种还处于粗放型的经营状况，经营水平都有待进一步提高。

图10-1显示了福建省三大林种经营规模效率的概率分布图。从杉木经营规模效率的概率分布上看，杉木的经营规模效率在各个区域内的分布较为平均，表明林农经营杉木的水平分布近似均匀分布，各个水平下的林农分布较为均匀。从概率分布的峰值上看，0.30～0.35，0.35～0.40，0.40～0.45和0.95～1.00这四个区域的样本农户相对较高，林农经营杉木的经营规模效率分布在这四个区域的概率均为6.4%以上，其中0.35～0.40，0.40～0.45和0.95～1.00这三个区域最高，均达到了8.8%。从概率分布的谷值上看，0.05～0.10这个区域是其经营规模效率概率分布的谷值，仅有0.6%的样本农户的经营规模效率落在此区域；从毛竹经营规模效率的概率分布上看，毛竹经营规模效率的概率分布起伏相对较大，高可达12.6%，落在0.15～0.20，低可至0，为0～0.05和0.65～0.70这两个区域。从图10-1还可得知，毛竹经营规模效率的概率分布有三个峰值，依次为0.15～0.20区域、0.40～0.45区域，0.95～1.00区域，有两个区域是0.50以下的，表明福建省大部分竹农的经营水平还是相对较低，但也有小部分竹农的经营水平相对较高；从茶树经营规模效率的概率分布上看，经营规模效率值在0.95～1.00区域内的茶农所占的比重远远高于其他规模区域，表明福建省大部分茶农的经营水平都处于较高的水平。而经营规模效率落在0～0.95之间的19个区域内的茶农，所占的比重大体呈现上下波动趋势，且比重较小，总体维持在5%内。

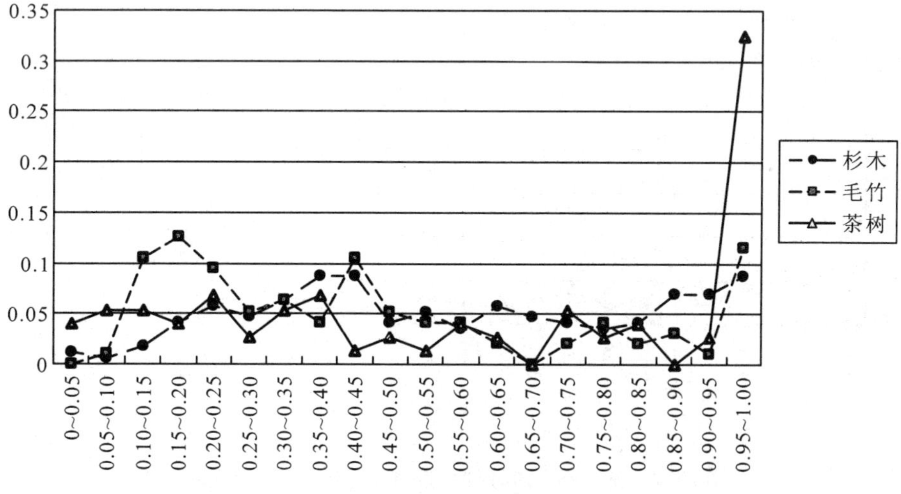

图10-1　福建省三大林种经营规模效率的概率分布图

第二节　福建省三大林种纯技术效率比较分析

纯技术效率是指在技术效率中短期内扣除规模因素后的经营绩效，以判断生产部门对于投入要素是否存在冗余现象。从表 10-1 中可以看出，茶叶的纯技术效率最高，达到 0. 897，这说明茶农的要素配置较为合理。杉木、毛竹的纯技术效率都仅为 0. 65 左右，表明生产要素配置之间还不够合理，存在生产要素投入冗余现象。这主要是因为福建是茶叶大省，安溪是茶叶种植大县，历史悠久。茶农在生产茶叶方面精耕细作，对各种生产要素的投入比较合理，因此整体的纯技术效率比较高。对于杉木和毛竹，在林权制度改革之前，林农对于林业的生产并未十分重视，在经营方式上比较粗放，没有对生产要素进行合理的配置，特别对于自留山经营比较随意，导致许多生产要素被浪费。

图 10-2 显示了福建省三大林种纯技术效率的概率分布图。从图中可以看出，三大林种在 0 ~0. 95 这 19 个区域内的比重均未超过 10% ，而在 0. 95 ~1. 00 这一区域内林农的比重在各个区域内都是最高的，其中杉木和毛竹的比重都将近于 20% ，茶树的比重更是高达 80% 以上，表明有相当一部分经营杉木和毛竹的农户在生产过程中对于生产要素的投入较为合理，但与茶农相比，他们的比重还是相对较低的，对于生产要素的配置水平还有待进一步优化。

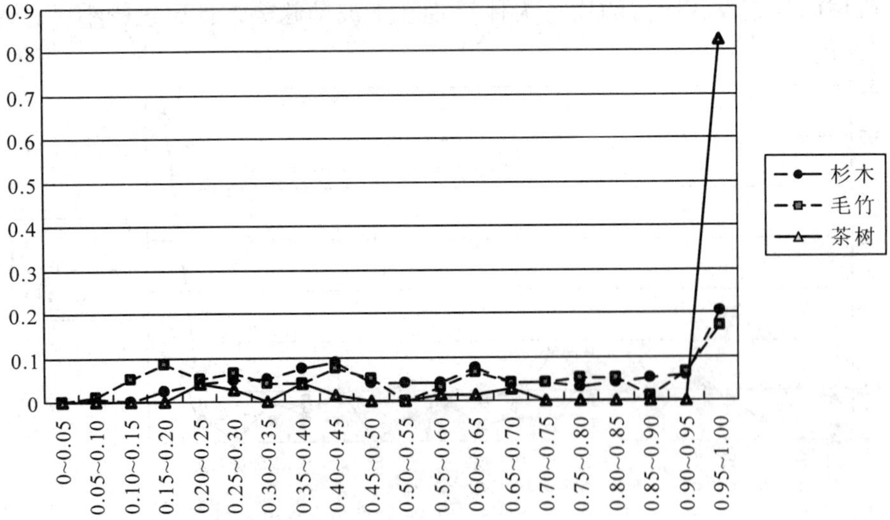

图 10-2　福建省三大林种纯技术效率的概率分布图

第三节 福建省三大林种规模报酬阶段的比较分析

从表 10-2 可清晰地看出福建省三大林种经营规模报酬阶段的相互比较情况。在所调查的 340 户农户中，仅有 15.00% 的农户(51 户)处于规模报酬不变阶段，而有 60.59% 处于规模报酬递增阶段，24.41% 处于规模报酬递减阶段，超过 60% 的农户经营规模偏小导致经营效率低下。细分到林种可知，经营杉木的农户处于规模报酬递增阶段和规模报酬递减阶段的比重各占 44.44%，这主要是因为经营用材林的农户差异较大，有的是仅仅经营一小块自留山，导致规模偏小，也有的是承包大户，经营面积很大，导致其处于规模报酬递减阶段；而经营毛竹的和茶树的农户大部分都是处于规模报酬递增阶段的，其中 89.50% 的竹农处于规模报酬递增阶段，茶农的这一比例相对低一点，但也达到了 60.81%，这主要是因为经营毛竹或茶叶的土地主要是自留山或者自家农地，经营规模都相对偏小，导致农户经营效率低下，适度扩大其经营规模可大幅度提高其经营效率。

表 10-2 福建省三大林种经营规模报酬阶段情况

林种	农户数(户)	规模报酬递增		规模报酬不变		规模报酬递减	
		农户数(户)	比重(%)	农户数(户)	比重(%)	农户数(户)	比重(%)
杉木	171	76	44.44	19	11.11	76	44.44
毛竹	95	85	89.50	10	10.50	0	0.00
茶树	84	45	60.81	22	29.73	7	9.46
总计	340	206	60.59	51	15.00	83	24.41

第四节 福建省三大林种投入冗余与产出不足的比较分析

经营过程中存在的生产要素投入不当、资源利用不合理等问题会导致投入冗余。表 10-3 显示了福建省三大林种在三大主要生产要素上的投入冗余情况，在杉木方面，劳动力投入冗余是导致其经营规模效率低下的主要原因，有 53.8% 的林农存在此现象，资金投入冗余次之，比例为 28.7%，仅有 11.7% 的林农存在土地投入冗余现象。此外，存在要素投入冗余现象的林农在资金和劳动力上分别平均多投入了 14768.79 元，256.961 工。在毛竹方面，土地冗余是影响其经营规模效率提升的主要因素。31.6% 的竹农存在土地投入冗余现象，所占比例是三大主要生产要素中最大的。而从前面的规模报酬阶段的分析可知，毛竹由于经营规模偏小导致效率低下，而此时土地却又存在严重的冗余现象，两者之间似乎存在一定的矛盾。这一方面是因为无效样本农户经营的毛竹产出相对较少，使得土地相对投入过多；另一方面是其他生产要素的投入较为合理，都极大地发挥了各自的生产潜力，而土地的生产潜力却未能得到充分的发挥。在茶树方面，各生产要素的冗余现象都很明显，存在冗余现象的样本农户的最小比重也达到20.3%（种苗化肥和雇工投入）。其中化肥、土地以及劳动力三方面投入冗余现象最为明显，导致生产要素配置不合理，其中化肥投入冗余最为严重，约有32.4%的茶农存在化肥投入过多的现象，土地次之，比例也高达31.1%，自投入工冗余的比重也达到了28.4%。

表10-3 福建省三大林种的投入冗余情况

林种	土地冗余			资金冗余								劳动力冗余			
				化肥		农药		有机肥		种苗		雇工		自投入工	
	总数	个数	比重	个数	比重	个数	比重	个数	比重	个数	比重	个数	比重	个数	比重
杉木	171	20	11.7	49户				28.7%				92户		53.8%	
毛竹	95	30	31.6	9户				9.5%				14户		14.7%	
茶树	74	23	31.1	24	32.4	18	24.3	16	21.6	15	20.3	15	20.3	21	28.4

第三篇

私有林经营规模效率的影响因素分析

第十一章
不同经营形式下私有林经营规模效率比较分析
——以福建杉木为例

福建在2003年率先开展了新一轮集体林权改革后，在明晰产权的基础上，大部分的集体山林划分到户经营，农户因此拥有了经营权和相应的收益权，调动了林农的经营积极性和主动性，各地也出现了经营规模大小不一的各种经营形式。测度和比较不同经营形式下的私有林经营规模效率，探讨不同经营形式下经营规模是否处于适度的区间，这样的研究对于林农实际生产规模的选择，推动林改的进一步深化和促进林业的发展都具有很重要的现实意义。

以杉木为例来研究不同经营形式下林地经营规模效率问题是可行的，一是因为杉木是福建的传统用材林树种，其分布广、经营历史悠久；二是因为生产周期长的杉木其经营方式更加丰富多样，而收益见效快的毛竹和茶叶则多以家庭承包经营为主要形式。杉木的经营形式主要有自留山经营、家庭承包经营和股份合作经营三种，采用DEA的方法来测度和比较不同经营形式的效率，具有一定的代表性和决策参考价值。

第一节　变量选取与定义

选取合理的指标是建立良好效率评价模型的基础，只有指标选取全面、准确、合理才能够测算出目前不同经营形式下的效率。在遵循全面性、可控性、可得性、相关性、准确性五个原则的基础上，比较分析了当前国内外测算经营效率的评价体系，结合林业生产实际投入产出情况，最后选取了四个指标来表示林业生产投入产出情况：在投入方面主要包括林地投入、资金投入、劳动力投入三大方面，产出方面主要由林地出材量来表现。

一、数据来源

三明市、南平市和龙岩市是福建省的三大主要林区，林业最为发达，杉木种植面积最大，本研究将这些地区作为调查区域，最具有代表性。调查数据主要依托国家自然基金项目《私有林经营规模效率研究：福建案例研究》进行调查获取，采用分层抽样和等距抽样相结合的两阶段混合抽样方法，分别于2009年4月、7

月、8月，2010年10月对调查区域内有经营杉木的林农采用问卷调查和入户访谈相结合的方式收集林农经营杉木的相关信息及数据。此次调查的范围涵盖福建三大林区内的4个县市，共对283农户进行问卷调查，其中，有效问卷268份，有效问卷率为94.6%。从这268户林农中选取了233户以家庭承包经营、股份合作经营和自留山经营为主要经营方式的林农作为研究对象，这些研究样本的地区分布见表11-1。

表11-1 研究样本地区分布表

时间	县	乡镇	村
2009年4月	光泽县（4个乡镇，11个村，18户）	司前乡	新甸村、墩上村
		华桥乡	吴屯、大禾山、大禾山村、吴屯村
		寨里镇	茶富村、大青村
		止马镇	水口村、大浔洋村、岛石村
	延平区（4个乡镇，12个村，22户）	赤门乡	赤门村、东墙村、尤山村
		王台镇	王台村、溪后村、姜口村
		南山镇	东门村、江布村、龙湾村、大坑村、江补村
		太平镇	儒罗村
2009年8月	连城县（8个乡镇，15个村，67户）	莒溪镇	福地村、厦庄村、莒市村
		曲溪乡	黄胜村、曲溪村
		北团镇	富坪村、張地村
		新泉镇	新罗村、良坑村
		朋口镇	瑶里村、张屋田村
		洁田镇	白莲村、东华村
		塘前乡	黄沙瑶村
		文亨乡	福地村
2009年7月	永安市（5个乡镇，24个村，82户）	洪田镇	马洪村、水东村、长川村、水西村、洪田村
		小陶镇	团结村、小陶村、坚村村、下湖村、红星村、上吉村
		贡川镇	集凤村、红安村、吉凤村
		大湖镇	冲三村、冲四村、冲一村、坂头村、新洋村
		西洋镇	内炉村、林田村、下阶村、岭头村、桂溪村
2010年10月	延平区（3个乡镇，12个村，44户）	西芹镇	南州村、塘下村
		塔前镇	鸠上村、太平村、洋坑村、井窠村、赤坑村、猪地坑村
		王台镇	洋坑村、吴坍村、姜口村、井窠村、九坍村、埂尾村、溪后村

二、投入指标

林地投入：林农单块经营的林地面积，林地来源包括自留山、林改分林到户、从集体家庭承包租赁、从村民转让获得等各种形式。

劳动力投入：包括造林投入工时、幼林抚育除草松土施肥、郁闭后成林抚育、森林管护等。

资金投入：包括种苗费用、使用药费费用、林地使用费及其他费用等，全部费用以2008年现价进行换算。

三、产出指标

林地出材量：由于近几年林木价值波动较大，各地方差异比较大，林农在估算活立木市场价值时误差比较大，因此以林地的出材量来计算结果相对准确。在采用林地出材量上，通过综合考虑林地的立地条件、林木的种植年份、剔除林农估计的误差等，依然按照第七章方法构建出林地出材量指数，以代替林农直接估计的林地出材量，使得产出指标更加合理。具体见表11-2至表11-4。

表11-2 自留山经营形式下林地出材量指数

编号	出材量指数	编号	出材量指数	编号	出材量指数	编号	出材量指数
1	0.27	17	2.11	33	4.63	49	4.44
2	3.90	18	3.63	34	11.18	50	9.83
3	2.65	19	6.73	35	3.68	51	10.79
4	6.53	20	3.85	36	6.36	52	8.68
5	2.86	21	1.21	37	4.00	53	9.79
6	7.94	22	6.53	38	6.44	54	6.95
7	9.64	23	4.72	39	7.22	55	13.73
8	6.07	24	1.37	40	2.93	56	13.72
9	13.48	25	2.91	41	1.84	57	7.61
10	16.69	26	1.95	42	2.80	58	9.79
11	65.44	27	4.89	43	1.98	59	13.77
12	3.26	28	3.31	44	2.84	60	2.50
13	19.87	29	10.11	45	4.09	61	5.26
14	10.44	30	1.89	46	2.16	62	17.07
15	32.65	31	9.34	47	4.90	63	25.27
16	7.19	32	12.22	48	4.44	64	29.39

（续）

编号	出材量指数	编号	出材量指数	编号	出材量指数	编号	出材量指数
65	6.14	70	8.48	75	24.57	80	26.44
66	13.54	71	88.21	76	5.63	81	47.33
67	49.88	72	51.51	77	18.93		
68	12.35	73	11.22	78	13.25		
69	26.46	74	4.47	79	29.38		

注：根据问卷调查数据计算整理。

表 11-3　家庭承包经营形式下林地出材量指数

编号	出材量指数	编号	出材量指数	编号	出材量指数	编号	出材量指数
1	7.65	23	15.88	45	28.49	67	111.29
2	4.10	24	20.46	46	22.32	68	74.39
3	5.38	25	19.46	47	34.14	69	78.73
4	9.46	26	32.52	48	33.08	70	63.42
5	8.71	27	19.85	49	32.36	71	64.83
6	9.56	28	39.66	50	27.45	72	64.27
7	7.32	29	21.34	51	29.47	73	217.68
8	5.73	30	17.55	52	42.68	74	163.70
9	5.08	31	19.85	53	33.03	75	109.81
10	8.32	32	16.39	54	66.84	76	130.06
11	10.88	33	20.46	55	74.48	77	99.93
12	10.19	34	26.46	56	29.38	78	90.52
13	11.64	35	52.08	57	34.14	79	93.80
14	12.23	36	38.80	58	42.68	80	112.56
15	12.23	37	21.20	59	42.41	81	117.50
16	12.53	38	26.41	60	111.29	82	181.19
17	14.43	39	19.85	61	46.33	83	288.17
18	16.68	40	22.22	62	111.29	84	337.48
19	19.87	41	22.01	63	118.23	85	761.87
20	13.34	42	26.39	64	123.39	86	600.97
21	12.94	43	24.42	65	127.18	87	226.49
22	14.23	44	23.85	66	139.28	88	282.34

注：根据问卷调查数据计算整理。

表 11-4 股份合作经营形式下林地出材量指数

编号	出材量指数	编号	出材量指数	编号	出材量指数	编号	出材量指数
1	7.46	17	55.53	33	278.23	49	156.28
2	10.23	18	155.19	34	254.37	50	280.75
3	8.48	19	166.94	35	248.28	51	500.81
4	66.72	20	102.30	36	127.48	52	465.49
5	43.54	21	89.27	37	127.05	53	302.50
6	50.87	22	61.00	38	222.58	54	333.28
7	18.38	23	70.58	39	305.24	55	477.45
8	67.83	24	102.30	40	95.98	56	335.15
9	67.83	25	102.30	41	217.68	57	761.48
10	78.06	26	112.61	42	180.30	58	890.32
11	92.86	27	94.23	43	185.22	59	890.32
12	105.98	28	61.38	44	160.82	60	277.64
13	86.81	29	162.14	45	340.81	61	363.00
14	99.60	30	222.58	46	308.47	62	597.43
15	45.17	31	84.75	47	137.49	63	684.22
16	49.58	32	97.12	48	357.70	64	775.79

注：根据问卷调查数据计算整理。

第二节 不同经营形式下私有林经营规模效率分析

通过建立 DEA 测算模型，把自留山经营、家庭承包经营、股份合作经营三大经营形式下的投入产出数据代入计算，简要结果见表 11-5。

表 11-5 不同经营形式下私有林经营规模效率

类型	经营规模效率	纯技术效率	规模效率	林地冗余	资金冗余	劳动力冗余
家庭承包	0.513	0.544	0.951	0.000	5334.17	66.48
股份	0.654	0.680	0.966	0.557	9335.746	17.891
自留山	0.503	0.601	0.854	0.000	516.556	39.112
整体	0.549	0.601	0.921	0.153	4758.525	43.620

注：根据 DEA 模型测算数据计算整理。

表 11-5 显示，从总体规模效率值上看，测算出来的林农经营规模效率的均值为 0.549，与运用数据包络分析方法(DEA)测算林农经营规模效率的最优值为 1 相比还有一定的差距，这表明整体上林农的经营效率处于相对较低水平，福建省林农经营杉木的效率还有待进一步提高。股份合作经营的经营规模效率在三大经营效率中相对最高，为 0.654，家庭承包经营和自留山经营的经营规模效率分别为 0.513、0.503，这表明股份合作经营的总体效率会略高于家庭承包经营和自留山经营。从纯技术效率上看，均值为 0.601，这表明在投入要素配置上各种生产要素的配置还不尽合理。要素的整体配置效率不高，最高的股份合作经营也仅为 0.680，林农在生产要素配置上还存在一定的改进空间。从林地的规模效率上看，整体达到 0.921，三大经营形式的林地规模效率都相对较高。在投入冗余上，三大经营形式都存在不同程度的冗余，林地冗余都比较少，仅股份合作存在 3 户冗余，平均冗余 0.557 亩，冗余量十分小；在资金冗余方面，冗余现象较为严重，共有 90 户林农存在资金冗余，占总体样本的 38.46%，平均冗余 4758.52 元，其中股份合作经营资金冗余最高，达到 9335.74 元；在劳动力冗余方面，共有 80 户林农存在劳动力冗余，占总体样本的 34.19%，家庭承包形式下劳动力冗余最多，共有 41 户林农存在资金冗余，占总体样本的 17.52%，平均劳动力冗余为 66.48 工时，其他经营形式也在不同程度上存在劳动力冗余。

从以上分析可以大致看出，整体上林农的经营规模效率处于相对较低水平，在生产要素的配置上还不够合理，存在着较严重的资金、劳动力冗余现象，这表明福建省林农经营杉木的效率还有待进一步提高。下面分别从经营形式上细致分析各种经营形式下的经营规模效率，探讨出其中的差异。

一、家庭承包经营形式下私有林经营规模效率分析

(一)家庭承包形式下私有林经营规模效率的 DEA 测算

利用 DEA 模型来测算家庭承包经营形式下林农经营杉木的经营规模效率、纯技术效率和规模效率，具体测算结果见表 11-6。

表 11-6　家庭承包经营形式下私有林林地规模经营效率

类型	经营 规模效率	纯技术 效率	规模 效率	林地 冗余	资金 冗余	劳动力 冗余
家庭承包	0.513	0.544	0.951	0.000	5334.17	66.48

(二)家庭承包形式下私有林经营规模效率结果分析

1. 家庭承包形式下私有林经营规模效率分析

从以上结果可以看出，家庭承包经营的经营规模效率为 0.513，与最优值 1

相比存在较大差距，这表明家庭承包经营的水平不是很高。在88户样本林农中，仅有2户林农地块的经营规模效率值为1，即同时在纯技术效率和规模效率、经营规模效率实现了最优，这部分林农所占的比例仅为0.76%，表明当前仅有很少一部分林农达到最优经营效率。在所有样本中，只有27户的林农经营规模效率高于整体样本平均效率值0.549，占10.27%，这也表明林农的家庭承包经营的整体水平不是很高，通过调整，林农提高经营水平的空间很大。从经营规模上看，家庭承包经营形式下经营规模在50亩以下的总体经营效率相对较高，达到0.528，共有23个林农经营规模效率高于整体样本平均效率值0.549，而在50～100亩、大于100亩的林农中，仅有4户林农经营规模效率高于平均值0.549，经营效率比较低。

表11-7 家庭承包经营形式下私有林林地总体规模效率

经营规模	所占个数	平均效率	高于总体规模效率个数（>0.549）	所占比例
0～50亩	67	0.528	23	26.13%
50～100亩	10	0.483	2	2.27%
100亩以上	11	0.445	2	2.27%
共计	88	0.513	25	—

2. 家庭承包形式下私有林的纯技术效率分析

从纯技术效率来看，有3户林农的纯技术效率值达到最优，所占比例也比较低，这表明只有少部分农户在经营过程中实现了生产投入要素的优化配置，充分发挥了生产投入要素的效用。林农经营的纯技术效率平均值为0.554，30户林农经营的纯技术效率高于整体样本纯技术效率平均值0.601，纯技术效率值最低的仅为0.205，这表明了还有一部分林农在生产投入要素配置方面还未很好实现优化配置。家庭承包经营形式下经营规模在50亩以下的纯技术效率相对较高，共有26个林农总体经营规模效率高于整体样本平均效率值0.549，而在50～100亩、大于100亩的林农中，仅有4户林农总体经营规模效率高于平均值0.601，纯技术效率比较低。

3. 家庭承包形式下私有林的规模效率分析

林农的林地规模效率的平均值为0.951。从规模报酬分布上看，在0～50亩区域内，绝大多数的样本都处于规模报酬递增（有62个样本），呈现出比较明显的规律性；而经营面积在70亩以上，波动就比较大，没有呈现出明显的规律性。从各决策单元所处的规模报酬阶段上看，林农经营规模在50～70亩时都处于规模报酬递增，再增加经营面积就呈现出波动。

表 11-8 家庭承包经营形式下私有林纯技术效率

经营规模	所占个数	平均效率	高于总体规模效率个数（>0.601）	所占比例
0~50 亩	67	0.569	26	29.55%
50~100 亩	10	0.485	2	2.27%
100 亩以上	11	0.446	2	2.27%
共计	88	0.554	30	—

表 11-9 家庭承包经营形式下林农所处规模报酬阶段的分布情况

经营规模	样本总量	规模报酬递增		规模报酬不变		规模报酬递减	
		个数	比例	个数	比例	个数	比例
0~50 亩	67	62	88.57	1	8.33%	4	66.66%
50~100 亩	10	6	8.58	4	33.3%	0	0%
100 亩以上	11	2	2.85	7	58.33%	2	33.33%
共计	88	70	100%	12	100%	6	100%

4. 家庭承包形式下私有林经营的投入冗余分析

在投入冗余方面，生产要素投入都很明显，劳动力投入冗余 41 户，资金投入冗余 45 户，即家庭承包经营中超过一半的农户存在投入资金、劳动力冗余，这导致了整个规模经营效率的降低；在投入冗余量上，数值相对较大，其中资金投入平均冗余量达到 5335.177 元，劳动力投入平均冗余量达到 66.48 工时，生产要素之间的配置不太合理。从林地规模上看，经营规模在 50 亩以下的生产要素冗余现象相对比较少，分别为 1819 元、58.25 工时，而在 50~100 亩、大于 100 亩的林农中，生产要素冗余现象相对较大，资金和劳动力冗余值都十分大，这表明林农在家庭承包经营形式下经营较大规模时对各种要素的投入控制比较难。

表 11-10 家庭承包经营形式下林农经营的投入冗余分布情况

经营规模	个数	林地冗余样本数	林地冗余平均值	资金冗余样本数	资金冗余平均值	劳动力冗余样本数	劳动力冗余平均值
0~50 亩	67	0	0	32	1819	32	58.25
50~100 亩	10	0	0	6	5462	4	108.4
100 亩以上	11	0	0	7	26625	5	77.81
共计	88	0	0	45	5334.17	41	66.48

二、股份合作经营形式下私有林经营规模效率分析

(一)股份合作经营形式下私有林经营规模效率的 DEA 测算

利用 DEA 模型来测算股份合作经营形式下的林农经营杉木的经营规模效率、纯技术效率和规模效率，具体测算结果见表 11-11。

表 11-11 股份合作经营形式下私有林经营规模效率

类型	经营规模效率	纯技术效率	规模效率	林地冗余	资金冗余	劳动力冗余
股份	0.654	0.680	0.966	0.557	9335.746	17.891

(二)股份合作经营形式下私有林经营规模效率结果分析

1. 股份合作经营形式下私有林经营规模效率分析

从以上结果可以看出，股份合作经营的规模经营效率为 0.654，略高于整体样本平均值 0.549，在三大经营形式中最高，但与最优值 1 相比还是有一定的差距，这表明股份合作经营的水平还有待进一步提高。在 64 户样本林农中，有 8 户林农地块的经营规模效率值为 1，即同时实现了纯技术效率和规模效率最优和经营规模效率有效。在股份经营样本中，共有 37 户林农经营规模效率值高于整体样本经营规模效率值，略优于自留山经营和家庭承包经营，但整体上林农的经营水平还有待提高。从经营规模上看，0～60 亩平均效率最高，这也得益于林改后很多林农在成片山林时不把林地进行细分，进行联合经营，这部分的经营效率就比较高。

表 11-12 股份合作经营形式下私有林经营规模效率

经营规模	所占个数	平均效率	高于总体规模效率个数 (＞0.549)	所占比例
0～60 亩	21	0.706	13	20.31%
60～100 亩	15	0.624	8	12.5%
100 亩以上	28	0.630	16	25%
共计	64	0.654	37	—

2. 股份合作经营形式下私有林的纯技术效率分析

有 12 户林农的纯技术效率值达到最优，占总体样本的 4.56%，三种经营形式中其达到纯技术效率最优的户数最多，这部分农户在经营过程中实现了生产投入要素的优化配置，充分发挥了生产投入要素的效用。林农经营的纯技术效率平均值为 0.680，有 39 户林农经营的纯技术效率高于整体样本的平均值，这表明

了股份合作经营中多数林农在生产投入要素配置方面实现了优化配置。

表 11-13 股份合作经营形式下私有林纯技术效率

经营规模	所占个数	平均效率	高于总体规模效率个数（> 0.601）	所占比例
0～60 亩	21	0.723	13	20.31%
60～100 亩	15	0.633	9	14.06%
100 亩以上	28	0.672	17	26.56%
共计	64	0.680	39	—

3. 股份合作经营形式下私有林的规模效率分析

林农的林地规模效率的平均值为 0.965，比较接近于最优值 1。从规模报酬分布阶段上看，0～100 亩大多数都处于规模报酬递增和不变，即共有 30 个样本处于规模报酬递增和不变，但到了 100 亩以上，大多数样本都处于规模报酬递减阶段，比例高达 71.42%。从各决策单元所处的规模报酬阶段上看，在经营面积达到 100 亩左右时比较容易达到经营最优。

表 11-14 股份合作经营形式下林农所处规模报酬阶段的分布情况

经营规模	样本总量	规模报酬递增		规模报酬不变		规模报酬递减	
		个数	比例	个数	比例	个数	比例
0～60 亩	21	15	51.72%	4	28.57%	2	8.33%
60～100 亩	15	9	31.03%	2	14.28%	4	19.04%
100 亩以上	28	5	17.27%	8	57.14%	15	71.42%
共计	64	29	100%	14	100%	21	100%

4. 股份合作经营形式下私有林经营的投入冗余分析

在投入冗余方面，林地投入冗余不太明显，仅 3 个样本存在投入冗余现象，林地投入冗余仅为 0.557 亩；资金投入冗余和劳动力投入冗余现象都比较严重，分别有 23 个和 11 个，其中资金投入平均冗余量达到 9335.746 元，劳动力投入平均冗余量达到 17.89 工时，由此造成了股份合作经营生产要素投入不协调，未能实现优化配置，进而也导致了规模效率整体不高。

表 11-15 股份合作经营形式下林农的投入冗余分布情况

经营规模	个数	林地冗余样本数	林地冗余平均值	资金冗余样本数	资金冗余平均值	劳动力冗余样本数	劳动力冗余平均值
0~60 亩	21	0	0	7	1005	2	3.71
60~100 亩	15	1	2.1	8	10245	3	9.46
100 亩以上	28	2	0.1	8	15095	6	32.9
共计	64	3	0.557	23	9335.746	11	17.891

三、自留山经营形式下私有林经营规模效率分析

(一) 自留山经营形式下私有林经营规模效率的 DEA 测算

利用 DEA 模型来测算自留山经营形式下的林农经营杉木的经营规模效率、纯技术效率和规模效率，具体测算结果见表 11-16。

表 11-16 自留山经营形式下私有林经营规模效率

类型	经营规模效率	纯技术效率	规模效率	林地冗余	资金冗余	劳动力冗余
自留山	0.503	0.601	0.854	0.000	516.556	39.112

(二) 自留山经营形式下私有林经营规模效率结果分析

1. 自留山经营形式下私有林经营规模效率分析

从以上结果可以看出，在 81 户样本林农中，仅有 3 户林农地块的经营规模效率值为 1，即同时实现了纯技术效率和规模效率最优和经营规模效率有效，这部分林农所占的比例十分小，仅为 1.14%。自留山经营的经营规模效率为 0.503，在三大经营形式里总体规模效率最低，也低于整体测算总体经营规模效率平均值 0.549，与最优值 1 相比相差较大，这表明自留山经营的水平偏低。在所有样本中，只有 30 户的林农经营规模效率高于整体测算总体规模效率平均值 0.549，这也进一步表明林农的自留山经营水平偏低。在经营规模分布上，0~10

表 11-17 自留山经营形式下私有林林地总体规模效率

经营规模	所占个数	平均效率	高于总体规模效率个数（>0.549）	所占比例
0~10 亩	51	0.502	18	22.22%
10~20 亩	19	0.458	6	7.40%
20 亩以上	11	0.586	5	6.17%
共计	81	0.503	29	—

亩经营效率相对较高，共有 18 户林农高于总体经营规模效率，高于 10 亩经营规模时林农的经营规模效率会逐渐降低。

2. 自留山经营形式下私有林纯技术效率分析

从纯技术效率来看，林农经营的纯技术效率平均值为 0. 601，有 39 户林农经营的纯技术效率高于平均值，纯技术效率值最低的仅为 0. 242，这表明了还有一部分林农在生产要素方面投入还未很好实现优化配置。在实现规模有效方面，有 9 户林农的纯技术效率值达到最优，占总体样本的 3. 42%，所占比例也比较低，只有少部分农户在经营过程中实现了生产要素投入的优化配置，发挥了生产要素投入的效用。从经营规模上看，10 亩以内的林农在纯技术效率上比较高，配置比较合理，在 51 户经营面积在 10 亩以内的林农中，共有 28 户林农的纯技术效率值高于平均值，得到较为合理的配置。

表 11-18　自留山经营形式下私有林纯技术效率

经营规模	所占个数	平均效率	高于总体规模效率个数（> 0. 601）	所占比例
0 ~ 10 亩	51	0. 635	28	34. 56%
10 ~ 20 亩	19	0. 487	6	7. 40%
20 亩以上	11	0. 639	5	6. 17%
共计	81	0. 601	39	—

3. 自留山经营形式下私有林规模效率分析

林农的林地规模效率的平均值为 0. 854，低于整体样本测算水平 0. 921。这个结果比较符合实际生产，因为林农自身所拥有的自留山面积本来就小，不可能出现大规模的自留山经营。从规模报酬分布上看，在经营面积 20 亩以内几乎都处于规模报酬递增阶段，即高达 85. 18% 的林农处于规模报酬递增，特别是在 10 亩以内所有样本都处于规模报酬递增。从目前林农经营的实际情况和测算结果看，十几亩的经营面积比较容易达到最优，林农的经营效率可以达到最优。

表 11-19　自留山经营形式下林农所处规模报酬阶段的分布情况

经营规模	样本总量	规模报酬递增		规模报酬不变		规模报酬递减	
		个数	比例	个数	比例	个数	比例
0 ~ 10 亩	51	51	65. 38%	0	0%	0	0
10 ~ 20 亩	19	18	23. 07%	1	33. 33%	0	0
20 亩以上	11	9	11. 53%	2	66. 66%	0	0
共计	81	78	100%	3	100%	0	0

4. 自留山经营形式下私有林经营的投入冗余分析

在投入冗余方面，林地投入冗余不太明显，没有样本存在林地投入冗余现象；资金投入冗余和劳动力投入冗余都比较多，其中资金投入冗余有 22 户，平均冗余量达到 516. 55 元，劳动力投入冗余有 38 户，平均冗余量达到 39. 11 工时，投入冗余现象较家庭承包、股份合作经营较少，但也影响到自留山经营的总体规模效率。

表 11-20　自留山经营形式下林农所处规模报酬阶段的投入冗余分布情况

经营规模	个数	林地冗余样本数	林地冗余平均值	资金冗余样本数	资金冗余平均值	劳动力冗余样本数	劳动力冗余平均值
0 ~ 10 亩	51	0	0	13	437. 8	24	47. 03
10 ~ 20 亩	19	0	0	5	766. 2	10	24. 36
20 亩以上	11	0	0	4	433	4	27. 73
共计	81	0	0	22	516. 556	28	39. 112

第三节　不同经营形式下私有林经营规模效率差异分析

一、不同经营形式下私有林经营规模效率比较分析

从以上分析可以看出，在私有林林地经营方面，整体样本平均规模效率值仅为 0. 549，林农的经营效率都有待提高。按照不同经营形式来看，股份合作经营形式总体规模效率为 0. 654，相对较高；家庭承包经营次之，总体规模效率为 0. 513，自留山经营最低，仅为 0. 503，测算的结果比较符合林业生产实际。从图 11-1，可以看出家庭承包经营和自留山经营的总体效率主要集中在 0. 35 ~ 0. 4 和 0. 75 ~ 0. 8 之间，而股份合作经营共出现三大峰值，分别位于 0. 45 ~ 0. 5、0. 75 ~ 0. 8 和 0. 95 ~ 1，特别是共有 13 个林农的经营规模效率高于 0. 95，这就整体上拉高了股份合作经营效率。在实际生产中，股份合作经营的林权共有，按股分配，资源、资金、技术得到优化组合，既体现了人人有山林，又实现了规模经营，具有很强的生命力。家庭承包经营的特点比较明显，林地使用权和林木经营权在家庭承包期内归家庭承包者，明晰到户，收益按合同规定分成，家庭承包的期限也比较稳定，越来越成为林农喜欢的经营方式，经营效率也就相对较高。自留山经营虽然存在林地立地条件差、经营面积偏小等弱点，但由于新一轮林改后，林木市场价值稳步提升，林农经营更加细心，更加精耕细作，因此自留山经

营总体规模效率也不会太低。在生产实际中，广大林农可以根据自己的生产条件选择适当的经营方式，有条件的地方可以尽量选择股份合作经营。现在林改分林到户了，产权更加明晰了，股份合作的条件更加成熟，林农可以在明晰产权的基础上，以林入股，共同协作，实现林业的规模化经营。

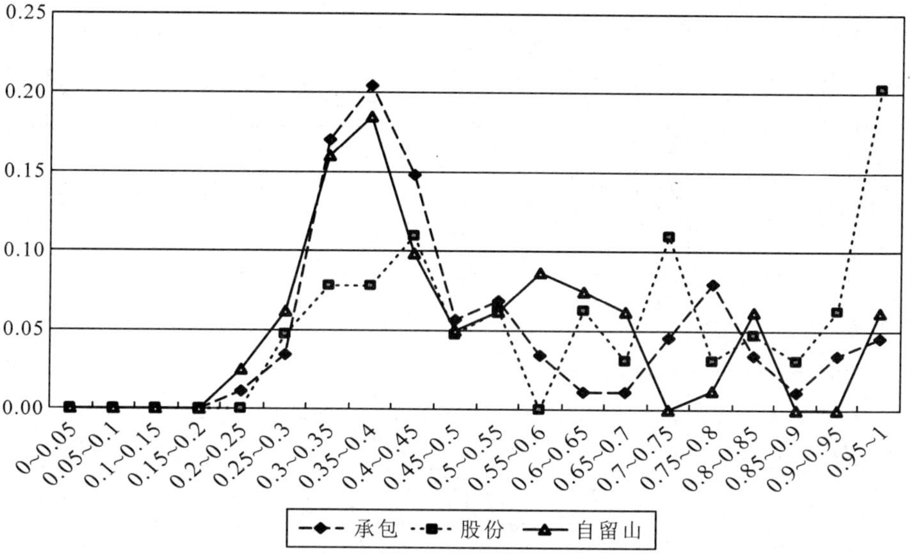

图 11-1　不同经营形式下私有林经营规模效率概率分布图

二、不同经营形式下私有林纯技术效率比较分析

纯技术效率的高低体现出林农生产要素的配置合理程度。从测算结果上看，整体上林农经营的纯技术效率比较低，由于配置上的不合理，导致了生产要素投入过多，影响了总体经营规模效率。从图 11-2 上可以看出，股份合作经营在 40 ~ 50 亩和 80 ~ 100 亩时纯技术效率比较高，家庭承包经营主要在 50 ~ 70 亩时纯技术效率最高，均值都高于 0.7，自留山经营的纯技术效率曲线总体上向右倾斜，呈向下趋势，最高值出现在 0 ~ 10 亩。从经营形式上，股份合作经营的纯技术效率最高，这主要得益于此种合作模式下，林农会更理性的进行生产要素配置，提高经济效益。在调查过程中，也发现股份合作经营中联户合作的林农经营面积大部分在 40 ~ 60 亩，可以看出这部分的林农在要素的配置上比较合理。家庭承包经营的纯技术效率比较低，这主要是由于林改前后，买卖青山现象增多，林地使用费大幅度上升，雇工费用也水涨船高，而林农在经营水平上又一时难以迅速转变，导致在生产要素配置上不够合理。林农比较容易掌控的经营面积约 50 ~ 70 亩。自留山经营的纯技术效率也很低，主要是由于自留山经营年限比较长，

以前的林业经济效益不高，林农在对自留山的投入上也比较随意，没有很好地进行配置，但林农在10亩以内生产要素配置的效率还是比较高的。

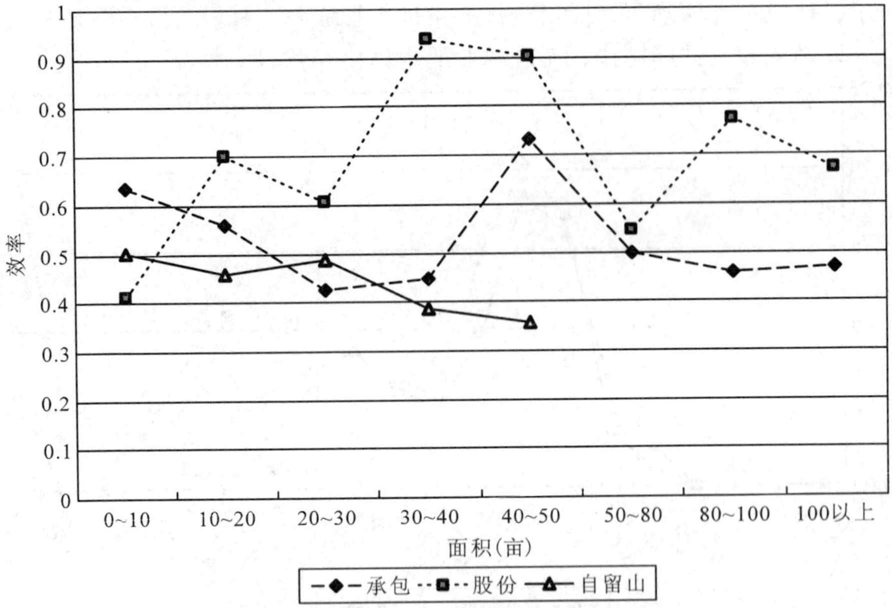

图11-2 不同经营形式下私有林经营的纯技术效率分布

三、不同经营形式下私有林规模报酬阶段比较分析

从各决策单元所处的规模报酬阶段上看，三大经营形式在林地经营规模上都可以适当扩大。从规模报酬分布上看，家庭承包经营形式下，经营面积在0~50亩区域内，绝大多数的样本都处于规模报酬递增，呈现出比较明显的规律性；而经营面积在100亩以上，波动就比较大，没有表现出明显的规律性；股份合作经营形式下，0~100亩时大多数都处于规模报酬递增和不变，但到了100亩以上后，波动就比较大，而且大多数样本处于规模报酬递减阶段；在自留山经营形式下，在经营面积20亩以内几乎都处于规模报酬递增阶段，特别是在10亩以内所有样本都处于规模报酬递增。因此，可以看出按照目前生产水平，进行股份合作经营的林农在合理配置好投入要素基础上，经营规模一般可以扩大到100亩以上，整个经营效率会比较高，当然有条件的还可以扩大到更大的规模，但要注重生产要素之间的合理配置。家庭承包经营呈现出比较明显的规律性，70亩左右的经营面积是林农极易掌控的生产规模，林地的总体规模效率也更容易达到最优。而在自留山经营方面，从目前林农经营的实际情况和测算结果看，十几亩的经营面积比较容易达到最优，林农的经营效率可以达到最优。

四、不同经营形式下私有林经营的投入冗余比较分析

目前，林农在林业经营上普遍存在着要素投入冗余现象，在这一点上，三大经营形式表现得相当一致。在投入冗余上，三大经营形式都存在不同程度的冗余，林地冗余都比较少，仅股份合作存在3户冗余，平均冗余0.557亩，冗余量十分小；在资金冗余方面，冗余量就比较多了，共有90户林农存在资金冗余，占总体样本的38.46%，平均冗余4758.52元，其中股份合作经营资金冗余最高，平均达到9335.74元，家庭承包经营的资金冗余户数也比较多，为45户，平均达到5334.17元(图11-3)。这主要是因为林改前后林地家庭承包费、使用费的大幅度上升，导致林农经营的成本显著增加。而自留山的林地为自己所有，不存在林地家庭承包费问题，因此资金冗余费相对较少。在劳动力冗余方面，共有80户林农存在劳动力冗余，占总体样本的34.19%，家庭承包形式下劳动力冗余最多，共有41户林农存在资金冗余，占总体样本的17.52%，平均劳动力冗余为66.48工时(图11-4)，其他经营形式也在不同程度上存在劳动力冗余。投入要素的冗余导致了三大经营形式的总体规模效率难以提高，因此在实际生产中要适当的调整这些要素，才能有效地提高林农的经营效率。

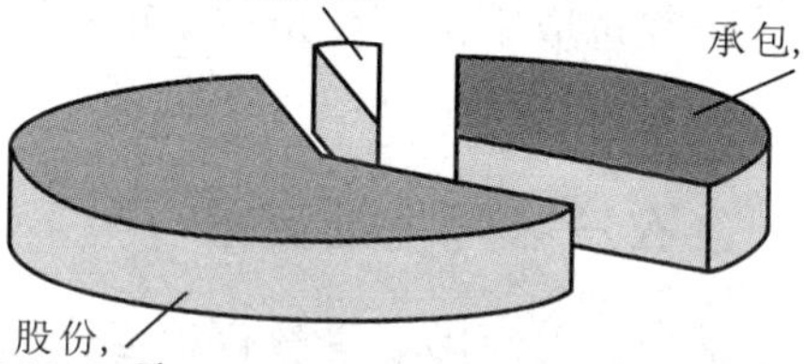

图11-3　不同经营形式下林农经营投入资金冗余

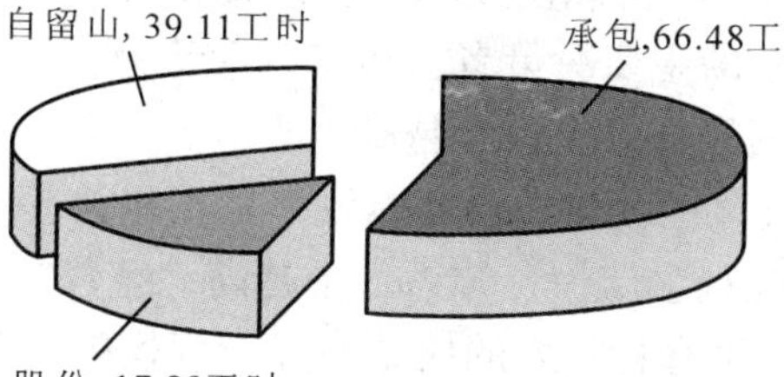

11-4　不同经营形式下林农经营劳动力冗余

第十二章
用材林经营规模效率的影响因素分析
——以福建杉木为例

在前面的章节中，本研究测算了杉木用材林经营规模效率，从中发现，农户的经营规模效率存在着差异。那么是什么因素导致农户的经营规模效率出现差异呢？在本章节，将对影响农户经营规模效率的因素进行分析，从中找寻出影响经营规模效率的主要因素，借此可以为提高农户的经营规模效率，进而提升我国林业的整体竞争力，推动我国林业的可持续发展提供参考。

第一节　变量的选取及假设

根据以往学者对于林地经营规模效率影响因素的分析，结合本国家自然基金项目开展的实地调研情况，本研究选取了以下变量作为可能影响用材林经营规模效率的因素(表 12-1)。

一、农户家庭特征变量

农户家庭特征变量主要包括户主的年龄、受教育程度，林业收入占家庭总收入的比重以及劳动力占家庭总规模比重。

假设 1：户主的年龄与经营规模效率呈正相关关系。户主作为家庭中决策权最大的一人，是林业经营的主要决策者。传统观念认为，户主的年纪越大，其林业经营的经验越丰富，其经营效率也会越高。

假设 2：户主的受教育程度与经营规模效率呈正相关关系。林业经营离不开决策者的知识水平。传统观念认为，知识水平越高，经营效率越高。

假设 3：林业收入占家庭总收入的比重与经营规模效率呈正相关关系。林业收入占家庭总收入的比重越高，证明该家庭对于林业的依赖程度越大，那么在林业经营上所花费的精力就越大，其效率也就越高。

假设 4：劳动力占家庭总规模比重与经营规模效率呈正相关关系。劳动力是林业经营不可或缺的一个重要因素。传统观念认为，劳动力数量越多(或比重越大)，其家庭的经营效率就越大。

二、林地特征变量

林地特征变量主要包括农户经营杉木总面积、杉木总地块数、林地总面积、林地总地块数、主营地块占林业经营总面积比重，林地离公路距离等变量。

假设5：杉木总面积(或林地总面积)与经营规模效率呈正相关关系。传统观念认为，林业经营呈现出规模递增趋势，经营面积越大，效率就越高。

假设6：杉木总地块数(林地总地块数)与经营规模效率呈负相关关系。传统观念认为，经营地块越多，地块就越分散，地块的分散性将加大林业经营的成本，导致效率低下。

假设7：主营地块占林业经营总面积比重与经营规模效率呈正相关关系。主营地块是指农户经营的主要地块，在其花费的时间与精力往往是最多的。因此，一般而言，主营地块占林业经营总面积比重越大，经营规模效率就越高。

假设8：林地离公路距离与经营规模效率呈负相关关系。传统观念认为，林地离公路距离越远，其经营成本也就越大，经营效率就越低。

三、林木特征变量

林木特征变量主要选择了家庭经营杉木年限、种苗密度、种苗质量以及种植年限等变量。

假设9：经营杉木年限与经营规模效率呈正相关关系。传统观念认为，家庭经营杉木年限越长，经验就越丰富，其效率就越高。

假设10：种植密度与经营规模效率呈倒U型关系。每亩种植杉木的株数，即种植密度要在合理的一个区间，太密或太松将会导致经营规模效率低下。

假设11：种苗质量与经营规模效率呈正相关关系。传统观念认为，种苗质量越好，林木长势越好，产出越大，经营效率越高。

假设12：种植年限与经营规模效率的关系先是：平稳为1，超过一定的年限之后，呈负相关关系。在自然生长情况下，杉木在成熟期之前，其经营行为都是合理的，其效率也都达到最优。然而在成熟期之后，却未能及时砍伐，林木将不再生长(或生长量很少)，此时随着种植年限的延长，其单位收益在递减，经营效率也相应在递减。

四、林业经营制度变量

林业经营相关制度变量主要选取采伐限额管理制度、伐区调查设计制度。

假设13：采伐限额管理制度(或伐区调查设计制度)与经营规模效率呈负相关关系。制度本身就是为了约束农户的经营行为而存在的。制度的存在使得农户的经营行为处于一种非完全竞争的市场，而制度的约束力越强，市场的竞争性就越弱，经营主体的效率就越低下。

五、其他林业经营中的外部变量

这主要包括经营类型、林产品销路、资金来源、林权纠纷、林业税费、林业补贴以及环境影响。

假设14：经营类型与经营规模效率呈负相关关系。传统观念认为，联户经营将会比单户经营更有效率。这主要是因为联户经营在劳动力、资金以及土地上的投入更为充沛，不存在捉襟见肘的现象。

假设15：林产品销路与经营规模效率呈正相关关系。传统观念认为，林产品越畅销，林业经营所能够给农户带动的收益就越大，理性的经济主体——农户在林业经营上所花费的精力就越大，经营效率也就越高。

假设16：资金来源渠道的畅通性与经营规模效率呈正相关关系。传统观念认为，资金来源渠道越畅通，表明农户在各大生产要素的投入上将更加的得心应手，也能够投入足够的流动要素，以充分发挥固定要素的生产潜力，致使生产效率达到最优。

假设17：林权纠纷与经营规模效率呈负相关关系。传统观念认为，林权纠纷将会阻碍林农及时回收成本，同时会损伤农户经营林业的积极性，最终导致经营效率低下。

假设18：林业税费与经营规模效率呈负相关关系。传统观念认为，过重的林业税费将会减少农户经营林业的收益，同时也将损伤经营林业的积极性，最终导致经营效率低下。

假设19：林业补贴与经营规模效率呈正相关关系。传统观念认为，林业补贴将会提高农户经营林业的积极性，进而提升林业经营效率。

假设20：环境影响与经营规模效率呈负相关关系。传统观念认为，在林业经营过程中，如果过多地考虑环境的影响，将不可避免的加大经营成本，进而降低经营效率。

表12-1　杉木用材林影响因素分析指标体系释义

代号	因素类型	变量名称	变量释义
Y	因变量	经营规模效率	农户家庭经营杉木的综合效率
X1	农户家庭特征变量	年龄	户主年龄
X2		受教育程度	户主的知识水平
X3		林业收入占家庭总收入比重	家庭对于林业的依赖程度
X4		劳动力占家庭总规模比重	家庭劳动力所占比重

（续）

代号	因素类型	变量名称	变量释义
X5	林地特征变量	杉木总面积	农户经营杉木的总面积
X6		杉木总地块数	农户经营杉木的总地块数
X7		林地总面积	农户经营林地的总面积
X8		林地地块数	农户经营林地的地块数
X9		主营地块占林地总面积比重	主营地块的重要性
X10		林地离公路距离	代表地块离公路的距离
X11	林木特征变量	家庭经营杉木年限	农户经营杉木时间的长短
X12		种苗密度	每亩的种苗数量
X13		种苗质量	种苗的好坏：1 = 好；2 = 普通；3 = 差
X14		种植年限	主营地块杉木的生长年限
X15	林业经营制度变量	采伐限额管理制度	采伐限额管理制度对于造林积极性的影响：1 = 无；2 = 一般；3 = 很大
X16		伐区调查设计制度	伐区调查设计制度对其木材采伐的影响：1 = 很小；2 = 一般；3 = 很大
X17	其他林业经营中的外部变量	经营类型	经营的具体类型：1 = 单户；1 = 联户
X18		林产品销路	木材的销路：1 = 畅销；2 = 不太畅销；3 = 不畅销
X19		资金来源	林业经营资金来源渠道：1 = 不畅通；2 = 不太畅通；3 = 畅通
X20		林权纠纷	农户家庭是否有遇到林权纠纷：1 = 有；0 = 无
X21		林业税费	农户对于林业税费的态度：1 = 很高；2 = 一般；3 = 很低
X22		造林补贴	造林补贴对于农户造林积极性的调动：1 = 很大；2 = 较大；3 = 一般；4 = 可有可无
X23		环境影响	农户林业经营中是否考虑环境影响：1 = 有；0 = 无

第二节　方法的选择及其基本原理

在分析林农经营规模效率的影响因素及其作用大小时，本研究采用 Tobit 模型。在 DEA 测算结果的基础上应用 Tobit 模型来分析影响因素的方法，即 DEA - Tobit 两阶段评价方法，基本原理是把 DEA 测算出来的效率值作为被解释变量，影响因素为解释变量纳入到模型当中，根据模型回归结果得出影响效率值的主要因素。

第三节 模型参数估计

利用 SPSS 软件，对 1 个因变量和 23 个自变量进行描述性统计分析，可得出各指标的最大值，最小值、平均值以及标准差，见表 12-2。

表 12-2 变量数据描述

代号	变量名称	最小值	最大值	平均值	标准差
Y	经营规模效率	0. 02	1	0. 5667	0. 2690
X1	年龄	32	84	49. 3860	10. 1895
X2	受教育程度	0	16	7. 6608	3. 5466
X3	林业收入占家庭总收入比重	0	1	0. 1467	0. 2407
X4	劳动力占家庭总规模比重	0. 25	2	0. 7313	0. 2264
X5	杉木总面积	0. 2	28000	374. 9800	2361. 8610
X6	杉木总地块数	1	60	2. 7485	5. 4439
X7	林地总面积	0. 3	39000	604. 1600	3674. 3774
X8	林地地块数	1	80	4. 2749	7. 5709
X9	主营地块占林地总面积比重	0	1. 67	0. 4442	0. 3394
X10	林地离公路距离	0. 01	5	1. 2333	1. 0769
X11	家庭经营杉木年限	2	34	17. 3333	8. 2441
X12	种苗密度	25	300	194. 2700	54. 2322
X13	种苗质量	1	3	2. 3041	0. 5212
X14	种植年限	6	42	19. 3977	7. 3063
X15	采伐限额管理制度	1	3	2. 0526	0. 7613
X16	伐区调查设计制度	1	3	1. 9942	0. 8225
X17	经营类型	1	2	1. 2222	0. 4170
X18	林产品销路	1	3	2. 4444	0. 7122
X19	资金来源	1	3	1. 5965	0. 7403
X20	林权纠纷	0	1	0. 4620	0. 5000
X21	林业税费	1	3	1. 5263	0. 6070
X22	造林补贴	1	4	2. 2573	1. 2288
X23	环境影响	0	1	0. 4094	0. 4932

资料来源：根据问卷数据整理得到。

将经营规模效率作为被解释变量，林业经营规模效率可能的影响因素作为解释变量纳入模型当中，则模型可以设定为：

$$Y = c + \sum_{i=1}^{23} a_i X_i$$

上式中 Y 代表家庭经营规模效率，$X_1 \sim X_{23}$ 代表林业经营规模效率的可能影响因素，c 代表常数项，$a_i(i=1、2\cdots23)$ 代表解释变量的系数，反映影响因素的作用方向。

运用 Eviews 软件对影响杉木用材林经营规模效率的因素进行初次回归，结果见表 12-3。

表 12-3　杉木用材林经营规模效率影响因素的初次回归结果

解释变量	系数	标准差	Z 值	显著性
C	0. 8694 ***	0. 2161	4. 0223	0. 0001
X1	-0. 0011	0. 0021	-0. 5440	0. 5865
X2	-0. 0073	0. 0060	-1. 2270	0. 2198
X3	-0. 0313	0. 0795	-0. 3934	0. 6940
X4	0. 1733 **	0. 0818	2. 1182	0. 0342
X5	0. 0000	0. 0000	-1. 1988	0. 2306
X6	0. 0279 *	0. 0163	1. 7107	0. 0871
X7	0. 0000	0. 0000	0. 9310	0. 3518
X8	-0. 0163	0. 0126	-1. 2878	0. 1978
X9	-0. 0437	0. 0596	-0. 7325	0. 4639
X10	-0. 0052	0. 0173	-0. 3032	0. 7617
X11	-0. 0034	0. 0026	-1. 2835	0. 1993
X12	0. 0004	0. 0003	1. 2093	0. 2266
X13	0. 0002	0. 0340	0. 0045	0. 9964
X14	-0. 0198 ***	0. 0030	-6. 6970	0. 0000
X15	-0. 0238	0. 0246	-0. 9670	0. 3335
X16	-0. 0361	0. 0269	1. 3440	0. 1790
X17	0. 0417	0. 0451	0. 9237	0. 3556
X18	0. 0404	0. 0278	-1. 4539	0. 1460
X19	-0. 0273	0. 0266	-1. 0248	0. 3055
X20	-0. 0565	0. 0347	-1. 6287	0. 1034

（续）

解释变量	系数	标准差	Z 值	显著性
X21	0.0396	0.0322	1.2308	0.2184
X22	0.0248	0.0164	1.5142	0.1300
X23	0.0103	0.0368	0.2803	0.7792
判定系数 R2	0.4286		AIC	-0.0919
Log likelihood	43.8458		SC	0.3674

*** 表示在 99% 置信水平下显著；** 表示在 95% 置信水平下显著；* 表示在 90% 置信水平下显著。

从模型初次回归结果(表 11-3)的各种统计检验量上看，模型的判定系数 R2 为 0.4286，不是很高，这主要是因为纳入模型的数据为横截面数据所导致。由于模型不用来做预测，因此判断系数 R2 较低并不影响对影响因素的分析。此外，由 AIC = -0.0919 和 SC = 0.3674 可知，两者的绝对值都小于 1，表明模型分别通过赤池准则和施瓦茨准则，同时模型的极大似然值 Log likelihood = 43.8458，数值较大，由此可知，模型整体显著性较强。而从回归的具体结果上看，在将全部 23 个因素纳入模型之时，仅有 X4(劳动力占家庭总规模比重)、X6(杉木总地块数)以及 X14(种植年限)3 个变量对农户家庭经营规模效率有显著影响。

为了更加明确具体哪些因素对农户经营规模效率的影响程度，须将对其影响不显著的因素排除在模型之外。同时为了防止在部分因素的干扰下，导致一些对于农户经营规模效率有显著影响的因素被排除在模型之外，本研究采取逐步回归的方法对模型进行了二次回归。第二次回归的步骤具体如下：首先将第一次回归结果中，对模型显著的因素确定下来，然后将其他几个因素按照显著概率值的高低，由高向低依次排除出模型，最终将显著性系数低于 0.1 的因素留在模型之内，最终得到了二次回归的结果(表 12-4)。

表 12-4 杉木用材林经营规模效率影响因素的最终回归结果

解释变量	系数	标准差	Z 值	显著性
C	0.8648 ***	0.0944	9.1624	0.0000
X4	0.1600 **	0.0784	2.0396	0.0414
X5	-3.08E-5 *	0.0000	-1.6449	0.1000
X6	0.0151 *	0.0081	1.8565	0.0634
X14	-0.0222 ***	0.0025	-8.8492	0.0000
X16	-0.0492 **	0.0219	2.2503	0.0244

（续）

解释变量	系数	标准差	Z 值	显著性
X18	0.0591 **	0.0253	−2.3344	0.0196
X20	−0.0656 **	0.0358	−1.8316	0.0670
判定系数 R2	0.2868		AIC	−0.2077
Log likelihood	26.7592		SC	0.0424

*** 表示在 99% 置信水平下显著；** 表示在 95% 置信水平下显著；* 表示在 90% 置信水平下显著。

从模型二次回归结果(表 12-4)的各种检验统计量上看，模型的判定系数 R2 有所下降，为 0.2868，同样不是很高，这主要还是因为纳入模型的数据为横截面数据所导致。由于模型不用来做预测，因此判断系数 R2 较低并不影响对影响因素的分析。此外，由 AIC = −0.2077 和 SC = 0.0424 可知，两者的绝对值也都小于 1，表明模型也都分别通过赤池准则和施瓦茨准则。同时模型的极大似然值 Log likelihood 虽然也有所下降，为 26.7592，数值也还处于相对较大的阶段，由此可知，模型整体显著性较强。而从第二次回归的具体结果上看，有 7 个因素纳入模型，表明这 7 个因素对农户家庭经营规模效率有显著影响，分别为 X4(劳动力占家庭总规模比重)、X5(杉木总面积)、X6(杉木总地块数)、X14(种植年限)、X16(伐区调查设计制度)、X18(林产品销路)、X20(林权纠纷)。由此可构建出福建省农户经营规模效率的影响因素模型：

$$
\begin{aligned}
\text{tobit}(Y) = & 0.8648 + 0.1600X4 + 3.08E-5X5 + 0.0151X6 - 0.0222X14 \\
& - 0.0492X16 + 0.0591X18 - 0.0656X20
\end{aligned}
$$

即：

$$
\begin{aligned}
\text{tobit}(\text{经营规模效率}) = & 0.8648 + 0.1600 \times \text{劳动力占家庭总规模比重} \\
& + 3.08E-5 \times \text{杉木总面积} + 0.0151 \times \text{杉木总地块数} \\
& - 0.0222 \times \text{种植年限} - 0.0492 \times \text{伐区调查设计制度} \\
& + 0.0591 \times \text{林产品销路} - 0.0656 \times \text{林权纠纷}
\end{aligned}
$$

第四节　回归结果分析

一、劳动力对经营规模效率的影响

从表 12-4 可知，家庭劳动力占家庭总规模比重与经营规模效率呈现正密切相关，这表明家庭劳动力所占的比重越大，农户家庭经营规模效率越大。而该影响因素的显著性系数为 0.0414 < 0.05，通过 95% 置信水平的检验。由此可知，

劳动力占家庭规模比重这一影响因素对于农户经营规模效率的影响较为显著。从影响的力度上看，每提高一单位的家庭劳动力所占比重，经营规模效率就要提升0.16，这是所有影响因素中作用力度最大的一个。林业经营的整个过程中都离不开劳动力的投入。劳动力又可细分为家庭自有劳动力和雇工。家庭自有劳动力数量越多，也就意味着雇工数相对就越少。常理而言，农户对于自家的林地会更加用心，无论是在种植、抚育还是在管护上都会更加用心，林木也会相对生长得较好。而对于雇佣工人而言，作为一个理性的"经济人"，其追求利益的最大化，即用最小的投入去获得最大的产出。因此，在被雇佣期间，可能会存在"偷懒"现象，导致林木长势相对较差。

二、林地面积对经营规模效率的影响

模型回归结果显示：农户经营杉木总面积大小也对经营规模效率有所影响。从作用的方向上看，它与经营规模效率呈反向关系，表明杉木总面积越大，经营规模效率越小，表明经营的林地面积越大，经营效率就越低，这也再一次验证了小规模林业经营是相对有效的结论。同时，从作用的力度上看，其影响系数为0.0000308，数值非常小，是这7个因素中影响系数最小的，这表明农户经营杉木的总面积虽然对于经营规模效率有影响，但影响的力度是有限的。

三、地块分散性对经营规模效率的影响

农户经营杉木总地块也是影响经营规模效率的一个重要因素。从该因素作用的方向上看，与传统观念认为经营地块越分散，经营效率越低这一结论不同，模型回归结果表明农户经营的杉木地块越多，其经营规模效率就越高。传统观念认为地块越分散，将会加大农户经营的成本，导致效率低下。然而，这主要是针对以种植业为主的农地而言，因为与种植业需要频繁不间断劳动力投入这一特性不同，林业经营过程中主要集中在前一阶段的造林、造林之后6年内的每年1~2次的抚育。这两个阶段所需的劳动力相对集中，正常情况下都是集中在一年内某一特定的持续时间较短的时期。由此时间较为集中，并非像农地那样需要长时期的投入劳动力。因此，由于地块分散性所导致的经营成本增加量相对有限。此外，森林管护也是林业经营过程中劳动力投入的一个主要部分。森林管护的一个主要目的在于防止盗伐。2003年新一轮林改之后，山林都分发到各家各户手中，几乎每家每户都拥有自己的山林，盗伐现象自然而然慢慢消失了。因此，农户花费在管护上的时间也相对较少，一般情况下都是在去农活之时经过自家林地而顺便看看。综上所述，林地的分散性并不会对农户经营规模效率呈现负向关系，反而会呈现正向关系，这是因为经营杉木的林地地块越多，证明林农对于种植杉木

越熟悉，越有把握获利，自然而然其经营效率也就越高。

四、种植年限对农户经营规模效率的影响

模型最终回归结果表明，种植年限与农户经营规模效率密切相关。从其显著性系数上看，它通过了99%置信水平的显著性检验，是7个因素中对经营规模效率最为显著的影响。从影响的方向上看，它与经营规模效率呈现反向变动关系，表明越早时期种植的杉木，其经营效率越低下。这主要由于是两个原因所引起的：一方面，在本次国家自然基金的实地调研中发现，在20世纪八九十年代种植的杉木，由于林地与林木的归属权掌握在集体手中，农户未能真正享受到山林所能够给他们带来的好处，导致其无心打理山林，经营方式较为粗犷。此时，他们对于林木的种植、抚育以及管护仅仅停留在“挣去工分”的思想上，最终导致乱砍滥伐、盗伐现象严重，木材出材量少；另一方面，在20世纪八九十年代集体造林期间，造林对于农户仅仅是为了挣工分，因此农户存在“干好干坏一个样”的小农思想，这种思想不可避免的导致劳动力过度投入现象的产生，因此，早期造林的林地都普遍存在劳动力投入过多的现象，最终也导致了经营规模效率低下。

五、伐区调查设计制度对农户经营规模效率的影响

伐区调查设计制度在一定程度上也对农户经营规模效率有影响。从影响方向上看，伐区调查设计制度与农户经营规模效率呈现负相关关系，表明伐区调查设计制度对农户经营行为影响越大，那么农户的经营规模效率也就越低。根据《中华人民共和国森林法》第三十四条规定，申请采伐许可证，必须提交伐区调查设计或相应内容的文件。所谓的伐区调查设计制度，就是对于一个伐区内或一个作业区内森林资源数量、出材量、生长状况以及结构规律等，据以确定采伐、更新、抚育、改造等措施，并进行作业调查。伐区调查设计制度的主要目的在于充分合理利用并永续不断地提高潜在的生产力，充分发挥森林资源各种效益的功能。然而，由于存在部分林业部门以权谋私的行为，而将采伐指标分配给利益共同体。而在采伐指标有限的情况下，广大的普通农户在林木成熟之后，却无法将其按时砍伐，不得不延长林业经营周期，致使经营成本上升，直接导致农户经济利益部分损失，也间接损伤了农户继续经营林业的积极性。

六、林产品销路对农户经营规模效率的影响

实证分析表明，林产品销路与农户经营规模效率正密切相关，表明林产品越畅销，农户经营规模效率就越大。作为一个理性的经济主体，农户经营林业的主

要目的在于追求利益的最大化。林产品越畅销，表明林业经营的前途就越发光明。为了获取最大的利润，农户在林业经营上所花费的精力就会越多，就会越专注于造林、抚育以及森林管护等林业生产环节，进而实现投入的最小化，以及木材产出的最大化，进而提升整个经营规模效率。

七、林权纠纷对农户经营规模效率的影响

林权纠纷与农户经营规模效率密切相关。模型回归分析表明，有遇到过林权纠纷的农户经营规模效率比没有遇到过林权纠纷的低 0.0656，这充分表明林权纠纷是阻碍农户经营规模效率的一个重要因素。林权纠纷的发生将使得农户前期的林业投入无法得到有效的补偿，同时也会极大的损伤农户经营林业的积极性，致使经营规模效率低下。

第十三章
竹林经营规模效率的影响因素分析

通过第八章的分析，可以发现福建省毛竹经营效率整体偏低。为了更好地了解影响非 DEA 有效样本效率低下的具体原因，借鉴已有的研究成果，本章采用 Tobit 回归分析法，以期在众多影响毛竹经营效率的因素中找出影响其显著因素，为福建省实施提高毛竹经营效率的政策提供参考。

第一节　毛竹林经营规模效率的影响因素

根据以往文献对毛竹经营规模效率影响因素的分析以及实地调查情况，结合农户经营行为的主要理论，建立以下综合指标：

表 13-1　毛竹经营效率的影响因素指标

影响因素		变量选择	单位	变量含义
自然因素(6)	林地因素(4)	海拔	m	
		使用年限	年	
		肥沃程度		1 类地、2 类地、3 类地、4 类地
	辅助约束(2)	距离公路距离	km	
		所选地块面积占总面积比	%	
社会因素(16)	家庭特征(6)	参与林地劳动力数	人	
		户主年龄	周岁	
		户主受教育年限	年	
		是否党员		是/否
		是否村干部		是/否
		数否林业干部		是/否
	培育方法(7)	毛竹经营结构		竹笋两用、笋用、竹用、其他
		施肥次数	次	
		立竹度	株/亩	
		有无标号		有/无

（续）

影响因素		变量选择	单位	变量含义
社会因素（16）	培育方法(7)	砍伐年限	年	
		病虫害发生次数	次	
	科技水平(1)	参加培训天数	天	
	其他因素(2)	工价	元	当地雇工价格
		是否发生过林权纠纷		是/否
经济因素(5)	组织形态(3)	产权组织形式		自留山、林改分林到户、承包租赁、转让承包租赁、其他
		经营管理方式		粗放、一般、半集约、集约
		毛竹经营类型		大小年、花年
	资本投入(2)	药肥费	元/亩	
		毛竹收入占总收入比	%	毛竹收入与家庭总收入之比

第二节　影响因素的回归模型构建

一、变量选取

本章以 DEA 测算出的效率值为因变量（dependent variable）或者解释变量（explained variable），选取表 13-2 中的变量为自变量（independent variable）或者被解释变量（explanatory variable）。

表 13-2　分析变量数据描述统计

变　量	最小值	最大值	均　值	标准差
Y——毛竹林地规模效率	0.093	1	0.457116	0.288622
X1——海拔	200	950	631.7579	147.9441
X2——林地使用年限	10	1000	102.9895	254.4671
X3——林地肥沃程度	1	3	1.884211	0.58096
X4——距离公路距离	0	4	0.835263	1.026714
X5——所选地块面积占总面积比例	0.1	1	0.620421	0.282575
X6——参与林地劳动力数量	1	4	2.073684	0.672279
X7——户主年龄	27	78	47.08421	9.998578
X8——户主受教育年限	0	12	7.378947	3.125662

（续）

变　量	最小值	最大值	均　值	标准差
X9——是否党员	0	1	0. 347368	0. 47866
X10——是否村干部	0	1	0. 4	0. 492497
X11——是否林业干部	0	1	0. 231579	0. 424079
X12——毛竹经营结构	1	3	1. 305263	0. 669609
X13——年施肥次数	0	3	1. 105263	0. 831222
X14——立竹度	40	400	140. 3158	46. 64152
X15——有无标号	0	1	0. 126316	0. 333967
X16——砍伐年限	1	10	4. 910526	1. 88355
X17——参加培训天数	0	6	0. 757895	1. 478324
X18——工价	45	150	91. 15789	26. 5223
X19——是否发生过林权纠纷	0	1	0. 189474	0. 393963
X20——发生病虫害次数	0	3	1. 315789	0. 925561
X21——产权组织形式	1	7	1. 473684	1. 583439
X22——经营管理方式	1	4	2. 842105	0. 733917
X23——毛竹经营类型	1	2	1. 810526	0. 393963
X24——亩药肥费用	0	1390	92. 67832	163. 2082
X25——毛竹收入占总收入比重	0. 031	0. 847	0. 327295	0. 234007

资料来源：调查数据整理。

备注：X3——林地使用年限中自留山经营用 1000 代替。

二、模型的构建

本章以第八章测算出的效率值为因变量，以影响因素作为自变量建立回归模型。因为 DEA 法得出的效率值介于 0 和 1 之间，所以这个模型中的因变量就被限制在这个区间，如果直接采用最小二乘法，会给参数估计带来严重的有偏和不一致，为此，可以采用 Tobit 回归分析。

Tobit 回归分析是因变量受限模型(limited dependent variable)的一种，当因变量为切割值(truncated)或片断值(censored)时采用。Tobit 模型的一个重要特征是解释变量 Xi 是可观测的(即 Xi 取实际观测值)，而被解释变量(Y)是受限制的。通过限值因变量模型 Tobit 模型来分析影响竹农经营规模效率的影响因素，具体模型表达方式如下：

$$Y = C + \sum_{1}^{25} C_i X_i + u$$

在这个方程中，Y 为竹农经营规模效率($1 \geqslant Y \geqslant 0$)，是常数项，自变量 X_i 有25个，C_i 等是模型待估系数，u 为独立的随机扰动项，$u \sim N(0, \sigma^2)$。

第三节 福建毛竹林效率影响因素回归结果

基于Tobit模型，采用EVIWES软件5.0版本进行回归，具体结果见表13-3。

表13-3 模型初次回归结果

解释变量	系数t	标准差	z值	显著性
常数项C	-0.117112	0.639813	-0.183041	0.8548
X1——海拔	0.000196	0.000318	0.616590	0.5375
X2——林地使用年限	-0.000904	0.000882	-1.024746	0.3055
X3——林地肥沃程度	-0.141926	0.065705	-2.160034	0.0308
X4——距离公路距离	0.007587	0.038185	0.198697	0.8425
X5——所选地块面积占总面积比例	0.087434	0.163649	0.534279	0.5931
X6——参与林地劳动力数量	0.074595	0.066557	1.120769	0.2624
X7——户主年龄	0.005286	0.004464	1.184102	0.2364
X8——户主受教育年限	0.009391	0.015245	0.615984	0.5379
X9——是否党员	0.072747	0.127580	0.570204	0.5685
X10——是否村干部	0.103490	0.116955	0.884872	0.3762
X11——是否林业干部	-0.103005	0.108680	-0.947780	0.3432
X12——毛竹经营结构	-0.004474	0.063381	-0.070586	0.9437
X13——年施肥次数	-0.028871	0.056912	-0.507290	0.6120
X14——立竹度	-5.21E-05	0.000944	-0.055135	0.9560
X15——有无标号	-0.195137	0.131978	-1.478560	0.1393
X16——砍伐年限	-0.036170	0.022434	-1.612319	0.1069
X17——参加培训天数	-0.030536	0.030198	-1.011216	0.3119
X18——工价	0.002739	0.001532	1.787414	0.0739
X19——是否发生过林权纠纷	0.057501	0.098970	0.580992	0.5612
X20——发生病虫害次数	-0.073368	0.047880	-1.532335	0.1254
X21——产权组织形式	0.124614	0.141192	0.882588	0.3775

（续）

解释变量	系数 t	标准差	z 值	显著性
X22——经营管理方式	0.007573	0.066991	0.113050	0.9100
X23——毛竹经营类型	-0.078654	0.101996	-0.771150	0.4406
X24——亩药肥费用	4.73E-05	0.000249	0.189655	0.8496
X25——毛竹收入占总收入比重	0.654825	0.177544	3.688245	0.0002
拟合系数 R2	0.374668	Akaike info criterion		0.285412
Log likelihood	13.44295	Schwarz criterion		1.011250

从林地规模经营效率影响因素回归结果表 13-3 可以看到，在 25 个变量全部进入模型时，模型的各种参数检验值并不理想，模型整体的线性关系也不是很显著，由此，本研究采用逐步回归的方法再次回归，目的在于将对因变量影响不显著的变量剔除模型，得到结果见表 13-4。

表 13-4　模型最终回归结果

解释变量	系数 t	标准差	z 值	显著性
C	0.222177	0.178143	1.247186	0.2123
X3——林地肥沃程度	-0.144628	0.063765	-2.268129	0.0233
X18——工价	0.003615	0.001489	2.427626	0.0152
X20——发生病虫害次数	-0.078428	0.043364	-1.808622	0.0705
X25——毛竹收入占总收入比重	0.636885	0.163435	3.896862	0.0001
判定系数 R2	0.278621	Akaike info criterion		-0.012148
Log likelihood	6.577040	Schwarz criterion		0.149149

在参数估计值在 95% 的检验水平下这四个变量仍是显著的，虽然判定系数 R^2 仅有 0.2222，但由于这里采用的是截面数据，因此并不影响对影响因素的分析。根据输出结果，由 AIC = -0.012148 和 SC = 0.149149 可知，两者的绝对值也都小于 1，表明模型也都分别通过赤池准则和施瓦茨准则。同时模型的极大似然值 Log likelihood 为 6.577，数值也还处于相对较大的阶段，由此可知，模型整体显著性较强。可以写出回归方程的估计形式如下：

$$Y = -0.2222 - 0.1446 \times X3 + 0.0036 \times X18 - 0.0784 \times X20 + 0.6369 \times X25$$

第四节 回归结果分析

一、林地肥沃程度对经营规模效率的影响

林地肥沃程度与毛竹经营规模效率密切相关，二者呈现正相关关系。立地质量的好坏将会影响到毛竹的产出。土地较为肥沃的林地，毛竹长势好，出材或笋就更多。在模型中回归系数之所以为负，是因为在本研究中，林地肥沃程度这一变量主要是采用国家通用的林地分类方法。1 表示Ⅰ类地，2 表示Ⅱ类地，3 表示Ⅲ类地，其中Ⅰ类地是立地条件最好的，也就是代表最为肥沃的那一类型的林地，Ⅱ类地次之，Ⅲ类地最差。由此可知，模型回归结果符合现实实践。

二、工价对经营规模效率的影响

工价对毛竹经营效率也具有显著影响，二者呈现正相关关系。在保持其他条件不变时，工价每增加 1 元，毛竹经营效率增加 0.003615 个单位。这一结果似乎有违常理，因为在农村劳动力比较不充足的福建省，毛竹经营中雇工情况比较普遍，工价的高低决定了资本支出的多少，一般来说工价越高成本越高，效率越低。但这一结论大体上是比较符合现实的，这可能与以下事实有关：一方面，在工价越高的地区，通常竹农经营毛竹的积极性越高，对毛竹投入越大，整体经营效率越高；另一方面，在工价较高的地区雇工对毛竹生产的熟练程度更高，这大大缩短了劳动的时间，节省了成本，由此，经营效率也较高。

三、病虫害对经营规模效率的影响

发生病虫害次数与毛竹经营规模效率密切相关，二者呈现负相关关系。病虫害的发生将会导致毛竹出材差或产笋少，严重的时候还会导致整片毛竹死亡，使得林农的收益减少甚至亏损，因此对经营规模效率起到反作用效果。

四、家庭对毛竹收入的依赖性对经营规模效率的影响

家庭对毛竹收入的依赖性主要体现在毛竹收入占总收入的比重，这一因素对毛竹经营效率的影响最为显著，二者呈现正相关关系。农户毛竹收入占总收入比重越大，经营效率越高，回归系数为 0.636885，说明在保持其他条件不变时，毛竹收入占总收入比重每增加 1 个单位，毛竹经营效率平均增加 0.636885 个单位。毛竹收入占家庭总收入较高的家庭把毛竹作为其主要经济来源，农户有着高度的经营积极性，积极从各方面投入和改善经营。同时，在福建农村，许多农户

家庭外出经商或务工，毛竹占其家庭总收入比重低，毛竹生产只作为其副业，他们对毛竹经营积极性不高，经营管理投入较少，毛竹经营规模效率自然不高。

第五节　小　　结

本章通过 Tobit 回归模型以福建省为例对毛竹生产经营规模效率的 25 个因素进行统计分析。从回归的结果来看，林地肥沃程度、工价、发生病虫害次数以及毛竹收入占总收入比重对毛竹规模效率影响显著；对于其他影响并不显著的因素并不意味着他们对毛竹经营规模效率没有影响，只是在现有分析中没有表现显著。例如化肥投入对毛竹速生丰产有着十分重要的作用，本课题组在实地调研走访中发现，竹农虽然了解也愿意采用科学合理施肥，但由于财力有限和其他原因，目前使用化肥较少，因而肥料对毛竹生产经营的影响没有发挥出来。此外，竹林面积、户主受教育年限、是否标号等变量从实证结果中不显著是出人意料的，值得进一步思考和研究。

第十四章
经济林经营规模效率的影响因素分析
——以福建茶林为例

在运用DEA对福建茶农经营规模效率进行分析的基础上，基于规模效率值的特点，本研究进一步采用Tobit回归对福建茶林经营规模效率的影响因素进行分析。

第一节　变量的选取

茶农经营规模效率影响因素一直是我国茶农规模经营研究的重点，能否准确判断茶农经营规模效率的影响因素及其作用机制直接关系到能否提高茶农经营规模效率的问题。结合各个专家对茶农经营规模效率的影响因素的看法和分析，本研究将影响茶农经营规模效率的因素分为以下解释变量：

(1)户主特征变量：年龄、受教育年限。

(2)茶农家庭特征变量：家庭劳动力数量(个)、家庭人口数(个)、家庭地块数(块)、家庭总收入(元)、家庭总支出(元)、经营类型、地块面积(亩)、离公路距离(km)、土地肥沃程度、有无地表水、水利设施状况、是否超过30度、化肥投入量(kg)、农药投入费用(元)、有机肥投入量(kg)、雇工费(元)、种苗费(元)、年自投工(天)。

(3)生产服务变量：生产技术供给数量。

被解释变量为家庭总体规模效率。本研究选择投入导向的家庭总体规模效率，这有利于农户调整茶叶经营当中各种生产要素的投入，以提高茶农经营规模效率。对解释变量和被解释变量的含义进行说明，见表14-1。

表14-1　Tobit模型的变量释义

编号	变　量	变量释义
Y	家庭总体规模效率	农户家庭经营茶叶的综合效率
X1	年龄	户主年龄
X2	受教育年限(年)	户主上过几年学(不包括学前班和培训班)
X3	家庭劳动力数量(个)	除学生外，16岁以上60岁以下具有劳动能力的人的数量

（续）

编号	变　量	变量释义
X4	家庭人口数(个)	户口在本户以及户口迁出且在上学的成员数
X5	家庭地块数(块)	家庭拥有的所有地块的数量
X6	家庭总收入(元)	当年家庭成员所有收入的总和
X7	家庭总支出(元)	当年家庭成员所有支出的总和
X8	经营类型	茶园经营的具体类型：0 = 自留山；1 = 承包经营
X9	地块面积(亩)	代表地块的面积
X10	离公路距离(km)	代表地块离公路的远近
X11	土地肥沃程度	茶园的土地肥沃程度：1 = 肥沃；2 = 中等；3 = 贫瘠
X12	有无地表水	茶园有无地表水：1 = 有；0 = 无
X13	水利设施状况	茶园水利设施的好坏程度：1 = 良好；2 = 一般；3 = 差
X14	是否超过 30°	茶园的坡度是否超过 30°：1 = 是；2 = 否
X15	化肥投入量(kg)	在地块上投入的化肥数量
X16	农药投入费用(元)	在地块上投入的农药费用
X17	有机肥投入量(kg)	在地块上投入的有机肥数量
X18	雇工费(元)	雇佣劳动力参与生产经营的费用
X19	种苗费(元)	当年购买茶树种苗的费用
X20	年自投工(天)	当年自己投入生产经营的时间
X21	生产技术供给数量	茶叶生产技术的供给数量的多少：0 = 无；1 = 很少；2 = 少；3 = 一般；4 = 较多；5 = 很多

运用 Eviews 软件对以上变量进行简单的数据描述，见表 14-2。

表 14-2　变量数据描述

变　量	最大值	最小值	平均值	标准差
家庭总体规模效率	1	0. 18	0. 725946	0. 26985
年龄	73	21	43. 27027	10. 86568
受教育年限	4	0	0. 391892	0. 962553
家庭劳动力数量	7	0	3. 310811	1. 543219
家庭人口数	8	2	4. 567568	1. 385651
家庭地块数	7	1	2. 351351	1. 699576
家庭总收入	350000	6000	79535. 95	64073. 4
家庭总支出	594000	2000	52450. 41	82965. 35

（续）

变　量	最大值	最小值	平均值	标准差
经营类型	7	1	4. 864865	2. 873232
地块面积(亩)	12	0. 1	1. 913243	2. 071048
离公路距离(km)	6	0	1. 207568	1. 292669
土地肥沃程度	3	1	1. 918919	0. 735718
有无地表水	1	0	0. 432432	0. 498795
水利设施状况	3	0	2. 081081	0. 85619
是否超过 30°	1	0	0. 391892	0. 491505
化肥投入量(kg)	7000	0	698. 3649	982. 2163
农药投入量(元)	50	0. 2	9. 214189	11. 75558
有机肥投入量(kg)	120000	0	2010. 203	13934. 7
雇工费(元)	40000	0	2638. 378	6663. 209
种苗费(元)	48000	0	1206. 351	5596. 364
年自投工(天)	600	0	89. 89189	93. 97807
生产技术供给数量	4	1	2. 3513	1. 3699

资料来源：根据问卷调查数据整理而得。

第二节　回归过程及结果

将家庭总体规模效率作为被解释变量，茶农经营规模效率可能的影响因素作为解释变量纳入模型当中，则模型可以设定为：

$$Y = C(1) + C(2)X1 + C(3)X2 + C(4)X3 + C(5)X4 + C(6)X5 + C(7)X6 + C(8)X7 + C(9)X8 + C(10)X9 + C(11)X10 + C(12)X11 + C(13)X12 + C(14)X13 + C(15)X14 + C(16)X15 + C(17)X16 + C(18)X17 + C(19)X18 + C(20)X19 + C(21)X20 + C(22)X21$$

上式中 Y 代表家庭总体规模效率，X1 ~ X21 代表茶农经营规模效率的可能影响因素，C(1) ~ C(22) 代表常数项和解释变量的系数，反映影响因素的作用方向。

运用 Eviews 软件对影响茶农经营规模效率的因素进行回归，结果见表 14-3。

表 14-3　茶农经营规模效率影响因素的回归结果

解释变量	系数	标准差	T 值	显著性
X1	9.55E-05	0.003323	0.028737	0.9771
X2	0.056629	0.042911	1.319663	0.1869
X3	0.03536	0.024342	1.452652	0.1463
X4	-0.02508	0.026447	-0.948315	0.3430
X5	0.051669 **	0.023227	2.22455	0.0261
X6	1.62E-06	9.87E-07	1.645746	0.0998
X7	-3.12E-07	8.57E-07	-0.364326	0.7156
X8	-0.042798	0.05979	-0.715804	0.4741
X9	-0.037178	0.035912	-1.035255	0.3006
X10	-0.070488 ***	0.025152	-2.802534	0.0051
X11	0.037047	0.062107	0.596513	0.5508
X12	0.127747	0.103826	1.23039	0.2186
X13	0.031747	0.043675	0.726887	0.4673
X14	0.290715 ***	0.106073	2.740701	0.0061
X15	6.25E-05	6.86E-05	0.910495	0.3626
X16	0.002345	0.003822	0.613514	0.5395
X17	3.10E-06	6.63E-06	0.467026	0.6405
X18	-1.50E-05	1.94E-05	-0.773768	0.4391
X19	6.28E-06	7.88E-06	0.797352	0.4252
X20	0.000162	0.000338	0.480364	0.6310
X21	-0.14327 ***	0.032907	-4.353846	0.0000
C	0.524803	0.236802	2.216207	0.0267
判定系数 R^2	0.531175		AIC	-0.134494
调整后的 R^2	0.101419		SC	0.770897

注：** 表明在 95% 的置信区间内显著，*** 表明在 99% 的置信区间内显著。

从表 14-3 茶农经营规模效率影响因素的回归结果可见，判定系数 R^2 的值为 0.53，调整后的 R^2 的值为 0.10，虽然判定系数的值不是很高，但是由于本研究采用的是横截面数据，所以对影响因素的分析不会造成影响。AIC（赤池信息准则）和 SC（施瓦茨准则）都是衡量统计模型拟合优良性的标准，AIC 的值为 -0.13，SC 的值为 0.77，它们的绝对值均小于 1，表示模型拟合优良。根据影响因素的显著性，在回归模型当中剔除了年龄、受教育年限、家庭劳动力数量、家庭人口数、家庭总支出、经营类型、地块面积、土地肥沃程度、有无地表水、水利设施状况、化肥投入量、农药投入量、有机肥投入量、雇工费、种苗费和年自投工共16个因素，影响茶农经营规模效率的主要因素有：X5（家庭地块数）、X6（家庭总收入）、X10（离公路的距离）、X14（是否超过30°）和X21（生产技术供给数量）。

根据第一次回归的结果，可以将模型重新设定为：

$$Y = C(1) + C(2)\ X5 + C(3) X6 + C(4) X10 + C(5) X14 + C(6) X21$$

其中Y为家庭总体规模效率，C(1)～C(6)代表常数项及X5（家庭地块数）、X6（家庭总收入）、X10（离公路的距离）、X14（是否超过30°）和X21（生产技术供给数量）这5个解释变量的系数。将剔除不显著影响因素后保留下的主要影响因素作为解释变量，家庭总体规模效率作为被解释变量进行第二次回归，结果见表14-4。

表14-4 茶农经营规模效率的影响因素二次回归结果

解释变量	系数	标准差	T值	显著性
X5	0.040851 **	0.020034	2.039128	0.0414
X6	1.26E－06 ***	4.67E－07	2.707772	0.0068
X10	－0.092452 ***	0.025906	－3.568707	0.0004
X14	0.258428 ***	0.077519	3.333755	0.0009
X21	－0.129961 ***	0.029422	－4.417104	0.0000
C	0.751773	0.088235	8.520125	0.0000
判定系数 R^2	0.394934	AIC		－0.563752
调整后的 R^2	0.304174	SC		－0.288198

注：** 表明在95%的置信区间内显著，*** 表明在99%的置信区间内显著。

从表14-4茶农经营规模效率影响因素的二次回归结果可以看出，判定系数R^2的值为0.39，调整后的R^2的值为0.30，虽然判定系数的值不是很高，但是由于本研究采用的是横截面数据，所以对影响因素的分析不会造成影响。AIC的值为－0.56，SC的值为－0.28，它们的绝对值均小于1，表示模型拟合优良。从影响因素的显著性来看，X5（家庭地块数）、X6（家庭总收入）、X10（离公路的距离）、X14（是否超过30°）和X21（生产技术供给数量）这5个影响因素在二次回归中仍然显著，所以，这5个影响因素是影响茶农经营规模效率的主要影响因素。

第三节 回归结果的影响因素分析

一、家庭地块数的影响

首先进入模型的是家庭地块数，在对各个影响因素的大小进行比较时，家庭地块数这一因素的显著性为0.04，说明家庭地块数对于茶农经营规模效率的影响比较大。从影响因素的作用方向来看，家庭地块数与家庭经营总规模效率呈正向关系，意味着家庭拥有的地块数越多，其效率越高。按规模经济的特性，家庭拥有的地块数越多，其土地越分散，其效率应该越低。但是由于目前安溪茶园种植生产环节多以劳动密集型为主，机械化水平低，在这种状况下经营大规模的茶园反而缺乏优势，会带来管理成本的提高和劳动效率的降低。因此，分散化的小面积茶园经营可以根据地块不同的立地条件，投入足够的劳动力，精细化经营，通过提高劳动技能来提高劳动生产率。也是促进茶农经营规模效率提高的一个有效途径。这也反映了在茶园种植当中存在的潜在问题，福建多丘陵山地，茶园也多以茶山为主，不利于种植过程中的机械化推广，虽然在少部分平坦开阔的茶园在种植过程中可以推行机械化，但是对于大部分处于丘陵山地的茶山而言，提高其规模化经营水平，可能要另辟蹊径，这是一个值得思考的问题。因此，在福建目前的自然条件、生产条件和经营模式下，家庭地块数与茶农经营规模效率呈现正向变动关系。

二、家庭总收入的影响

家庭总收入这一因素的显著性为0.0068，显著性相当高，说明这一因素与茶农经营规模效率息息相关。家庭总收入是茶农家庭特征之一，它反映了茶农家庭整体的经济状况。从影响因素的作用方向来看，家庭总收入与茶农经营规模效率呈现正向的关系，即家庭总收入越高的茶农家庭，其经营规模效率越高。在调研中发现，茶农家庭总收入越高，其对茶叶经营的重视程度越高，一方面，茶农有能力在茶园种植当中投入更多的资金，进行资源的有效配置，促进各个生产要素的平衡，从而提高茶农的经营规模效率；另一方面，茶农也有能力获得更多的茶叶生产方面的技术来提高自己的茶园肥培管理、采摘等环节的水平，从而进一步提高劳动生产率。由于目前茶园经营还是以劳动密集型为主，所以提高劳动生产率可以明显地提高茶农的经营规模效率。

三、离公路距离的影响

地块离公路距离的远近，反映了茶园种植过程中，茶叶采摘之后运输的方便程度，以及茶农每天到茶园肥培管理、照看所花费在路途上的时间成本。地块离公路距离这一因素的显著性为 0.0004，与茶农经营规模效率密切相关。从影响因素的作用方向看，离公路距离的远近与茶农经营规模效率呈反向的关系，即地块离公路距离越远，其经营规模效率越低。从作用的力度看，离公路距离这一因素的系数为 -0.09，其作用的力度不大。茶园离公路距离越近，茶农每天去茶园种植生产所花费在路途上的时间越少，在茶青采摘之后运输投入的资金和时间成本越低，在茶青产量相同的情况下，其生产的资金投入越少，其经营规模效率越高。

四、是否超过 30°的影响

是否超过 30°是茶园地块的立地条件之一，反映了地块坡度的大小。是否超过 30°这一因素的显著性为 0.0009，表明对茶农经营规模效率有显著影响。从影响因素的作用方向看，是否超过 30°与茶农经营规模效率呈正向的关系，也就是坡度大的地块其茶农经营规模效率高。从作用的力度看，是否超过 30°这一因素的系数为 0.258，说明其作用力是相当大的，在 5 个主要的影响因素当中是最大的。这说明茶树的种植生产对立地条件的要求特别是坡度的要求是非常高的。原因有以下几点：

首先，坡度大小影响茶园地块的土地生产力。坡度较大的地方相对海拔较高。由于不同海拔的地方其气候条件有所不同，高山茶的品质高于低山茶的品质，低山茶的品质高于平地茶的品质。随着海拔的增高，茶园的积温降低，茶树的生长周期变短。从福建省的地区特点看，海拔在 200 ~ 700m 范围内，茶叶产量和品质较好。名茶之乡安溪所产的茶叶，品质有内、外安溪之分。东部外安溪多为海拔 200 ~ 500m 的低山丘陵地，茶树生长快，产量高，但品质比较差。西部内安溪多为海拔 500m 以上的中山地带，春暖迟，秋寒早，茶树的生长周期比较短，但是品质优异（王振忠，2005）。所以坡度高的茶园相对海拔较高更容易生产出高品质的茶叶，在生产投入和技术水平相同的情况下，其生产的茶叶品质更高，经济效益更好，所以坡度超过 30°的地块经营规模效率更好。

其次，由于坡度大、海拔高度较高的茶园的生产条件较好，所以茶农会在较好的地块上投入更多的资金和劳动力，更注重资源的有效配置和技术水平的提高，从而使茶园的经济效益达到最优。

最后，在适合茶树生产的茶园茶山加大生产要素的投入，更容易获得品质高的茶叶并提高产量，其边际效益会明显高于在立地条件不是很好的茶园，特别在福建地区，高山、低山和平地茶园的生产要素投入的边际效益差距十分明显。

因此，坡度较陡的高山茶园的经营规模效率高于坡度较平缓的低山及平地茶园，是否超过30°与茶农的经营规模效率呈现正向变动关系。

五、生产技术供给数量的影响

生产技术供给数量反映了茶农认为目前茶叶生产技术供给数量多少的影响程度。生产技术供给数量的显著性为0.0000，无限接近于0，说明这一因素的对茶农经营规模效率的影响非常显著。从影响的作用方向看，生产技术供给数量与茶农经营规模效率呈反比的关系。

从调查的情况看，在安溪目前的自然条件和生产条件下，部分茶农根据自身的生产技术和经验进行茶叶种植生产，已经基本满足了其茶叶生产经营的需要，但这是一种低水平的均衡。舒尔茨(1987)指出，发展中国家的农业生产长期效率低下的原因在于农业技术的长期停滞与生产要素长期得不到更新，农业长期处于低水平均衡状态。如果福建茶叶发展不能突破技术的限制，进行科技创新，只依靠传统经验，那么最终也只能达到传统茶叶经营特有的低水平均衡。由此可以看出，安溪茶叶发展有一个潜在的问题，生产技术供给这种科技服务资源的浪费，生产技术供给数量越大的地方，其对科技服务资源的浪费越严重，起不到提高茶农经营规模效率的作用。因此，在安溪茶叶未来发展中，提高茶农对新生产技术的有效利用程度，转变目前生产技术供给数量与茶农经营规模效率成反比的非正常状态，使生产技术供给数量与茶农经营规模效率呈正向关系，才能实现茶叶经营的高水平均衡，进而实现安溪甚至福建茶叶的长期可持续发展。

第十五章
私有林经营规模效率影响因素比较研究

私有林经营规模效率不仅仅受到农户生产行为之内(生产要素配置比例、经营规模大小等)因素的影响，而且也受到了生产行为之外因素的影响。在前面第十二、十三、十四章中，本书采用Tobit回归模型，探讨了社会、经济、自然以及相关制度等农户生产行为之外的因素对福建省三大林种经营规模效率的影响。在本章节中，本书将在总结福建省三大林种经营规模效率的影响因素的基础上，进行比较分析，从中找出影响福建省三大林种经营规模效率的因素之间的差异。

第一节　三大林种经营规模效率影响因素总结

在对影响福建省三大林种经营规模效率的因素进行差异性分析之前，本书将对其三大林种经营规模效率影响显著的因素进行总结，并对它们的影响方向和影响力度进行分析。

一、影响用材林经营规模效率的因素总结——以福建杉木为例

本书第十二章的模型回归结果表明，在23个因素中，家庭劳动力占家庭总规模的比重、林地总面积、地块分散性、种植年限、伐区调查设计制度对种植杉木的农户经营规模效率、林产品销路和林权纠纷等7个因素对杉木用材林经营规模效率有显著影响；从影响的方向上看，劳动力占家庭总规模比重、地块分散性和林产品销路这3个因素对林农经营规模效率呈正显著影响，而林地总面积、种植年限、伐区调查设计制度和林权纠纷这4个因素则呈负显著影响；从影响的力度上看，家庭劳动力占家庭总规模的比重对林农经营规模效率的影响最大，家庭劳动力占家庭总规模的比重每升高一单位，林农经营规模效率值平均能够提高0.16，表明家庭劳动力在用材林的生产过程中是十分重要的。

二、影响竹林经营规模效率的因素总结——以福建毛竹为例

本书第十三章的模型回归结果表明，在可能影响竹林经营规模效率的25个因素中，仅有4个因素对其影响显著，分别为林地肥沃程度、工价、发生病虫害

次数，毛竹收入占家庭总收入的比重；从影响的方向上看，林地肥沃程度、工价以及毛竹收入占家庭总收入比重这3个因素与竹农经营规模效率呈正显著关系，而发生病虫害次数则是呈负显著关系；从影响的力度上看，毛竹收入占家庭总收入的比重是这4个因素中对竹农经营规模效率影响最大的，毛竹收入占家庭总收入的比重每升高一单位，竹农的经营规模效率值平均提高0.64，表明竹农家庭经济对于毛竹收入的依赖性越大，竹农就会越注重毛竹经营。

三、影响经济林经营规模效率的因素总结——以福建茶林为例

第十四章的模型回归结果表明，在可能影响茶农经营规模效率的21个因素中，有5个因素对其影响显著，分别为家庭地块数、家庭总收入、地块离公路距离，地块是否超过30°和生产技术供给数量；从影响的方向上看，家庭地块数、家庭总收入和地块是否超过30°这3个因素与茶农经营规模效率呈正显著影响，而地块离公路距离和生产技术供给数量则对竹农经营规模效率呈负显著影响；从影响的力度上看，地块是否超过30°对茶农的经营规模效率影响最大，地块超过30°的茶农的经营规模效率平均会比低于30°的效率值高0.26，表明海拔在茶叶生产过程中是重要的影响因素之一。

第二节　三大林种经营规模与效率影响因素比较分析

三大林种由于林种的不同，自然属性呈现出很大的不同，进一步在其经营的经济和社会属性上也表现出了较大的不同，具体见表15-1。

一、劳动力占家庭总规模比重

劳动力数量与杉木的经营规模效率呈正相关，而与毛竹林和茶叶的经营规模效率没有呈现明显的正负关系。

二、总面积与地块数

首先，杉木的经营周期一般较长，其规模经济一般难以显现，从总地块数方面可以看出，地块数更多，其效率越高，但与此同时，总面积越大，效率却越低。另一方面，经营毛竹林和茶叶的并没有受到地块数的影响，基于福建省的实际情况，与杉木比较而言，经营毛竹林和茶叶的一般都是规模相对较小的林户，总面积和地块数对其规模效率影响不明显。

表 15-1 三大林种经营规模效率影响因素比较

项 目	杉 木	毛竹林	茶 叶
劳动力数量	+		
杉木总面积	—		
家庭总地块数	+		+
种植年限	—		
伐区调查设计制度	—		
林产品销路	+		
林权纠纷	—		
土地肥沃程度		+	
工价		+	
病虫害次数		—	
经营收入占总收入的比重		+	
林农家庭的收入状况			+
坡度			+
技术供给数量			—
地块离公路距离			—

+表示正显著相关关系，—表示负显著相关关系。

三、种植年限

毛竹林与茶叶的经营周期较短，其经济效率受近期因素(2~3 年内)影响较大，随着时间跨度的增加，各种因素对毛竹林和茶叶经营规模效率的影响迅速降低，而与此同时，杉木的长周期经营特性使其影响因素不仅包括短期的因素，更包括长期(三年以上)的因素。

四、采伐管理制度

杉木的经营目前仍然受到政府较为严格的管理，其采伐不仅要经过审批，还要获得相应的采伐指标，因此采伐限额管理制度对杉木经营的影响较大，额外的成本负担使杉木经营具有规模经济性。毛竹林和茶叶则不存在采伐限额的问题，其采伐权完全由经营者自己决定。

五、林产品销路

杉木的经营规模效率受到林产品销售情况的影响较大，且为正影响，而毛竹林和茶叶则不明显，这主要是因为毛竹和茶叶的价格和市场需求较为稳定，其成品销售的渠道一般变化不大，因而对农户的经营规模效率影响不大。而杉木用材林则不同，随着近几年国内和国际市场对于木材需求加大，木材的销路越来越好，木材的价格也随之水涨船高，林农种植杉木的收益也越来越多，极大地调动了林农经营林业的积极性，在生产过程中必然会更加注重效率的提升，直接导致林产品销路与林农经营规模效率成正相关关系，且影响系数较大。

六、林权纠纷

毛竹林和茶叶作为一种经济作物，其林地价值一般高于杉木，在划分林地时一般也较为细致，产生纠纷的情况也较少。而杉木分林到户的时间短，加之完全分清界限存在一定的难度，林权纠纷对其影响较大。

七、工价和收入情况

实证分析表明，毛竹林经营收入占林农家庭收入的比重越大，经营规模效率越高，表明家庭对于林业的依赖程度越大，在林业经营上的花费的精力也就越多，效率自然而然就提升上去了。另一方面，毛竹林经营每年都需要较多的劳动投入，且大部分雇佣专门工人来进行，因此工价对毛竹林的经营规模与效率存在较为明显的关系。杉木的经营对劳动力和经营管理方式的要求并不高，一般只在种植的前三年，并且都集中在一年的 20 天以内，因此影响并不明显。茶叶的经营则刚好相反，茶叶经营对劳动力和经营管理方式的要求较高，茶叶的收入占家庭总收入的比例也较大，因此在一定的阶段内，一般劳动力投入呈现出投入越多，效率越高。

八、立地条件

福建的林区多为山地，且坡度一般大于 30°，坡度较大的以用材林经营为主，坡度较小的或在山底一般以毛竹林为主，因此立地条件对杉木和毛竹林经营规模效率影响不明显。而经营效益较高的茶叶则受到立地条件较为明显的影响。

九、技术供给数量

杉木和毛竹林的经营技术要求相对于茶叶经营而言较低，且经营范围广、面积大、历史悠久，因此技术对林农经营的规模与效率影响不大，而茶叶经营的技术性要求较高，技术供给的数量对茶叶经营的影响较大。

十、病虫害次数和地块离公路距离

杉木和茶叶发生病虫害的几率相对较低，因此发生病虫害的次数对于它们的经营规模效率影响不大；而毛竹则不同，毛竹林受到病虫害的几率较高，发生病虫害的次数直接影响到毛竹林的收益，最终影响到农户的经营规模效率。茶叶一般种植在山地或农田之中，经营面积较小，当农户同时经营多个地块之时，难以实现规模经济，使时间和要素投入的花费不可避免的增加；而杉木和毛竹林的林地面积相对较大，容易发挥经营规模巨大所带来的规模经济，由此地块分散性不会影响到其效率的提高。

第四篇

私有林适度规模判断与政策设计

第十六章
私有林适度规模经营的界定

第一节　指标数据选取及预处理

本研究主要通过测算福建省杉木经营效率，以期求出杉木经营的最优规模。值得注意的是，这里的经营效率主要指全要素生产率，即不仅仅是指林地规模效率，同时也包括纯技术效率以及经营规模效率。而本研究在测算经营效率时所采用的方法是 DEA 测算方法，这种方法主要探讨的是投入产出的效率问题，由此在测算之前对投入指标和产出指标的合理选取是相当重要的。

一、指标数据的选取与定义

DEA 方法是一种基于投入产出的效率测算方法，为了测算林农适度经营杉木的效率，本研究构建了杉木经营规模效率评价指标体系，见表 16-1。

表 16-1　杉木适度经营规模效率评价指标体系

产出指标	投入指标	
木材出材量 林地活立木市场价值	林地投入	林地面积
	资金投入	种苗费，农药化肥使用费，林地使用费
	劳动投入	自投工数，雇工数

从表 16-1 可知，本研究主要是以木材出材量和林地活立木市场价值为产出指标。由于林业具有一定的特殊性：其成本投入主要集中在林木生长的前 5 ~ 6 年，即林木郁闭之前。但木材的蓄积量却是每年在累计。因此，如果单纯将不同林分年龄的杉木所花费的成本与当前产出同时放入模型计算其效率，所得到的结果必将具有较大的误差。由此，为了使得不同林分年龄的杉木的投入产出的效率具有可比性，本研究采用章允清（2006）根据邵武市卫闽林场 306 个小班的杉木样本，所构建的基于不同立地条件（Ⅰ、Ⅱ、Ⅲ类地）、不同林分年龄的杉木蓄积量模型作为杉木自然生长模型以作参照标准。其模型如下：

Ⅰ 类地：$M = 460.5863 \times [1 - \exp(-0.082905t)]^{3.098856}$

Ⅱ 类地：$M = 308.64906 \times [1 - \exp(-0.12163t)]^{4.21772}$

Ⅲ 类地：$M = 311.010658 \times [1 - \exp(-0.09728t)]^{4.231095416}$

其中，M 为每公顷的蓄积量，t 为林分年龄。由于杉木的出材率一般而言是维持在 70%，由此可得，杉木标准出材量模型：$V = 0.7 \times M$（V 即为单位面积出材量），此时可知，实际出材量和标准出材量的比值即为衡量林农经营水平高低的一项指标。由此可构建林农经营水平函数：$Index = V'/V$，其中，Index 为林农经营水平指数，V' 是杉木的单位面积出材量。由此，可以得出体现林农经营水平的产出指标：

林地出材量指数 = Index × 林地面积

林地的收益指数 = 活立木市场价值/V

二、林农经营规模的分类处理

本研究对林农杉木的经营规模效率的研究主要是以福建省 171 块杉木林地的投入产出数据为基础的，但并非是要对每一个样本的经营规模效率一一进行评价分析。这种对于林农逐一分析的做法在现实中意义不大，对于林农经营林业的指导作用也不太明显。因此，本研究根据林地规模的分布情况将 171 块林地分为若干类加以分析。

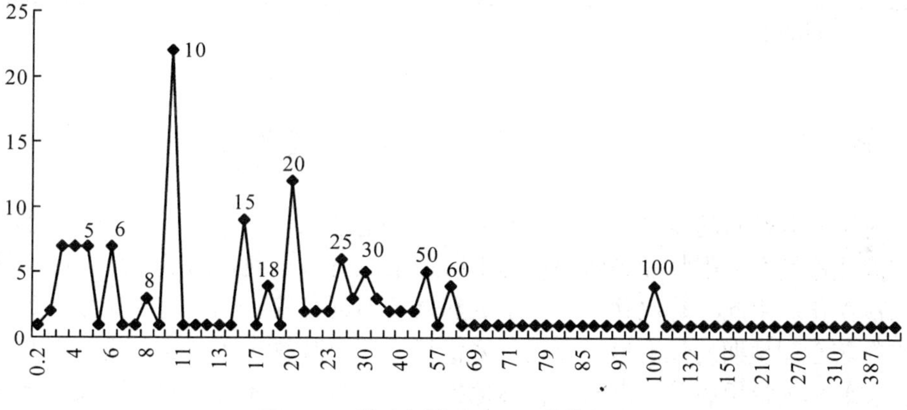

图 16-1　林地规模分布图（单位：次）

图 16-1 显示了本研究所选取的 171 块林地规模的分布情况，从中可以发现，林地规模共有 12 个峰值，因此可将其分为 13 个规模区域。本研究将每个规模区域的各投入产出指标的平均值作为 DEA 模型的输入值，具体数据详见表 16-2。

表 16-2　不同林地规模区域下的投入产出状况

编号	规模区域（亩）	比重（%）	投入			产出	
			林地投入（亩）	资金投入（元）	劳动投入（天）	出材量指数	货币收益指数
1	5 亩以下	14.04	3.675	518.172	71.396	3.386	3504.038
2	5 ~ 6 亩	4.68	5.938	2696.250	70.000	6.597	4802.821
3	6 ~ 8 亩	2.92	7.700	3315.476	194.400	7.060	3380.663
4	8 ~ 10 亩	13.45	9.935	2264.198	142.957	6.321	8974.338
5	10 ~ 15 亩	8.19	14.107	1941.595	191.704	11.021	8918.744
6	15 ~ 18 亩	2.92	17.800	6239.081	213.000	20.594	13845.036
7	18 ~ 20 亩	7.60	19.923	5765.161	239.923	14.591	12862.545
8	20 ~ 25 亩	7.02	23.500	4881.296	234.642	14.403	8160.608
9	25 ~ 30 亩	4.68	28.500	7933.724	537.750	18.300	11337.988
10	30 ~ 50 亩	8.19	41.929	18846.980	718.907	38.578	37272.656
11	50 ~ 60 亩	2.92	59.400	47764.809	843.200	58.117	22025.796
12	60 ~ 100 亩	11.70	83.825	46787.670	1442.600	83.090	51860.164
13	100 亩以上	11.70	262.500	114258.183	2948.450	212.457	155950.463

注：数据来源于问卷调查。

第二节　基于微观生产目标下杉木适度经营规模研究

对于林业经营的微观主体——林农而言，他们也具有经济学上的“理性”特征，因此他们在从事林业经营的过程中所追求的是自身利益的最大化，即经济收入的最大化。由此，林农并非在林子成熟之后即刻将其砍伐，而往往会等到木材价格在其心理预期的最高值才会进行采伐行为，使其收入实现最大化。由此，本研究选取林地货币收益为产出项，林地投入、资金投入和劳动投入为投入项，对林农经营杉木的经营规模效率进行分析，借此确定微观生产目标下林农经营杉木的最优规模。

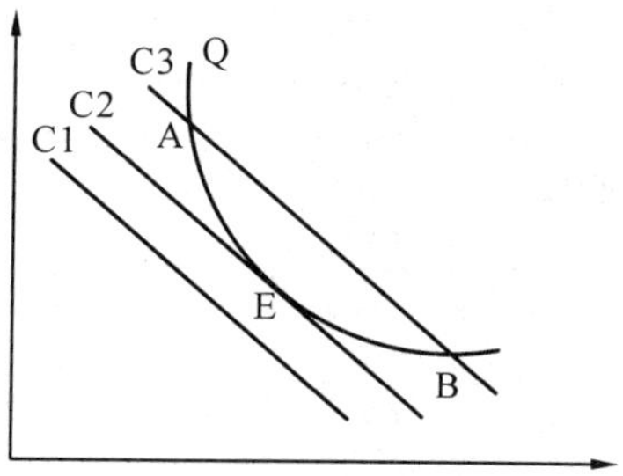

图 16-2　投入导向下的最优生产点

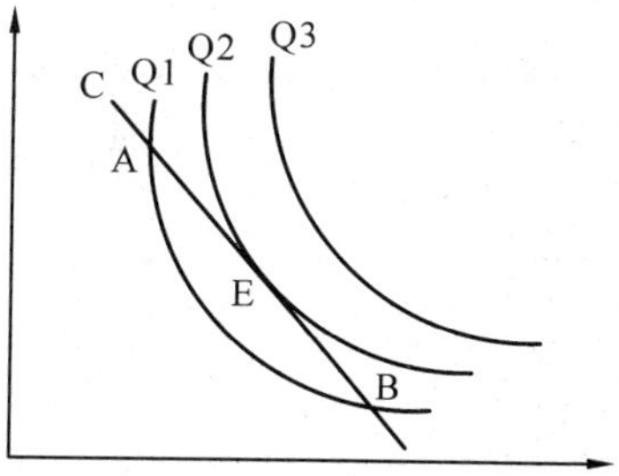

图 16-3　产出导向下的最优生产点

此外，在进行生产计划之时，可以分别从投入和产出两个不同导向组织生产。图 16-2 展示了投入导向下，林农进行林业生产的最优均衡状态。所谓投入导向指在既定产出的条件下，如何实现投入成本的最小化以达到效率最优。从图 16-2 可知，等成本线 C1 与等产量线 Q 没有交点，在 C1 这个成本状态下，由于投入成本过少，无法达到产量 Q。等成本线 C3 与 Q 相交于 A 和 B 两点，表明在此成本下，可以以 A 或者 B 状态进行生产以达到 Q 产量。然而，等成本线 C2 与等产量线 Q 相切于 E 点，表明在 C2 的状态下，也可以达到 Q 产量。同时，C2 < C3，由此可知，在既定产量 Q 的条件下，投入的成本最小的状态为 C2。同理知，由图 16-3 可以得知在产出导向下，林农进行林业生产的最优均状态。所谓产出导向是指在既定投入成本的条件下，如何实现产出的最大化以达到效率最优。从图 16-3 可知，在既定投入成本为 C 的条件下，Q3 的产量是无法实现的，Q1 和 Q2 的产量都是可以实现。同时，Q1 < Q2，由此可知，Q1 状态下产出不足，Q2 是能够实现的最大产量，这个产量就是在均衡状态 E 下实现的。

一、投入导向的适度经营规模分析

投入导向是指在既定产出的条件下，如何实现投入成本的最小化以达到效率最优。本研究利用 Coelli 小组开发的专用软件 DEAP2. 1 来测算林农经营杉木的综合效率、纯技术效率和规模效率。具体结果见表 16-3。

表 16-3　微观生产目标下的投入导向杉木经营规模效率

规模区域（亩）	比重（%）	实际规模	目标规模	经营规模效率	纯技术效率	林地规模效率	规模报酬
5 亩以下	14. 04	3. 675	3. 675	1. 000	1. 000	1. 000	不变
5 ~6 亩	4. 68	5. 938	5. 938	1. 000	1. 000	1. 000	不变
6 ~8 亩	2. 92	7. 700	3. 675	0. 460	0. 477	0. 965	递增
8 ~10 亩	13. 45	9. 935	9. 935	1. 000	1. 000	1. 000	不变

（续）

规模区域（亩）	比重（%）	实际规模	目标规模	经营规模效率	纯技术效率	林地规模效率	规模报酬
10~15 亩	8.19	14.107	14.107	0.867	1.000	0.867	递减
15~18 亩	2.92	17.800	17.800	0.981	1.000	0.981	递减
18~20 亩	7.60	19.923	15.360	0.826	0.873	0.947	递减
20~25 亩	7.02	23.500	9.375	0.543	0.544	0.998	递减
25~30 亩	4.68	28.500	13.010	0.420	0.456	0.919	递减
30~50 亩	8.19	41.929	41.929	0.955	1.000	0.955	递减
50~60 亩	2.92	59.400	27.214	0.414	0.458	0.903	递减
60~100 亩	11.70	83.825	69.041	0.664	0.824	0.806	递减
100 亩以上	11.70	262.500	262.500	0.771	1.000	0.771	递减
平均值	—	—	—	0.762	0.818	0.932	—

表 16-3 显示，从经营规模效率值上看，运用数据包络分析方法(DEA)测算林农经营规模效率的最优值为1，与此相比，基于投入导向下林农经营规模效率的均值为0.762，这个数值表明林农的经营效率处于相对较低水平，福建省林农经营杉木的效率有待进一步提高。从效率最优的规模区域上看，在当前的生产力水平下，林农经营单个地块的最优规模区域并不是唯一的。5 亩以下、5~6 亩和 8~10 亩等三个规模区域同时在纯技术效率和林地规模效率达到最优的基础上达到林农经营规模效率最优，即 32.17% 的林农的经营水平达到了最优。这 3 个有效区域都处于较小规模(都在 10 亩以下)，因此可知，与传统认为林业经营规模越大越有效率不同，小规模林业经营也是有效率的，其主要原因是新一轮林改之后，大面积的林地被分割成若干小块分放给林农经营，林农则采取类似于传统农业生产那种精耕细作方式来经营林业，而这种经营恰恰对于小规模林业是有效的。

图 16-4 显示了微观生产目标下林农经营规模效率与林地规模之间的关系，从中可知，林农经营规模效率与林地规模之间呈现非线性关系。在 0~8 亩规模区域内，经营规模效率呈现递减趋势，从 1 递减至 0.460，接着呈现递增趋势，并在 8~20 亩规模区域维持在 0.826 以上，紧接着又递减 0.500 水平左右(20~30 亩规模区域)，而后升至一个较高水平(除 50~60 亩规模区域外)。由此可知，在一定规模区域内，林业经营规模效率并不随着林地规模的扩大而增减，而是呈现出 W 型曲线的变化规律，且林农经营单个地块的林地规模在 0~6 亩、8~20 亩和 60 亩以上这三个区域的效率明显高于其他规模区域。

从纯技术效率上看，均值为 0.818。在全部 13 个规模区域内，5 亩以下、

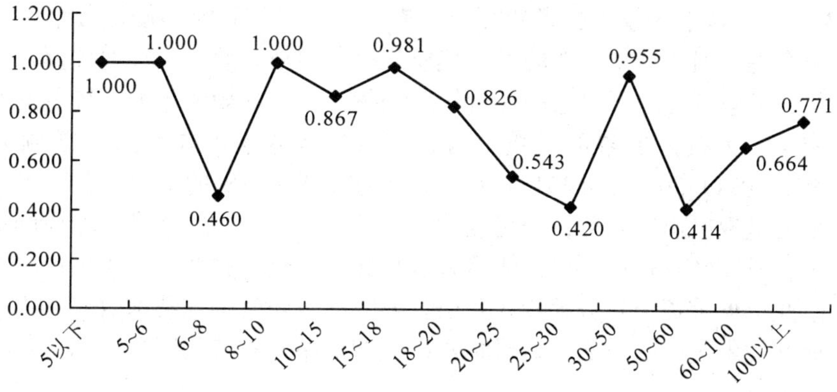

图 16-4　微观生产目标下经营规模效率变动情况

5～6 亩、8～10 亩、10～15 亩、15～18 亩、30～50 亩和 100 亩以上这 7 个规模区域的纯技术效率达到最优，表明这 7 个规模区域的林农经营杉木的全部生产投入要素均达到了效率最优，但 10～15 亩、15～18 亩、30～50 亩和 100 亩这三个规模区域经营规模过大，均处于规模报酬递减阶段。

从林地规模效率上看，林农经营杉木的林地规模效率的均值为 0.932，在林地规模效率处于非有效的规模区域，6～8 亩(2.92%)这个规模区域的林农处于规模报酬递增阶段，其他规模区域(64.91%)则出现了规模报酬递减现象。

表 16-4　微观生产目标下投入导向非有效规模林农投入项调整

规模区域（亩）	林地投入(亩)		资金投入(元)		劳动投入(天)	
	径量	冗余量	径量	冗余量	径量	冗余量
6～8 亩	-4.025	0.000	-2797.304	1064.214	-123.004	21.386
18～20 亩	-4.563	2.028	-733.460	0.000	-30.524	0.000
20～25 亩	-14.125	3.413	-2225.044	0.000	-106.957	0.000
25～30 亩	-15.490	0.000	-4312.015	0.000	-341.942	49.673
50～60 亩	-32.186	0.000	-36806.137	10924.667	-456.890	0.000
60～100 亩	-14.784	0.000	-16213.041	7961.166	-449.644	195.215
平均值	-14.196	0.907	-10514.500	3325.008	-251.494	44.379

注：径量即为实际值与目标值的差额，即：径量 = 目标值 - 实际值

表 16-4 展示了微观生产目标下基于投入导向的纯技术非有效决策单元的林农投入项的调整方向和具体调整量。从投入要素的冗余量上看，在 6 个纯技术非有效规模区域内，有 2 个存在林地投入冗余，平均冗余量为 0.907 亩；各有三个规模区域存在资金投入冗余和劳动力投入冗余现象，冗余量分别为 3325.008 元

和44.379天。对于各投入要素的冗余量进行调整仅仅只能够使得各个要素投入比例趋于合理，但要使得林农的经营规模效率、纯技术效率和林地规模效率同时达到最优，还应该对投入要素的径量作出调整，林地的规模越大，径量的调整量就越大。从三大投入要素的径量上看，三大投入要素需要调整的差额分别为14.196亩，10514.500元和251.494天，且随着林地规模的扩大，各大投入项的径量也随之呈现出递增趋势，表明经营规模扩展之后，林农并没有相应的提高其经营水平，改变经营管理思路，依然采取粗放方式经营林业，致使生产要素投入过多。由此可见，资金和劳动投入冗余是导致林农经营的纯技术效率低下的主要原因，而纯技术效率的低下可能对林农的经营效率产生直接影响。

二、产出导向的适度经营规模分析

产出导向是指在既定投入成本的条件下，如何实现产出的最大化以达到效率最优。表16-5显示了微观生产目标下基于产出导向的林农经营规模效率情况，各规模区域的经营规模效率值与投入导向完全相同，随着林地规模的扩大，林农经营规模效率依然呈现出W型曲线的变化规律。5亩以下、5～6亩、8～10亩、10～15亩、15～18亩、30～50亩和100亩以上这7个规模区域依然在经营规模效率、纯技术效率和林地规模效率同时达到最优。

表16-5 微观生产目标下的产出导向杉木经营规模效率

规模区域（亩）	比重（%）	实际收益	目标收益	经营规模效率	纯技术效率	林地规模效率	规模报酬
5亩以下	14.04	3504.038	3504.038	1.000	1.000	1.000	不变
5～6亩	4.68	4802.821	4802.821	1.000	1.000	1.000	不变
6～8亩	2.92	3380.663	7057.096	0.460	0.479	0.961	递减
8～10亩	13.45	8974.338	8974.338	1.000	1.000	1.000	不变
10～15亩	8.19	8918.744	8918.744	0.867	1.000	0.867	递减
15～18亩	2.92	13845.036	13845.036	0.981	1.000	0.981	递减
18～20亩	7.60	12862.545	14256.165	0.826	0.902	0.916	递减
20～25亩	7.02	8160.608	13446.893	0.543	0.607	0.895	递减
25～30亩	4.68	11337.988	18968.814	0.420	0.598	0.702	递减
30～50亩	8.19	37272.656	37272.656	0.955	1.000	0.955	递减
50～60亩	2.92	22025.796	44587.758	0.414	0.494	0.838	递减
60～100亩	11.70	51860.164	59814.719	0.664	0.867	0.766	递减
100亩以上	11.70	155950.463	155950.463	0.771	1.000	0.771	递减
平均值	—	—	—	0.762	0.842	0.896	—

各规模区域的纯技术效率较之投入导向下的效率有一定程度的增加，5 亩以下、5 ~ 6 亩、8 ~ 10 亩、10 ~ 15 亩、15 ~ 18 亩、30 ~ 50 亩和 100 亩以上这 7 个规模区域的纯技术效率达到最优，表明这 7 个规模区域的林农经营杉木的全部生产投入要素均达到了效率最优，但 10 ~ 15 亩、15 ~ 18 亩、30 ~ 50 亩和 100 亩这三个规模区域是处于规模报酬递减阶段，表明这两个区域内的木材产出不足。

从 13 个规模区域的林地规模效率上看，在产出导向下，仅有 5 亩以下、5 ~ 6 亩和 8 ~ 10 亩这 3 个规模区域的林地规模效率值达到最优，其余 10 个规模区域由于林地产出不足导致其均处于规模报酬递减阶段。从中可知，林地规模效率非有效的规模区域有大有小，大可至 100 亩以上，小可至 6 ~ 8 亩，但均处于规模报酬递减阶段，这主要是因为：对于经营规模较大的林地，由于生产要素边际报酬递减规律的存在，虽然劳动力和资金这两个投入要素的生产潜力完全发挥出来，但是林地的生产潜力却没有得到完全发挥，林农面临着林地木材产出不足的情况；对于经营规模较小的林地，由于林农自身生产技术或者经营管理水平不高，导致林地出材量不高。

林地产出不足是导致林业纯技术效率低下的主要原因，而纯技术效率的低下可能影响到林农的经营效率的提升。调查发现，导致林地产出率不足的一个重要原因就是林农经营管理水平偏低。以亩均种植株数为例，目前杉木亩均种植株数一般在 200 ~ 250 株之间，但调查显示，有的林农亩均种植杉木最少株数仅为 25 株，最高的却达到 400 株。种植株数过少，毋庸置疑将会导致产量不高。而种植株数过多会造成杉木在生长过程互争营养，导致长势较差。除此之外，很多林农在林子郁闭之后，就放任不管，因此盗伐现象相当严重。例如在龙岩有一户林农，他家的杉木是 1981 年种植的，到今天都没有采伐过，但亩均出材量仅为 0.2m^3，主要原因是被人盗伐光了。另外，很多林农可能由于间伐的成本过大，或者缺乏这种意识，从而忽视了间伐对于林子的生长的重要性。

表 16-6　微观生产目标下产出导向非有效规模林农投入项和产出项调整

规模区域（亩）	林地投入（亩）	资金投入（元）	劳动投入（天）	货币收益指数
	冗余量	冗余量	冗余量	径量
6 ~ 8 亩	0.000	868.788	54.874	3676.433
18 ~ 20 亩	3.162	0.000	0.000	1393.620
20 ~ 25 亩	8.453	0.000	0.000	5286.285
25 ~ 30 亩	4.531	0.000	159.178	7630.826
50 ~ 60 亩	0.000	21793.798	0.000	22561.962
60 ~ 100 亩	0.000	9817.964	300.206	7954.555
平均值	2.691	5413.425	85.710	8083.947

从表16-6可知，产出导向下，在6个纯技术效率非有效规模区域，林地投入、资金投入和劳动投入各有3个存在投入冗余，其平均冗余量分别为2.691亩、54.13.425元和87.710天，都分别高于投入导向下的0.907亩、3325.008元和44.379天，表明在产出导向下，各投入要素的配置比例更加不合理。从各规模区域的产出的径量上看，随着林地规模的扩张，产出的径量也随之增加。

三、基于微观生产目标的杉木适度经营规模的确定

从上述的分析可以得知，5亩以下、5~6亩和8~10亩这三个规模区域的经营规模效率、纯技术效率和林地规模效率无论是在投入导向下还是在产出导向下均同时达到了最优，这表明在木材生产目标下，基于纯技术效率和林地规模效率最优基础上的林农经营规模效率最优解并不唯一。因此，为了确定一个效率最优的林地规模区域，本研究将对两个规模区域的绝对效率予以进一步比较，以确定出一个林农经营杉木的最优规模。衡量绝对效率的方法有很多，本研究采取了成本收益率这一指标，即成本收益率=总收益/总成本。

林农经营杉木的投入成本主要包括土地成本、资金成本和劳动成本，其中土地成本即为林地使用，这项成本已被计算到资金投入中，就不再单列出来。本课题组在针对林农经营林业的情况中了解到，当前造林劳动者的工资一般在60~80元一天，由此，本研究选取其均值70元一天作为劳动机会成本，即可得劳动投入的现金=70×(自投工数+雇工数)。产出项为活立木市场价值。具体计算结果见表16-7。因此可知，在微观生产目标下，林农经营杉木的最优规模是8~10亩这一规模区间。

表16-7 经营规模效率最优规模区域成本收益率差异分析

投入产出项	规模区域(亩)		
	5亩以下	5~6亩	8~10亩
资金投入(包括土地投入)(元)	518.172	2696.25	2264.198
劳动投入(元)	4997.720	4900.000	10006.990
活立木市场价值(元)	18449.750	22774.469	70837.348
成本收益率	3.345	2.998	5.773

第三节　基于木材生产目标的杉木适度经营规模研究

在林业的经营过程中，微观主体——林农主要追求的自身收益的最大化，而在宏观层面，其主体——政府则更加关注木材产量。自 1998 年我国实行天然林保护工程之后，长期依赖于天然林资源供给的木材产业陷入木材供需不平衡的窘境。同时这个困境有进一步加剧的趋势，据统计，2000 年的我国国内木材供需缺口为 3600 万 m^3，2004 年已经达到了 1.09 亿 m^3，增长了 202.8%，预计到 2015 年，中国生产建设用木材需求量约 4.8 亿 m^3，国内缺口将达 1.9 亿 m^3（杨红强，聂影，2008）。下面以木材出材量为产出指标，林地投入、资金投入和劳动力投入为投入项，对不同规模区域下的林地经营效率进行分析，进而确立木材生产目标下的林农经营杉木的最优规模。

一、投入导向的适度经营规模分析

表 16-8 显示，在投入导向下以木材产量为产出项的林农经营杉木的经营规模效率明显高于以货币收益为产出项的效率，其林农经营规模效率的均值为 0.826，高于微观生产目标下的 0.762。此外，与微观生产目标相同，5 亩以下这一规模区域依然在纯技术效率和林地规模效率最优的基础上实现了综合效率最优，但 5 ~ 6 亩和 8 ~ 10 亩规模区域却没能实现综合效率最优，反而是 10 ~ 15 亩和 15 ~ 18 亩这两个规模区域达到了综合效率最优。

表 16-8　木材生产目标下的投入导向杉木经营规模效率

规模区域（亩）	比重（%）	实际规模	目标规模	经营规模效率	纯技术效率	林地规模效率	规模报酬
0 ~ 5（≤4）	14.04	3.675	3.675	1.000	1.000	1.000	不变
5 ~ 6（≤6）	4.68	5.938	5.938	0.975	1.000	0.975	递增
6 ~ 8（≤8）	2.92	7.700	6.356	0.792	0.825	0.960	递增
8 ~ 10（≤10）	13.45	9.935	6.080	0.653	0.666	0.980	递增
10 ~ 15（≤15）	8.19	14.107	14.107	1.000	1.000	1.000	不变
15 ~ 18（≤18）	2.92	17.800	17.800	1.000	1.000	1.000	不变
18 ~ 20（≤20）	7.60	19.923	13.393	0.708	0.712	0.994	递增
20 ~ 25（≤25）	7.02	23.500	14.177	0.774	0.776	0.997	递增
25 ~ 30（≤30）	4.68	28.500	16.915	0.597	0.657	0.909	递减
30 ~ 50（≤50）	8.19	41.929	38.423	0.795	0.916	0.868	递减

（续）

规模区域（亩）	比重（%）	实际规模	目标规模	经营规模效率	纯技术效率	林地规模效率	规模报酬
50～60（≤70）	2.92	59.400	59.400	0.846	1.000	0.846	递减
60～100（≤100）	11.70	83.825	83.825	0.857	1.000	0.857	递减
100～387（100≥）	11.70	262.500	262.500	0.745	1.000	0.745	递减
平均值	—	—	—	0.826	0.889	0.933	—

从图16-5可知，与微观生产目标相同，随着林地规模的扩大，林农经营规模效率值依然呈现W型曲线的变化规律，但曲线较为平滑，效率值变化的幅度相对较小。在0～6亩、10～18亩和50亩以上这三个规模区域的效率值明显高于其他规模区域，由此可知，在这三个规模区域内的林农的经营效率最高；从纯技术效率上看，均值为0.889，略高于微观生产目标下的0.842。此外，除了5亩以下、10～15亩和15～18亩这三个区域实现了纯技术效率最优之外，5～6亩、50～60亩、60～100亩和100亩以上这4个规模区域也实现了纯技术效率最优，表明这7个规模区间的林农经营杉木的全部生产投入要素均达到了效率最优，但5～6亩、50～60亩、60～100亩和100亩以上由于产出不足，均处于规模报酬递减阶段；从林地规模效率上看，林农经营杉木的林地规模效率的均值为0.993，在林地规模效率处于非有效的规模区间，5～6亩、6～8亩、8～10亩和18～20亩、20～25亩（35.67%）这5个规模区间的林农处于规模报酬递增阶段，其他规模区间（39.19%）则出现了规模报酬递减现象。

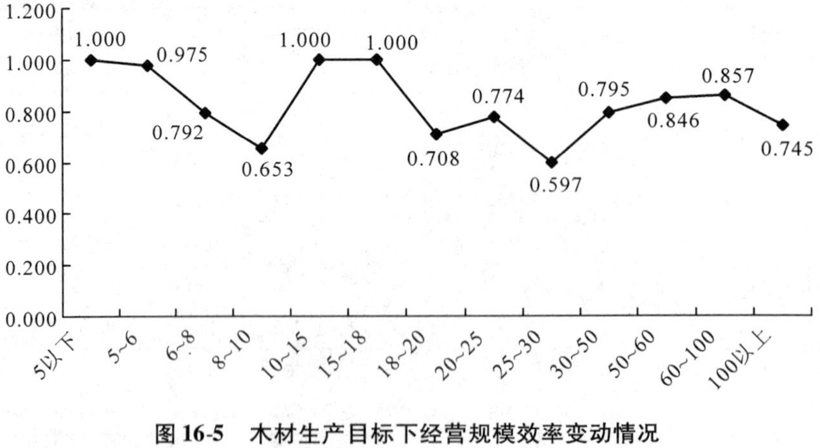

图16-5　木材生产目标下经营规模效率变动情况

表16-9展示了木材生产目标下基于投入导向的非有效林农投入项的调整方向和具体调整量。从投入要素的冗余量上看，林地规模过大以及劳动投入过多是

造成投入要素配置不合理的主要原因，6 个非有效规模中，存在林地投入冗余和劳动投入冗余的区域各有 3 个，平均冗余量分别达到了 1. 199 亩和 60. 191 天，而没有一个区域存在资金冗余现象。对于各投入要素的冗余量进行调整仅仅只能够使得各个要素投入比例趋于合理，但要使得林农的综合效率、纯技术效率和林地规模效率同时达到最优，还应该对投入要素的径量作出调整，林地的规模越大，径量的调整量就越大。在非有效规模区域内，三大投入要素需要调整的差额分别为 6. 024 亩，1397. 960 元和 134. 865 天。

表 16-9 木材生产目标下投入导向非有效规模林农投入项调整

规模区域（亩）	林地投入（亩）		资金投入（元）		劳动投入（天）	
	径量	冗余量	径量	冗余量	径量	冗余量
6 ~ 8（≤8）	-1. 344	0. 000	-578. 661	0. 000	-117. 750	83. 821
8 ~ 10（≤10）	-3. 855	0. 537	-756. 386	0. 000	-47. 757	0. 000
18 ~ 20（≤20）	-6. 530	0. 789	-1661. 229	0. 000	-69. 134	0. 000
20 ~ 25（≤25）	-9. 323	4. 070	-1091. 082	0. 000	-52. 448	0. 000
25 ~ 30（≤30）	-11. 585	1. 798	-2724. 459	0. 000	-329. 853	145. 189
30 ~ 50（≤50）	-3. 506	0. 000	-1575. 944	0. 000	-192. 250	132. 136
平均值	-6. 024	1. 199	-1397. 960	0. 000	-134. 865	60. 191

二、产出导向的适度经营规模分析

从表 16-10 可了解到木材生产目标下基于产出导向的林农经营杉木的各个效率情况，产出导向下各规模区域的经营规模效率值与投入导向完全相同，随着林地规模的扩大，林农经营规模效率依然呈现出 W 型曲线的变化规律。5 亩以下、10 ~ 15 亩和 15 ~ 18 亩这 3 个规模区域依然在经营规模效率、纯技术效率和林地规模效率同时达到最优；产出导向下各规模区域的纯技术效率和林地规模效率较之投入导向下的效率都有一定程度的增加，5 亩以下、5 ~ 6 亩、10 ~ 15 亩、15 ~ 18 亩、50 ~ 60 亩、60 ~ 100 亩和 100 亩以上这 7 个规模区域的纯技术效率最优，表明这 7 个规模区域的投入要素得到有效的利用，5 ~ 6 亩这一规模区域，由于经营规模过小，而处于规模报酬递增阶段。而 50 ~ 60 亩、60 ~ 100 亩和 100 亩以上这 3 个规模区域是处于规模报酬递减阶段，表明这 3 个区域内的木材产出不足。此外，在非有效的规模区域，都处于规模报酬递减的状况，表明各投入要素的生产潜力没有得到完全发挥，木材的产出过少。

表 16-10 木材生产目标下的产出导向杉木经营规模效率

规模区域（亩）	比重（%）	实际出材量	目标出材量	经营规模效率	纯技术效率	林地规模效率	规模报酬
0～5（≤4）	14.04	3.386	3.386	1.000	1.000	1.000	不变
5～6（≤6）	4.68	6.597	6.597	0.975	1.000	0.975	递增
6～8（≤8）	2.92	7.060	8.676	0.792	0.814	0.974	递增
8～10（≤10）	13.45	6.321	9.583	0.653	0.660	0.990	递减
10～15（≤15）	8.19	11.021	11.021	1.000	1.000	1.000	不变
15～18（≤18）	2.92	20.594	20.594	1.000	1.000	1.000	不变
18～20（≤20）	7.60	14.591	19.538	0.708	0.747	0.948	递减
20～25（≤25）	7.02	14.403	17.569	0.774	0.820	0.944	递减
25～30（≤30）	4.68	18.300	23.604	0.597	0.775	0.770	递减
30～50（≤50）	8.19	38.578	41.354	0.795	0.933	0.852	递减
50～60（≤70）	2.92	58.117	58.117	0.846	1.000	0.846	递减
60～100（≤100）	11.70	83.090	83.090	0.857	1.000	0.857	递减
100～387（100≥）	11.70	212.457	212.457	0.745	1.000	0.745	递减
平均值	—	—	—	0.826	0.904	0.915	—

从表 16-11 可知，产出导向下，劳动投入过多是造成投入要素配置比例失调的主要原因，在全部 6 个非有效规模区间，都存在资金冗余现象。林地规模过大是造成纯技术效率无效的次要原因，在全部 6 个非有效规模区域，有一半（3 个）的规模区域存在林地投入冗余现象。而投入冗余现象在资金方面较少，仅有 1 个规模区间存在资金投入冗余现象。在产出导向下，林地投入、资金投入和劳动投入的平均冗余量分别为 2.710 亩、15.495 元和 99.808 天，都分别高于投入导向下的 1.199 亩、0 元和 60.191 天，表明在产出导向下，各投入要素的配置比例更加不合理。从各规模区域的产出的径量上看，随着林地规模的扩张，产出的径量总体呈现一种增加趋势。此外，如果将各投入要素合理配置后，林农的收益将平均增加 3.512 个单位。

表 16-11 木材生产目标下产出导向非有效规模林农投入项和产出项调整

规模区域（亩）	林地投入（亩）	资金投入（元）	劳动投入（天）	产出
	冗余量	冗余量	冗余量	径量
6～8（≤8）	0.000	92.968	103.159	1.616
8～10（≤10）	0.000	0.000	4.373	3.262

（续）

规模区域（亩）	林地投入（亩）	资金投入（元）	劳动投入（天）	产出
	冗余量	冗余量	冗余量	径量
18～20（≤20）	2.530	0.000	29.271	4.947
20～25（≤25）	6.867	0.000	28.370	3.166
25～30（≤30）	6.861	0.000	281.835	5.304
30～50（≤50）	0.000	0.000	151.838	2.776
平均值	2.710	15.495	99.808	3.512

三、木材生产目标下的杉木适度经营规模的确定

从上述的分析可以得知，5亩以下10～15和15～18亩这3个规模区域的经营规模效率、纯技术效率和林地规模效率无论是在投入导向下还是在产出导向下均同时达到了最优，这表明在木材生产目标下，在基于纯技术效率和林地规模效率最优基础上的林农经营规模效率最优解不唯一。因此，为了确定一个效率最优的林地规模区域，本研究依然采用成本收益率加以进一步确定最优规模。林农经营杉木的投入成本依然主要包括土地成本、资金成本和劳动成本。与微观生产目标下不同的是，此时的产出项为木材产出量，本研究按照650元/m^3（当前杉木的市场价格）的价格计算可得到木材的现金收入。具体计算结果如表16-12所示。因此可知，在木材生产目标下，林农经营杉木的最优规模是15～18亩这一规模区间。

表16-12　经营规模效率最优规模区域成本收益率差异分析

投入产出项	规模区域（亩）		
	5亩以下	10～15亩	15～18亩
资金投入（包括土地投入）（元）	518.172	1941.595	6239.081
劳动投入（元）	4997.720	13419.280	14910.00
木材收入（元）	13929.446	49792.670	89492.00
成本收益率	2.525	3.242	4.231

第四节　不同生产目标下的杉木适度经营规模的确定

综上所述，在微观和木材生产目标下，林农经营杉木的效率最优规模区间都不唯一。在微观生产目标下，最优规模区间是5亩以下、5～6亩和8～10亩这

三个规模区域，而在木材生产目标下，林农经营杉木在基于纯技术效率和林地规模效率最优的基础上的综合效率最优区间则是5亩以下、10~15亩和15~18亩这三个规模区域。当采用成本收益率对这两个区间再进一步分析后发现，微观生产目标下的最优规模区域是8~10亩规模区域，而木材生产目标下则为15~18亩规模区域，两个规模区域并不相同。木材生产目标下的最优规模区域会略大于微观生产目标下的最优经营规模区域，这主要是因为微观生产目标是从林农角度加以考虑，而林农局限于资本、劳动力等可变要素而难以维持较大规模的林业经营。而木材生产目标则是从木材生产安全的角度出发，其行为主体更多倾向于政府，该主体更倾向于林业的规模化经营，以充分发挥林业生产的规模效益，从而达到提升我国林业整体竞争力的目标。

第十七章
私有林适度规模经营的利益相关主体分析

林改的过程，是森林资源重新配置的过程，也是利益重新分配过程，森林资源配置和利益分配是否合理将关系到整个林业的健康发展、林区社会经济发展、林农生活水平的提高以及林区的社会稳定，本章将通过分析林改后私有林适度规模经营的相关利益主体以及各自的利益诉求，并运用博弈论分析方法找出相关利益主体之间的均衡策略，从而为促进林业发展建言献策。

第一节　私有林适度规模经营的相关利益主体分析

从行为学的角度讲，人的利益追求是人类行为的动因，人们的一切努力都与自身的利益有关。但个人只有在集体或者社会中才能得到发展，利益才能得以实现，而公共政策就成为实现利益的手段之一。在林改过程中，各种利益群体把自己的利益要求投入到林业政策制定系统中，由政府依据自身的利益需求，对复杂的利益关系进行调整从而制定政策。根据利益主体在本次林改中的角色，本文在分析中涉及以下三类相关利益主体。

一、政府的行为分析

政府包括中高层政府(包括市、省及中央政府)，政府系统内的林业部门及关联部门以及基层政府(主要指县及乡镇政府)。他们在政策制定过程中各自的利益追求目标不一样，其中中高层政府是政策制定的主要参与者，中央政府在政策(适度规模经营政策)的制定中主要代表和维护着社会公众利益，其目标则是实现林业与社会经济的协调发展，生态环境与经济的和谐发展。而省、市政府的侧重点是寻求林业对财政收入贡献的最大化。林业部门作为林业生产经营的直接管理部门，寻求的是部门利益最大化，具体体现为推动和促进林业和林业经济发展，提升林业的社会贡献和社会地位。而其他关联部门，如农业部门、环保部门等，在林业政策制定中，则会寻求维持或拓展各自部门利益的最大化。基层政府的利益目标是实现地方财政收入与官员政绩的最大化。

二、营林主体的行为分析

营林主体主要包括林农和营林企业，他们是集体林地的承包者或转包者。在林业经营中，他们进行独立经营决策(成本和收益的比较)，因此林农的利益目标是以最小的经济支出(如税费负担)换取个人自身利益(包括经济和非经济)的最大化，即通过经营方式(适度规模经营)的改变达到成本不变的情况下收益最大化，或者收益一定的情况下成本最小化。企业作为社会经济的一个基本单位，追求企业利润最大是企业的本质特征。因此，林农、营林企业在集体林权制度改革中，旨在从中寻求更好的经营效益以及政策支持，以一定的成本获取最大化的林业收入。

三、村集体的行为分析

十一届三中全会之后，随着农村体制改革的不断深化，家庭联产承包责任制逐步建立并完善。农业经营形式转为一家一户模式，集体从事农业生产经营的方式基本不复存在，但是，村集体在林业经营中仍然扮演着重要角色，依然代表本村所有村民经营管理集体林业。由于在新一轮集体林权改革中，把集体共同所有的山林(村民委员会代为管理的集体林)按人口平均分配到每家每户，实行自主经营，从而使集体经济组织对集体林的作用发生了根本性的转变，只能在林地承包中获得承包费或者林地使用费，或者在林地流转中获得流转金，所以农村经济组织(村集体)在林改后的利益目标是：一方面，作为政府的基础组织，其目标是政绩最大化。另一方面，作为经济组织，其目标是村财收入最大化。

第二节 私有林适度规模经营相关利益主体的博弈论分析

一、政府与营林主体之间博弈的假设条件

政府的林业发展目标函数是林业的生态效益、社会效益和经济效益三重目标的最大化。营林主体的目标函数是追求自身利润最大化或者收入最大化。由于二者目标函数的不同，现实中表现为政府制定的林业政策体系和林农与营林企业采取的林业投资行动对策构成博弈双方(王顺彦，陈建成，2008)。本博弈的假设条件：

(1)参与人假设：政府和林农及营林企业，但是在本次博弈中由于营林主体目标相同、所处营林环境基本相同，所以二者一起与政府构成了博弈参与人，且博弈双方都满足“理性经济人假设”。

（2）策略假设：政府在私有林经营中起着提供更多的公共产品（生态效益、社会效益）和提高财政收入这两个作用，或者投资非林经营获得更多的财政收入，所以政府的策略是：①为私有林发展提供政策支持，或者随着私有林的发展变化不断改善政策，以适应私有林的快速发展；②为了获得更大的经济收入（财政收入）而投资非营林产业。而林农及营林企业在私有林经营中的主要目标是获得林业收入最大化。因此，两者的策略均为：①投资林业；②投资非林业。二者在投资私有林经营中是相互联系、相互制约、相互促进的关系。

（3）支付假设：为了便于分析问题，需要对实际问题进行一系列的抽象和假设。假设政府投入林业的资金和收益效用为两种情况：(C_g, U_{g1})和$(C_g, 0)$；不投资的两种情况：$(0, 0)$、$(0, U_{g2})$，主要包括制定政策或者改进政策的成本、生态补偿等成本以及获得生态效益、社会效益和财政收入；营林主体投入林业的资金和收益效用为两种情况：(C_f, U_{f1})和(C_f, U_{f2})；不投资的两种情况：$(0, 0)$和$(0, 0)$，主要包括营林投入成本和营林收入。

二、政府与营林主体之间的博弈分析

从上面的假设条件可以得到如下博弈矩阵：

表 17-1　政府与营林主体之间的博弈矩阵

		营林主体			
		投 资	总效用	不投资	总效用
政府	投 资	$A(C_f, U_{f1})U_{f1}-C_f$ $(C_g, U_{g1})U_{g1}-C_g$	$(U_{f1}-C_f)+(U_{g1}-C_g)$	$B(0, 0)0$ $(C_g, 0)-C_g$	$-C_g$
	不投资	$C(C_f, U_{f1})U_{f1}-C_f$ $(0, U_{g2})U_{g2}$	$(U_{f1}-C_f)+U_{g2}$	$D(0, 0)0$ $(0, 0)0$	0

注：$C_f=C_g$，$U_{f1}<U_{g1}$，$U_{f1}-C_f<U_{g1}-C_g$，$U_{f1}-C_f<0$，$U_{g2}=U_{g1}$。

从表 17-1 中可以看出，在政府对私有林进行投资（制定林业政策或者改进林业政策、生态补偿等）的前提条件下，私有林经营的政策环境和市场环境趋于稳定，林农及营林企业的未来收益风险减小，林农及营林企业会积极投资私有林经营，林业将会快速发展，林农的收益也将稳步增长，与此同时，生态效益、社会效益和政府的财政收入也将增加，如图 1 中的 A 区，二者都进行投资，营林主体的投资收益为：$(U_{f1}-C_f)$，政府的投资收益为：$(U_{g1}-C_g)$，总收益为：$(U_{f1}-C_f)+(U_{g1}-C_g)$，政府收益$(U_{g1}-C_g)$大于营林主体收益$(U_{f1}-C_f)$是由于在营林过程中前者考虑生态效益和社会效益以及财政收入，而后者只考虑经济效益不关心生态效益；B 区，政府投资而营林主体不投资，由于没有营林主体营林就没有生态效益和社会效益以及财政收入，总收益为 $-C_g$，营林主体不投资所以没有收益；C 区，营林主体投资而政府不投资，由于政策环境不稳定从而林农与营林企业的收益不确定，同时，由于林业生产会产生正外部性，政府即使不投资也会得到生态效益和社会效益，所以 C 区的总收益为 $(U_{f1}-C_f)+U_{g2}$；D 区，政府、营林主体都不投资，总收益为 0。

通过以上分析，在非合作博弈的情况下，(不投资，不投资)是一个"纳什均衡"。在纳什均衡点上，每一个理性的参与者都不会有单独改变策略的冲动，但是林业生产存在正外部性，政府为了公众利益会首先改变策略投资林业(制定林业政策或者改进林业政策、生态补偿等)。会出现合作博弈的情况，即(投资，投资)的"纳什均衡"点。二者总效用达到最大值 $(U_{f1}-C_f)+(U_{g1}-C_g)$，这也符合现阶段新一轮集体林权制度改革的趋势和目标。

三、营林主体和村集体之间的博弈假设

在私有林适度规模经营中营林主体和村集体之间的利益目标也存在相互制约、相互促进的博弈关系，村集体一方面作为政府的基础组织，另一方面作为独立的经济组织，其利益目标是政绩最大化和村财收入最大化。营林主体目标函数是追求自身利润最大化或者收入最大化。二者构成了利益博弈的参与者，其博弈假设条件如下：

(1)参与人假设：营林主体和村集体，且博弈双方都满足"理性经济人假设"。

(2)策略假设：村集体在私有林经营中主要是参与集体林权改革政策(分林到户、林地和林木流转等)的实施从而减少了对集体林的支配权而获得村财收入和政绩考核，所以村集体的策略是(积极，不积极)；营林主体在私有林经营中主要是根据政府制订的林业政策的好坏以及村集体对政策实施情况的好坏做出是否投资林业的决定从而获得林业收入最大化，其策略是(投资，不投资)。

(3)支付假设：为了便于分析问题，也需要对实际问题进行一系列的抽象和假设，为了便于表达在模型中的投资资金与收益效用。假设营林主体的投入资金和收益效用为两种情况：(C_f, U_{f3})和(C_f, U_{f4})；不投资的两种情况：(0，0)、(0，0)，主要包括营林投入成本和营林收入；村集体积极参与成本和收益效用为两种情况：(C_g, U_{g3})和$(C_g, 0)$；不积极的两种情况：$(0, U_{g4})$和(0，0)，主要包括实施政府的政策的成本以及管理成本。

四、营林主体和村集体之间的博弈分析

从上面的假设条件可以得到如下博弈矩阵：

表 17-2　营林主体和村集体之间的博弈矩阵

		营林主体			
		投资	总效用	不投资	总效用
村集体	积极	$A(C_f, U_{f3})U_{f3}-C_f$ $(C_g, U_{g3})U_{g3}-C_g$	$(U_{f3}-C_f)+(U_{g3}-C_g)$	$B(0, 0)0$ $(C_g, 0)-C_g$	$-C_g$
	不积极	$C(C_f, U_{f4})U_{f4}-C_f$ $(0, U_{g4})U_{g4}$	$(U_{f4}-C_f)+U_{g4}$	$D(0, 0)0$ $(0, 0)0$	0

注：设 $C_f=C_g$，$(U_{f3}-C_f)>(U_{g3}-C_g)$，$(U_{f4}-C_f)+U_{g4}<0$，$-C_g<0$。

从表 17-2 中可以看出，在村集体积极参与新一轮林权改革(实施林业政策：分山到户、林地林木流转等)的前提条件下，私有林经营环境得到极大改善，适度规模经营(通过流转、承包等方式)将变为现实。营林主体投资林业将会获得收益最大化，同时村集体一方面会获得林地、林木流转金，林地承包费或者林地使用费从而增加村财收入，另一方面由于营林主体积极投资林业使得林业大力发展会获得很高的政绩考核，如表 17-2 中的 A 区，村集体积极参与林权改革和林业管理，营林主体积极参与林业投资，营林主体的投资收益效用为$(U_{f3}-C_f)$，村集体的收益效用为$(U_{g3}-C_g)$，获得总效用为$(U_{f3}-C_f)+(U_{g3}-C_g)$，村集体$(U_{g3}-C_g)$小于营林主体收益$(U_{f3}-C_f)$是由于在营林过程中前者仅仅获得林木交易的林地使用费、林地林木流转金，后者获得大部分收益，所以效用大于前者；B 区，村集体积极参与而营林主体不投资，由于没有产出总收益为$-C_g$；C 区，营林主体投资而村集体不积极参与，在林业过程中会产生很多额外成本(隐形成本)，即使营林主体把林子造出来也会因为村集体不积极参与而不能及时变现，造成营林主体收益不确定或者没有收益，但是村集体会因为营林主体的投资而带来一定的政绩考核，最后总的收益效用为$(U_{f4}-C_f)+U_{g4}$；D 区，村集体、营林主体都不投资，总收益为 0。

通过对表 17-2 的分析，在非合作博弈的情况下，(不投资，不积极)是一个“纳什均衡”。在纳什均衡点上，每一个理性的参与者都不会有单独改变策略的冲动，但是村集体作为政府的基础组织，必须执行上级政府制订的政策措施，配合上级政府的工作，从而参与林权改革。出现或作博弈的情况，即(投资，积极)的“纳什均衡”点。二者总效用达到最大值$(U_{f3}-C_f)+(U_{g3}-C_g)$，也符合新一轮集体林权改革的现实情况。

在上面的分析中，村集体是政府的基础组织，其职责是执行上级政府的政策措施，不符合“理性经济人”假设，在这里对二者不做进一步博弈分析。

第三节 共同促进林业持续、健康发展

通过以上分析可以得出如下结论：①在不合作博弈情况下，政府、营林主体以及村集体会出现（不投资，不投资，不积极）的“纳什均衡”点，总效用为0；②在合作博弈的情况，政府、营林主体以及村集体会出现（投资，投资，积极）的“纳什均衡”点，总效用为$(U_{F1}-C_F)+(U_{g1}-C_g)$。

现阶段我国的林业政策及林业发展趋势强烈要求政府加大林业投资力度，并且不断修改完善林业政策，以利于林业快速发展，所以在此过程中，各利益主体必须抓住林业发展这一大好机遇积极参与集体林权改革。政府在制定林业政策时必须让利给林业经营者，制定相关的林业经营时必须有利于林业生产效率的提高，即在保证公平的基础上，通过适度规模经营提高林业的生产效率。村集体在新一轮集体林权改革后也必须进一步加强自己的基层组织作用，积极参与林权改革，促进林地林木流转市场的形成，为私有林适度规模经营的形成提供基础条件，同时为农村经济社会发展提供服务。而营林主体在改革过程中必须抓住机遇，通过林地、林木流转市场进行适度规模经营提高林业经营效率。通过三方面利益主体的合作，提高林业的整体产出效益，共同促进林业持续、健康发展。

第十八章
促进私有林适度规模经营的政策设计

根据上述的研究结论，本研究提出了以下几个对策建议，以促进福建省私有林适度规模经营，进而提高私有林经营的效率。

第一节　继续深化集体林权制度改革，促进私有林稳定发展

提升林业生产效率和增加林农收入是集体林权制度改革的最终目标。实证分析表明，小规模林业也是有效率的。因此，应当继续深化集体林权制度改革，贯彻落实分林到户的林改政策，并引导林农走林业经营集约化道路。

一、确保私有林政策的稳定性、确定性和可操作性

政策对当地私有林业和林农的生产、生活方式以及林农的实际利益起极为重要的作用，要使私有林健康、有序地发展，首先要从私有林政策本身进行改进和完善。从我国集体林区的发展历程来看，每次林业政策的变化和反复都导致了森林资源的巨大变化，作为一项长期的投资，林农最关心、最担心的是他们在林业中的投入能否获得最终的回报。不能简单地把政策的稳定性、确定性看做是“多少年不变”，而必须运用法律手段来加以保证，减少过多的行政干预。同时还应使政策具有延续性和继承性，使前后政策保持协调，避免相互矛盾和前后冲突，后面制定的政策应是前面政策的补充和扩展，而不应削弱以前政策的作用，特别是一些根本性和有决定性作用的政策。在制定和实施政策的过程中，要将过去“自上而下”的政府命令体制改变为“自下而上”的群众共同参与体制，这样有效的政策传递和沟通渠道不仅能使私有林主了解林业及其相关政策，还能使国家林业的相关政策顺利地推行、实施。

二、确保财税政策对私有林一视同仁

私有林正以不可逆转的势头迅猛发展，逐渐成为一些地方财政收入的重要来源。因而，财政部门在制定执行财政政策时，要一视同仁地对待，只要对地方经济发展和财政有贡献的项目就要支持。要在信贷政策上扶持私有林的发展，无论

是长、中、短期贷款或者是专项、定向和优惠贷款，在同等条件下，能给国有林企业的待遇，也应公平地给予私有林企业，使其处于平等的竞争地位。要从税收优惠政策上积极引导和促进私有林的发展，例如取消两个环节的农业特产税、降低农业特产税税率、降低增值税税率等。要严格执行国家税费征收标准和征收办法，不得提前征收，不搞代征代扣，不搞定额征收农业特产税、增值税、所得税，而是按实按规征收，不得提高计税计费标准。

三、维护私有林主的产权，提高林农经营意愿

（一）维护私有林主的产权

在集体所有制中，林农本应是双重身份，作为个人，可以是集体财产的使用者，通过一定程序得到森林资产的使用权；作为集体成员，是所有者之一，应有权参与森林资产各种权能的实际决策，而一些地区事实上是行政首长以集体财产代表的身份决定林地、林木的使用和收益分配。在那些以行政首长为代表的集体组织内，行政首长俨然成了所有者，真正的所有者成员却无法参与任何重大决策，其结果是使集体财产和林农利益都受到损害。为此，这些地方首先要解决“政企分开”问题，排除行政机构的直接参与，成立独立于行政机构的管理委员会，真正实现林民自治。

（二）要提高林农的经营意愿

补贴是政府基于私有林的市场弱竞争性和森林的公益性而实施的一种经济诱导制度。由于国有林的经营目标从木材生产为主向生态建设为主转变，由此私有林在提高我国林产品自给率方面扮演着极其重要的角色。实施补贴制度对提高我国私有林的经营意愿、降低经营风险具有重要的理论与实践意义。

为了激励林农在产出木材的同时能有效地保护好生态环境，发达国家普遍重视对私有林进行财政补贴，如免费供应苗木、造林奖励、造林贷款等。有关研究成果显示，林农之所以不愿意或不按照政府的意愿去经营森林，主要有经济和能力两方面的原因。由此，要提高林农的经营意愿也从这两方面着手：政府对林农依据公益原则经营森林所造成的损失应予以补偿，对无力经营者给予协助。在鼓励经营的方式上，经济补助、收入限制和技术援助均会影响林农的经营行为，而最有效的方式当属经济补助。在具体的补助措施方面，财政直接补助为林农偏好的政策（Hickman，2001；Royer，1999）。在补贴效率方面，直接补助有加重政府财政负担的可能，研究人员建议以适当的融资利率来增加林农的造林意愿，同时也可减轻政府的财政负担，并提高财政投资的效率（鹤助治，2002；Binkley，1997；Hoclges，Cubage，2000）。

四、为私有林主做好服务工作

要确保森林资源的经营管理更有效，私有林政策更完善，必须选择有责任感和使命感的能忠实执行政策的管理者，制定相关方针、政策，加强与林农的合作和对其的引导；加强国家对林业研究、林业教育进行资助力度，由政府提供免费信息服务，免费教育，以提高林农的素质；国家向林农无偿或优惠提供林路建设、维修，森林灾害防御系统和种苗、肥料、技术援助；国家应鼓励既了解国家大政方针又体现林农利益的林业合作公司的成立，公司按市场经济的规律对森林进行经营管理，以收购或股份制形式吸引林农加盟到公司经营中来，公司在种、采、加、贸全方位为林农服务，使资金、技术、科研成果及时运用到森林管理中，推进林业经济的发展。

对私有产权的保护仅仅为私有林公平地参与市场竞争提供了可能。实际上，在贷款、融资以及税费等方面，私有林依然没有享受到与国有林同等的待遇，其弱势地位仍然没有实质性的改变，加上私有林自身条件的限制以及森林的生态效益无法通过价格机制来吸纳补偿，私有林的发展动力严重不足。目前，国内尚没有该领域的系统研究成果(黄森慰，2009)。

五、引导林农转变经营观念，鼓励多种形式经营

福建省毛竹经营规模偏小，制约了毛竹经营规模效率的提高。大多数竹农又视竹林若家庭命脉，以一般的社会平均价出让或出租管理权和经营权，他们视同于卖山，大多数竹农不干，高价流转经营权，社会资金又难以接受。政府应当积极引导竹农实现经营观念的转变，鼓励多种形式的联合经营，促进分散经营向规模化经营转变。此外，一种比较好的做法正在形成：无经营能力的一些竹农或有远见的竹农已将他们的竹林与社会资金结合，产生了优良的效益，这种新的竹业生产关系将不断地带动竹业进步。例如实践证明，“公司 + 农户”的经营形式可更好地发挥技术、资金、管理等优势，与村集体、竹农在互惠互利的基础上实行联合，实现毛竹的高效规模经营，例如南平市光泽县书亮公司就采用了类似这样的方式。

稳定农业生产资料价格特别是茶农的生产资料价格，为茶农降低经营成本，提高经营规模效率提供外部保障。从茶农经营规模效率测算的投入冗余量的结果上看，规模无效主要受部分生产资料投入过多的影响，而生产资料的价格上涨过快，更进一步地加大了经营成本，造成资源的浪费，加剧了茶农经营规模效率低下的状况。因此，需要政府采取措施稳定农业生产资料市场价格，保证农业生产资料的供给。各个相关部门应该密切配合，扶持生产，降低流通成本，使各项工

作落到实处。建立规范的市场价格体系，使茶农在生产经营中没有后顾之忧。在稳定生产资料价格的同时，引导农户优化生产资料配置，使投入的资源得到有效利用，从而使茶农经营规模效率达到更高的水平。

第二节 促使林业由粗放经营向集约经营转变

引导林农合理配置生产要素投入比例，提高生产要素的利用率，促使林业由粗放经营向集约经营转变。这主要可从以下三个方面努力：首先，林业经营应当改变传统的单纯依靠物质费用和劳动力大量投入的发展方式，转变为重视劳动生产率、科技贡献率和管理效率的提高，以达到提高林业经营质量的目的，进而提高林业整体竞争力，最终实现林业的可持续发展；其次，要构建并完善林业生产要素市场，有效地盘活森林资源存量，并通过这个市场平台，达到生产要素的合理配置，这样才有可能将林业生产适度的集中起来，最终实现林业生产的规模化；再者，要提高林农的林业经营管理水平。政府或林业部门应当通过抓好示范户培训，树立好典型，并继续加强农村劳动力素质培训工作，充分发挥投入要素的生产潜力，以提高林地木材产出效率。

提倡集约经营的方式，因地制宜采取不同的政策引导，优化生产要素配置，提高林农的经营规模效率。例如在茶叶经营方面，历年我国及福建省的茶园面积都增长不快，茶叶经营地少人多的现状在短期内难以得到改善，因此更不能单纯地从扩大土地规模的角度进行粗放式的经营，而是根据当地的状况改变生产要素的投入比例，优化要素配置，提高资源利用率；另一方面，从茶农经营规模效率测算结果推出茶农经营的土地规模与经营规模效率未现明显的正向或者负向的关系，因此茶农经营应该提倡集约经营的方式。茶叶集约化经营主要指茶园的集约化经营，由于现在的茶园大部分被承包，经营比较分散，劳动生产率和经济效益不高，可以依靠科技技术进步和劳动者素质的提高，通过加强技术改造，实现茶园的集约化经营。要采取因地制宜的方法，在人多地少，经济条件较差的地区强调劳力集约，增加劳动投入；经济较发达地区采取资金集约的方式，引进先进技术，通过培训提高劳动者素质（杨江帆，2004）。通过针对地方特色和区域优势的政策引导，使茶农经营方式向集约经营转变，促进茶叶生产要素的合理配置，提高生产技术水平和劳动者素质，从而提高茶农经营规模效率。

第三节 对林农的技术支持应根据具体情况分类指导

具体分为三种情况：第一种情况是针对目前比例最大、最为典型的小规模林业经营主体，鉴于他们自身家庭劳动力数量不多和自有资金相对有限，应当引导其继续走精耕细作的林业经营道路。此外，林业部门应当加大对各自独立的林农之间的协调力度，组织他们在病虫害防治、森林火灾防范和林区道路建设等诸多涉及多方主体利益的林业经营管理环节上统一建设和管理，发挥规模效益，从而降低林农林业经营的成本；第二种情况是针对经营林地面积较大的采取联户或股份合作制经营方式的林农主体，或者是经营意愿强烈的造林大户，应当建立相对完善的劳动力市场以解决其劳动力相对不足的问题。同时完善林权抵押贷款政策，简化林权抵押贷款的相关程序，降低林权抵押贷款利息，从而在一定程度上缓解他们可能面临的资金紧张局面；第三种情况是针对拥有较大规模林地却采取粗放经营或不经营、单纯追求林地资产增值的林农主体，应当加大林业收益方面的宣传，完善私有林补贴制度，加大私有林补贴额度，增强他们林业经营的意愿，或制定相应的林业政策让其手中的林地逐步流转给那些经营意愿强烈的林农。

第四节　引导多渠道筹集资金

林业经营周期长，风险大，追求回报率的资本投资林业意愿较低，应当积极引导林业经营资金筹集渠道的多样化。例如在毛竹经营方面，毛竹生长经营周期较一般农作物长，前期资金投入量很大，经营效果很难在短期内显现，生产经营的不确定性较大，这在很大程度上制约了竹农投入资金以改善毛竹从一般经营向集约经营转变的积极性。这就需要对进行毛竹林投入的资金进行有效的政策引导，制定一些扶持毛竹发展的优惠和倾斜政策，通过创新融资机制，进行贴息(低息)贷款，林权抵押贷款等有效的方式，从而减少竹农资金投入负担，减少资金使用成本，激励竹农更好的生产经营。

在茶叶经营方面，拓宽茶农增收渠道，建立茶农经营的资金积累机制，为提高茶农经营规模效率提供资金支持。发展茶叶经营需要在生产要素、技术等方面进行投入，而这都需要资金的支撑，如果缺乏足够的资金，那么就很难进一步改善生产条件，更谈不上茶农经营规模效率的提高。从影响因素的实证结果可以看到，家庭总收入与茶农经营规模效率存在显著的正相关，说明茶农自身资金的积累可以促进茶农经营规模效率的提高。茶农经营的资金积累除了靠外界的资助，政府贷款补贴等优惠政策的帮助，更重要的是茶农经营的自身资金积累机制的建立。而茶农经营的自身资金积累机制的建立则需要拓宽茶农的增收渠道。政府应该加大对茶叶经营的支持和扶持力度，通过财政杠杆来整合资金，加大基础设施投入，改善茶农生活生产条件，来调动茶农的积极性。另一方面，应该加大茶叶产业化经营，将茶叶生产、加工、销售等联合在一起，整合各种生产要素，在茶叶加工产品中增收，提高茶农的生产效率和经济效益，这是茶农增收的有效措施。拓宽茶农增收渠道，实现茶农家庭收入持续稳步的增长，以保障茶叶生产经营投入资金的稳定性，促进其可持续发展。

第五节　促进科技创新

科学技术是第一生产力，林业经营的自然属性和社会属性决定了其离不开现代技术的支持。

在毛竹林方面，林业在福建生长条件优越，技术投入可以得到很高的收益，林农普遍看好毛竹经营前景，但技术和管理是制约瓶颈，林农对政府各项补贴中最偏好的是免费或优惠提供相关技术指导（37.9%），其次为免费提供培训（29.5%）。在符合林农生产经营意愿的条件下实行科技兴竹的集约型生产，才有利于提高林业经营效率。首先，进一步抓好培育、病虫害防治、节水灌溉等毛竹适用技术的推广应用。其次，稳定和壮大林业科技人才队伍，通过大力发展农村宣传、教育以及采取其他各种有效途径和措施，对广大竹农和农村劳动力开展多层次、多形式、多门类的适用技术培训，努力提高他们的科学技术能力。最后，要加大毛竹示范基地建设，以点带面，全面发展。

在茶叶经营方面，转变茶农观念，促进科技创新，有效利用科学的茶叶生产新技术，使茶农经营从低水平均衡向高水平均衡转化。科技是发展农业的不竭动力，对于茶叶经营更是如此。在未来的竞争中，科技创新对提高茶叶生产率和茶叶品质有重要的作用。促进科技创新首先要转变茶农观念，改变其满足于传统经验进行生产经营的想法，对于新技术、新方法才能抱有开放接纳的态度，才不会造成科技服务资源的浪费。其次，政府要制定优惠政策，提供茶叶生产技术方面的服务，鼓励茶叶科技人员下乡，加强茶叶科技示范园的建设，推广茶叶生产新技术，建立茶叶生产信息网络平台，及时为茶农提供茶叶生产技术方面的相关信息。最后，引进先进技术，提高生产效益。只有这样才能打破一直以来约束茶农经营规模效率提高的科技瓶颈，使茶农经营从低水平均衡向高水平均衡转化，实现持续协调发展。

参考文献

[1] Aigner D. J. , Lovell C. A. K, Schmidt. Formulation and esti-mation of stochastic frontier production functions models[J]. Journal ofEconometrics, 1977, (7).

[2] Banker, R. D. , Charnes A, CooperW W. Models of Estimating technical and scale efficiency in DEA[J]. European Journal of Operational Research, 1984, (9): 1078~1092.

[3] BATTESE G E, Corra G S. Estimation of a Production Frontier Model: With Application to the Pastoral Zoneof Eastern Australia[J]. Australian Journal of Agricul2t Ural Economics, 1977 (21): 169~179.

[4] C. price. Twenty-fives of forestry cost-benefit analysis in Britain[J]. Forestry, 1997, 70(3): 171~189.

[5] Charnes A, CooperW W, GolanyB. Foundations of data envelopment analysis for pareto-koopmans efficient emp irical production functions[J]. Journal of Econometrics, 1985, 30(1): 91~107.

[6] Charnes A, CooperW W, Rodes E. Measuring the efficiency of decision making units [J]. European Journal of Operational Research, 1978, (2): 429~444.

[7] Coase, R. The Nature of The Firm. Economic[M]. Cambridge University Press, 1937.

[8] COELLI T, PRASADA D S, BATTESE G E. An introduction to efficiency and productivity analysis [M]. Boston: Kluwer Academic Pubishers , 1998.

[9] Coelli, T. J. A multi-stage methodology for the solution of orientated DEA models[J]. Operations Research Letters, 1998, 23(3): 143~149

[10] Coelli, T, J. A data envelopment analysis program[J]. CEPA Working Paper, 1996.

[11] Cornia G A. Farm size land yields and the agricultural production function: An analysis for fifteen developing countries[J]. World Development, 1985, 13: 513~534.

[12] Ellen Moons. Cost-benefit analysis of the location of new forest land[J] . Energe, Transport and Environment, 2000, (1).

[13] Fare, R, Lovell, C. A. K. Measuring the Technical Effi-ciency of Production[J]. Journal of Economic Theory, 1978, (19).

[14] Farrell, M. J. The Measurement of Productive Efficiency[J]. Journal ofthe Royal Statistic Society, 1957: 120.

[15] Farrell, M. J. The measurernent of Produetive efficiency[J]. Journal of the Royal Statistical Society, Scies A(General), 1957, 120(3): 253~29.

[16] Hall B F, E P LeVeen. Farm Size and Economic Efficiency: The Case of California[J]. American Journal of Agricultural Economics, 1978, 60(November): 589~600.

[17] Hoque A. Farm Size and Economic-Allocative Efficiency in Bangladesh Agriculture[J]. Applied Economics, 1988, 20(10): 1353~1368.

[18] Johan Z. Agrarian structure in Poland: the myth of large farm superiority[J]. 1996.

[19] Kao, C. and Y. C. Yang. Measuring the efficiency of forest management[J]. Forest Sci, 1991, 37(5): 1239~1252.

[20] Land, K. C., Lovell, C. A. K. &Thore, S. Chance-constrained data envelopment analysis [J]. Managerial and Decision Economics, 1993, 14(6): 541~554.

[21] LeBel. LG and StuartW B. Technical efficiency evaluation of logging contractors using a non-parametricmodel[J]. Inter J of Forest Engineering, 1998, 9(2): 15~24.

[22] Lee Jun2Yen. Using DEA to measure efficiency in forest and paper companies[J]. Forest Products Society, 2005, 55(1): 58~66.

[23] Leibenstein, H. Alloeative efficiency vs X-effieieney[J]. The Ameriean Eeonomie, Review, 1966, 56(3): 392~415.

[24] LI J, MARIO G, GIANNI P. Factors affecting technical changes in rice based farming system in southernChina: case study of Qianjiang municipality[J]. Critical Reviews in Plant Sciences, 1999, 18(3): 283~297.

[25] Liu Daehang. Tenure and Management of Non—State Forests in China Since 1950: A Historical Review[J]. Environmental tlistory, 2001, 6(2): 239~263.

[26] Lovell, C. A. K. Roduetion frontier and Productive efficiency[A]. Fried, H. 0, Lovell, C. A. K&Sehmidt S. S. The measurernent of Produetive efficiency: techniques and applications[C]New York: Oxford University Press, 1993: 3~67.

[27] M. Grut. Cost-benefit analysis in forestry[J]. The south African journal of economics, 1975, 43(2): 113~121.

[28] Miao Guangping&R A West. Chinese Collective Foresdands: Contributions and Constrains[J]. International Forestry Review, 2O04, 16: 282~298.

[29] Neda Salehirad, Dr Taraneh Sowlati. Productivity and efficiency assessment of the wood industry: A review with a focus onCanada[J]. Forest Products Society, 2006, 56 (11/l2): 25~32.

[30] Nobuhiko Fuwa. Are small rice farmers in eastern Indian really inefficient? Examining the effects of microtopography on technical efficiency[J]. 2007.

[31] S. C. Kumbhakar, Lovell C. A. K. Stochastic Frontier Analysis[M]. Cambridge University Press, 2000.

[32] Viitala E J and Jannincn H. Measuring the efficiency of public forestry organizations[J]. Forest Sci, 1998, 44(3): 298~307.

[33] Xu Jintao. Collective Forest Tenure Reform inChina: Analys is of Driving Forces and Perform ance, available on [EB/OL]. http: //www. ksla. se/sv/retrieve-fileasp ? n = 1545. 2008.

[34] Yaoqi. Institutions in Forest Management: Social Rderence to China[J]. World Forests, Soci-

ety and Environment，2001，3：353～364.
[35]Yin，R. S. Alternative Measures of Productive Efficiency in the Global Bleached Softwood Pulp Sector[J]. Forest Science，46：558～569.
[36]爱金武. 浙闽山区毛竹高效经营技术与参与式发展模式研究[D]. 南京：南京林业大学，2004.
[37]贝尔纳，夏旺斯，吴波龙译. 东方的经济改革—— 从50年代到90年代[M]. 北京：社会科学文献出版社，1999.
[38]卜范达，韩喜平. “农户经营”内涵探析[J]. 当代经济研究，2003，(9)：37～41.
[39]曹华，项贤春. 中国人工用材林规模化经营实现途径分析[J]. 林业经济问题，2007，(4)：326～330.
[40]陈存及，黄克福，陈荣富等. 福建省毛竹区划研究小流域区划 [J]. 福建林学院学报，1991，11 (4) ：14～ 26.
[41]陈存及. 福建毛竹林生态培育与生态系统管理[J]. 竹子研究汇刊，2004，(2)：1～4.
[42]陈丹，唐茂华. 国外农地规模经营的基本经验及其借鉴[J]. 国家行政学院学报，2008，(4)：106～109.
[43]陈兰仙. 加快福建省竹产业发展的建议[J]. 武夷科学. 2006，(12)：284～287.
[44]陈立双. 浅析农户的农业投资行为[J]. 沈阳农业大学学报，2001. 3(3)：189～191.
[45]陈念东. 私有林补贴制度设计研究[D]. 福建：福建农林大学，2008.
[46]陈念东. 我国发展私有林的SWOT分析及对策[J]. 江西农业大学学报(社会科学版)，2009，(03)：21～26.
[47]陈念东，张春霞. 私有林发展制度选择的理论思考[J]. 闽江学院学报，2010，(01)：10～17.
[48]陈锡文. 坚持集体林权制度改革，推进新农村建设[J]. 林业经济，2006，(6)：9～11.
[49]陈兴福. 毛竹培育和利用[M]. 北京：中国林业出版社. 1996：21～ 29.
[50]陈言新. 论农业经营规模和规模效益[J]. 农业技术经济，1985，(07). 12～17.
[51]陈永富，姬亚岚. 对南方集体林区非公有制林业发展的思考[J]. 林业经济，2003，(5)：47～49.
[52]程晓阳，方乐金，詹鸿章等. 立地条件对毛竹实生林生长发育影响的研究[J]. 世界竹藤通讯，2004，2(4)：26～27.
[53]程有龙. 花年毛竹林培养潜力及培育技术的研究[J]. 竹子研究汇刊，1983，2 (2)：71～81.
[54]程云行. 南方集体林区林地产权制度研究[M]. 北京：中国林业出版社，2004，(9)：154～155.
[55]丁莉萍，陆登广. 福建毛竹林可持续经营的病虫防治策略研究. [J]. 林业经济问题. 1999，(5)：59～64.
[56]董棣. 论农村林业适度规模经营[J]. 绿色中国(理论版)，1991，(3)：30～34.
[57]杜尔阁[法]，南开大学经济系经济学说史教研组译. 关于财富的形成和分配的考察

[M]. 北京：商务印书馆，1961：17～86.

[58]范丽霞. 湖北省主要农产品技术效率与规模经济性的实证考察[J]. 西北农林科技大学学报(社会科学版)，2007，(4)：72～76.

[59]福建林业厅. 关于集体林权制度改革情况的报告[EB/OL]. http：//www. fjrd. gov. cn/fjrdww/Desktop. aspx? path =/Homepage/FjrdInfoView&gid = 2a3dc38d - ead0 - 413b - a416 - daae4d635333，2008 - 07 - 23.

[60]福建林业厅. 谢副厅长全省林业科技工作座谈会讲话[EB/OL]. http：//www. fjforestry. gov. cn/InfoShow. aspx? InfoID = 26197&InfoTypeID = 5，2010 - 09 - 26.

[61]福建省林业厅，福建林业经济学会. 福建林业改革探索[M]. 北京：中国林业出版社，1999.

[62]福建省政府. 福建省省长黄小晶同志在全省林业工作会议上的讲话[EB/OL]. http：//lky. forestry. gov. cn/ZhuantiAction. do? dispatch = content&id = 205220&name = lqgg，2009 - 12 - 23.

[63]福建统计局. 福建统计年鉴(2010). 福州：福建统计局，2010.

[64]付成贵. 规模经济——中国农业发展思路研究[J]. 渝西学院学报(自然科学版)，2003，(9)：68～70.

[65]傅懋毅，方敏瑜. 竹林养分循环Ⅰ. 毛竹纯林的叶凋落物及分解[J]. 林业科学研究，1989，2(3)：207～213.

[66]傅懋毅. 竹林养分循环Ⅱ. 毛竹林内降水的养分输入及其林地径流的养分输出[J]. 林业科学研究，1992，5(5)：497～505.

[67]高立英. 集体林地经营规模分析——与林地规模经营观点的商榷[J]. 林业经济问题，2007，27(4)：376～379.

[68]高志勤，傅懋毅. 经营方式对毛竹林土壤肥力指数的影响[J]. 南京林业大学学报(自然科学版). 2008，32(4)：81～85.

[69]郭京福，杨德礼，生产前沿参数方法与非参数方法的比较研究[J]. 系统工程理论与实践，1998，(11)：31～35.

[70]郭京福，杨德礼. 数据包络分析方法综述[J]. 大连理工大学学报，1998，(38)：236～241.

[71]郭青俊. 基于利益主体角度的集体林权制度改革动力分析[J]. 价格月刊，2009，(9)：70～73.

[72]国家林业局资源司. 中国森林资源(2004～2008年)第七次全国森林资源清查[EB/OL]. http：//www. forestry. gov. cn/portal/main/s/58/content - 447150. html，2010 - 01 - 28.

[73]国家林业局. 中国林业统计年鉴(2010). 北京：中国林业出版社，2010.

[74]何帆. 21世纪的中国仍然是小农经济—农业部农村经济研究中心研究员温铁军专访[J]. 国际经济评论. 2000，(Z6)：26～29.

[75]何枫，原鹏飞. 我国制造业生产效率测算——基于随机前沿模型的实证分析[J]. 生产力研究. 2006，(1)：163～165.

[76]何浩然，翁茜，徐晋涛等．国有林区林产品加工企业效率分析[J]．林业科学，2007，(11)．113~121.

[77]贺东航，朱东亮．中国集体林权改革存在的问题及思考[J]．社会主义研究，2006，(5)：79~81.

[78]赫伯特·西蒙著，杨砾，徐立[译]．现代决策理论的基石：有限理性说[M]．北京经济学院出版社，1989，(6)：20~21.

[78]侯元兆．林业分工论的经济学基础[J]．世界林业研究，1998，(04)：1~8.

[80]黄安胜，张春霞，苏时鹏，谢志忠．林业股份合作制模式最优经营规模分析：基于协调成本的思考[J]．林业经济问题，2008，(05)：414~418.

[81]黄安胜，张春霞，苏时鹏，郑晶，李芳宁，洪志生．试析私有林林农对补贴政策的偏好——基于南方集体林区农户调查问卷的分析[J]．中国林业经济，2008，(04)：16~19.

[82]黄安胜，张春霞，苏时鹏，郑晶．南方集体林区林农资金投入行为分析[J]．林业经济，2008，(06)：67~70.

[83]黄瑞红．论扩大经营规模调整资源结构优化商品林经营[J]．林业勘查设计，1999，(4)：19~21.

[83]黄森慰，苏时鹏，张春霞，郑晶．福建省集体林权制度改革中的公平与效率问题浅析[J]．中国林业经济，2010，(06)：16~18.

[85]黄森慰，张春霞．私有林合作经营意愿影响因素分析[J]．林业经济，2009，(06)：51~53.

[86]黄森慰．私有林发展分析[J]．安徽农学通报，2009，(07)：32~34.

[87]黄顺斌．林业企业提高资金使用效率的途径[J]．福建林业科技，2005，(03)：233~235.

[88]黄映晖，戎承法，张正河．DEA方法在小麦生产效率衡量中的应用[J]．农业技术经济，2004，(5)：16~22.

[89]建华等．福建省林改后林业科技服务发展探讨[J]．福建林业科技，2009，(4)：176~180.

[90]蒋海，苏志尧，先锋．林业产业化理论分析[J]．世界林业研究，1998，(03)：64~69.

[91]金高峰．现代农业规模经营的有效模式[J]．农村经济．2007，(7)：89~91.

[92]金和辉，李关星．关于土地生产率与土地经营规模的实证分析[J]．农村经济文稿，1989，(2).

[93]赖作卿，张忠海．基于DEA方法的广东林业投入产出超效率分析[J]．华南农业大学学报：社会科学版，2008，7(4)：43~48.

[94]黎明峰．南方集体林区必须解决林地分户经营问题[J]．中国林业，2001，(12)：17.

[95]李海鹏，张俊飚．村级尺度的退耕还林投入产出有效性分析[J]．西北农业科技大学学报，2009，(02)：6~9.

[95]李宏．林业产业结构研究综述[J]．世界林业研究，2000，(02)：41~46.

[97]李瑞林. 福建竹业奠定牢固支柱产业地位[N]. 中国绿色时报，2006－10－19(B03).
[98]李相宏. 农业规模经营模式分析[J]. 农业经济问题. 2003，(8)：48～51.
[99]梁文艳，杜育红. 基于DEA－Tobit模型的中国西部农村小学效率研究[J]. 北京大学教育评论，2009，9(04)：22～34.
[100]林斌等. 农户林业技术需求影响因素分析—基于福建的调研[J]. 技术经济，2010，(5)：70～87.
[101]林海萍，周淑红，沈振民. 集约经营对毛竹笋品质的影响[J]. 江苏林业科技，2004，(2)：9～11.
[102]林华. 沙县毛竹商品林可持续分类经营探讨[J]. 林业勘察设计(福建)，2008，(1)：136～139.
[103]林善波. 关于我国茶叶规模化经营的思考[J]. 广东茶业，2005，(6)：12～15.
[104]林善波. 论我国茶叶产业的规模化经营[J]. 福州党校学报，2005，(6)：43～46.
[105]林岩松，岳太青. 大力发展非公有制林业促进林业生产关系大变革[J]. 林业经济，2003，(12)：43～44.
[106]林章豪，俞国平. 产品特色，经营规模与市场优势：兼论发达地区林业的发展思路[J]. 浙江林业科技，1996，16(3)：72～76.
[107]刘璨. 金寨县样本农户效率与消除贫困分析——数据包络分析(DEA)方法[J]. 数量经济技术经济研究，2003，(12)：102～106.
[108]刘璨，吕金芝等. 集体林产权制度分析—安排、变迁与绩效[J]. 林业经济，2006，(11)：33～36.
[109]刘璨，许勤，马天乐. 社区林业与消除贫困样本农户收入及生产要素结构分析[J]. 林业经济，2000，(06)：45～52.
[110]刘璨，于法稳，任鸿昌等. 平原林业生态效率测算与分析——以江苏省淮安市为例[J]. 中国农村经济，2006，(06)：47～53.
[111]刘璨，肖斌，郭松青等. 农户生产效率及测度研究——以安徽省金寨县为案例[J]. 林业经济，2003，(9)：38～40.
[112]刘璨. 金寨县样本农户效率与消除贫困分析——数据包络分析(DEA)方法[J]. 数量经济技术经济研究，2003，(12)：102～106.
[113]刘璨. 社区林业制度绩效消除贫困研究——效率分析与案例比较[M]. 北京：经济科学出版社，2005，(1)：36～48.
[114]刘璨，于法稳. 东北国有林区企业效率测算与分析——DEA方法[J]. 产业经济评论，2006，(01)：113，127.
[115]刘小强. 我国集体林产权制度改革效果的实证研究[D]. 北京：北京林业大学，2010.
[116]楼一平，吴良如，邵大方等. 毛竹纯林长期经营对林地土壤肥力的影响[J]. 林业科学研究，1997，10(2)：125～129.
[117]陆保郧. 关于建立林业要素市场和林业合作经济组织的思考[EB/OL]. http：//www.ynfn.gov.cn/myhot/ShowArticle.asp? ArticleID＝9583，2008－04－23.

[118]罗必良. 农地经营规模的效率决定[J]. 农业经济，2007，(1)：72~73.
[119]罗立平，李红军. 自议林业规模经营[J]. 湖南林业，1999，(5)：12.
[120]马九杰等. 林业投融资改革与金融创新[M]. 北京：中国人民大学出版社，2008：73.
[121]马克思. 资本论：第1卷[M]. 北京：人民出版社，1975：135，830.
[122]马天乐，刘璨. 中国林业总要素生产率测度与分析[J]. 林业经济，1992，(04)：46~53.
[123]孟令杰. 中国农业产出技术效率动态研究[J]. 农业技术经济，2000，(5)：2~4.
[124]诺思D. 制度、制度变迁与经济绩效[M]. 上海：上海三联书店，1994.
[125]欧阳进良，宇振荣，张凤荣. 基于生态经济分区的土壤质量及其变化与农户行为分析[J]. 生态学报，2003，23(6)：1147~1155.
[126]潘朝辉，杨怀宇. 农业适度规模经营的前提条件[J]. 农业经济，2007，(1)：72~73.
[127]普罗斯特曼等. 中国农业的规模经营：政策适当吗？[J]. 中国农村观察，1996，(6)：128~132.
[128]钱贵霞. 粮食生产经营规模与粮农收入的研究[D]. 中国农业科学院，2005.
[129]邱元龙. 龙岩市毛竹产业现状与发展对策[J]. 福建林业科技，1997，(3)：68~72.
[130]裘菊等. 林权改革对林地经营模式影响分析—福建林权改革调查报告[J]. 林业经济，2007，(1)：23~27
[131]全国林业经济研究会. 林业深化改革研究[M]. 北京：中国林业出版社，1991.
[132]瑞定杰，康赛优[美]. 对菲律宾土地改革的再思考[A]. 迟福林. 走入21世纪的中国农村土地制度改革[C]. 北京：中国经济出版社，2000：55~68.
[133]施蔚，杨加猛，余光辉. 基于Cobb－Dauglas函数的江苏木材加工产业规模效率评价[J]. 南京林业大学学报(自然科学版)，2007，(4)：141~143.
[134]施蔚. 基于Cobb－Dauglas函数的江苏木材加工产业规模效率评价[J]. 南京林业大学学报：自然科学版，2007，(7)：24~29.
[135]石晓军，龚晓峰. 国家软件产业制度效率与规模效率评价：基于DEA的方法[J]. 科技进步与对策，2003，(8)：19~22
[136]史君卿，李媛媛，窦以文. 技术效率理论及其研究方法述评[J]. 农村经济与科技，2009，20(12)：125~126，145.
[137]宋增基，徐叶琴，张宗益. 基于DEA模型的中国农业效率评价[J]. 重庆大学学报(社会科学版)，2008，(3)：24~29.
[138]苏祝成，童启庆，扬义群. 茶叶生产经营规模对经济绩效影响的实证研究[J]. 茶叶科学，2001，(1)：57~60.
[139]孙达人. 中国农民变迁论[M]. 中央编译出版社，1996：109.
[140]唐和平，刘富知，黄意欢，罗军武，袁通政. 湖南省茶园适度规模经营的研究[J]. 湖南农业大学学报(社会科学版)，2000，(6)：31~33.
[141]唐和平，刘富知，黄意欢，罗军武. 茶叶适度规模经营的思考[J]. 茶叶通讯，1999，(3)：13~16.

[142]唐小丽. 中国南方山区开发成功模式研究——竹业龙头企业与社区农户的合作关系[D]. 北京林业大学，2002：30～58.
[143]涂俊，吴贵生. 基于DEA－Tobit两步法的区域农业创新系统评价及分析[J]. 数量经济技术经济研究，2006，(4)：136～145.
[144]万广华，程恩江. 经济、土地细碎化与我国的毛竹生产[J]. 中国农村观察，1996，(3).
[145]汪北秀. 毛竹不同造林方式效果比较[J]. 安徽农学通报，2008，14(15)：179～181.
[146]王剑，雷晓峰，皮向红等. 技术效率测度方法研究综述[J]. 沿海企业与科技，2009，(09)：28～31.
[147]王进东. 论标准化对安溪茶叶产业化的推进作用[J]. 生产力研究，2006，(8)：54～55.
[148]王良伟，王伟民. 龙川县毛竹低产林不同抚育措施分析[J]. 东北林业科技，2008，(3)：62～65.
[149]王顺彦，陈建成. 林业生态工程投融资主体的博弈行为分析[J]. 经济研究参考，2008，(34)：50～53.
[150]王维明，张松艳. 提高林业设备利用综合效率的有效途径[J]. 内蒙古林业调查设计，2004，(12)，177～178.
[151]王艺明. 我国高新区的技术效率、规模效率与规模报酬[J]. 上海经济研究，2003，(8).
[152]王振忠，杨忠耿. 闽南乌龙茶[M]. 福州：福建科学技术出版社，2005：34.
[153]威廉·配第[英]. 陈冬野译. 政治算术[M]. 北京：商务印书馆，1978：35～51.
[154]魏倩. 中国农村土地产权的结构与演进—制度变迁的分析视角[J]. 社会科学，2002，(7)：18～22.
[155]魏权龄. 评价相对有效性的DEA方法——运筹学的新领域[M]. 北京：中国人民大学出版社，1988：1～10.
[156]魏远竹，张春霞，杨建洲，黄安胜. 福建省新一轮林改尚存的若干问题及对策探析[J]. 中国农学通报，2007，23(11)：166～173.
[157]魏远竹. 规模经济与林业经济增长方式转变[J]. 中国林业企业，2000，(4)：3～4.
[158]温铁军. 世纪的中国仍然是小农经济[J]. 新西部，2001，(12)：38～39.
[159]温铁军. 中国农村基本经济制度研究[M]. 北京：中国经济出版社，2000.
[160]吴继林. 毛竹高效经营200问[M]. 福州：福建科学技术出版社，2005：26～27.
[161]伍士林，蔡细平，谷红兵. 分散林业生产适度规模化的对策探讨[J]. 林业经济问题，2006，26(1)：76～79.
[162]伍业兵. 农业适度规模经营的两条道路及其选择[J]. 农业经济，2007，(11)：34～35.
[163]西奥多·舒尔茨. 改造传统农业[M]. 北京：商务印书馆，1987.
[164]谢国强，王华珍，谢华华. 毛竹造林管理技术[J]. 现代农业科技，2008，(14)：66.
[165]徐春铭，李佳. 我国银行业规模效率的实证分析——基于超对数的方法[J]. 西南农业

大学学报(社会科学版)，2007，(4)：34～39.
[166]徐光余，杨爱农，李多祥等．毛竹林大小年差异与合理砍伐之间的关系[J]．农技服务．2008，25(7)：140～141.
[167]徐宏峰．基于新农村建设农业规模经营可复制模式探讨[J]．安徽农业科学，2007，(12)：3732～3733.
[168]徐秀英，马天乐，刘俊昌．南方集体林区林权制度改革研究[J]．林业科学，2006，(08)：32～36.
[169]徐秀英，石道金．集体林地产权制度变革的农户心态调查[J]．林业经济问题，2004，24(2)：70～72，121.
[170]徐秀英．南方集体林区森林可持续经营的林权制度研究[M]．北京：中国林业出版社，2008.
[171]徐云行．南方集体林区林地产权制度研究[M]．北京：中国林业出版社，2004，(9)：154～155.
[172]许冰峰．试析福建林业技术创新互动平台模式的构建[J]．林业经济问题，2008，(6)：534～539
[173]亚当·斯密[英]．杨敬年译．国民财富的性质和原因研究[M]．西安：陕西人民出版社，2001：7～26
[174]雍文涛主编．林业分工论[M]．北京：中国林业出版社，1992.
[175]杨国亮．论规模经济的本质[J]．生产力研究，2005，(9)：10～12.
[176]杨红强，聂影．中国木材供需矛盾与原木进口结构分析[J]．世界农业，2008，(07)：53～56.
[177]杨江帆，管曦．茶叶经济管理学[M]．北京：中国农业出版社，2004：100.
[178]杨启智．论农业规模经济的两种形态[J]．农村经济与科技，2003，(8)：4～5.
[179]杨小成．农业规模经营问题研究述评[J]．当代经济．2008，(5)：144～145.
[180]杨益生，张春霞．先行突破创新—福建省集体林权改革报告[M]．北京：中国林业出版社，2010：82.
[181]杨宇，郑循刚．基于DEA的四川农业规模效率的两阶段实证分析[J]．科技管理研究，2008，(4)：2～5.
[182]杨宗松，李荣权．逐步引导林农走规模经营之路[J]．林业经济，1993，(3)：35～38.
[183]姚晋兰，毛定祥．基于DEA－Tobit两步法的股份制商业银行效率评价与分析[J]．上海大学学报(自然科学版)，2009，(8)：436～440.
[184]尤小文．农户经济组织研究[M]．长沙：湖南人民出版社，2005：32.
[185]俞国平．对林业规模经济问题的思考[J]．林业经济，1988，(9)：34～35.
[186]袁益富．技术效率理论及其运用[J]．农业技术经济，1990，(03)：63～65.
[187]约翰·伊特维尔，默里·米尔盖特，彼得·纽曼．新帕尔格雷夫经济学辞典(第三卷)[M]．北京：经济科学出版社，1996：868.
[188]张春霞，郑晶．林权改革30年回顾——集体林权改革研究之二[J]．林业经济，2009，

(01)：55～58.
[189]张春霞，郑晶．新一轮林改：落实和保护平民财产权利的制度创新——集体林权改革研究之一[J]．林业经济，2008，(09)：12～17.
[190]张春霞．分林到户的家庭承包不应成为禁区——兼论林业生产的大包干责任制[J]．林业经济问题，1985，(1)：17～21.
[191]张春霞．坚持以有计划的商品经济为取向的深化改革[J]．林业经济问题，1992，(2)：11～16.
[192]张春霞．林业产权与社会利益之关系[J]．林业经济问题，1994，(4)：9～15.
[193]张春霞．林业经济体制转变研究[M]．北京：中国林业出版社，1996.
[194]张春霞．闽西社会林业发展研究[M]．北京：中国林业出版社，1997.
[195]张春霞．农业的规模经营必须始终把握“适度”二字[J]．福建学刊，1996，(03)：41～43.
[196]张春霞．社会林业的发展与产权制度改革[J]．林业经济问题，1995，(1)：12～17，54.
[197]张春霞．乡村林业股份合作经济的误区与出路[J]．林业经济问题，1994，(3)：8～14.
[198]张春霞．乡村林业股份合作经济发展的误区与出路——林业产权研究(二)[J]．林业经济问题，1994，(2)：8～14.
[199]张春霞．乡村社会林业的发展与产权制度的改革[J]．林业经济问题，1995，(2)：9～15.
[200]张春霞等．福建社会林业经营形式的调查与研究[J]．林业经济，2000，(2)：69～73.
[201]张春霞等．基于木材供给生产目标下林农经营规模效率研究——以福建省杉木用材林为例[J]．中南林业科技大学学报(社会科学版)，2010，(04)：5～7，31.
[202]张春霞等．进一步完善林业新税制的研究[J]．林业经济问题，1998，(2)：17～20，30.
[203]张春霞等．林业产权制度改革的趋势[J]．林业经济，1996，(3)：50～53.
[204]张春霞等．社会林业制度创新中产权制度改革的思路[J]．林业经济问题，1998，(1)：13～16，61.
[205]张春霞等．私有林经营意愿与补贴制度研究[M]．北京：中国林业出版社，2008.
[206]张春霞等．政府在社会林业制度变迁中的角色定位[J]．林业经济问题，1998，(3)：4，5～9.
[207]张国防，缪碧华．毛竹经营管理的研究进展[J]．福建林学院学报，2000，20(4)：375～379.
[208]张建龙．全面推进速丰林工程建设为打好相持阶段攻坚战提供有力保障—在全国重点地区速丰林工程建设现场会上的讲话[EB/ON]．www. forestry. gov. cn，2005－09－14.
[209]张林焕．家庭经营与农业规模经济的实现[J]．引进与咨询，2006，(6)：126～127.
[210]张维迎，胡继连．农区林业实行股份联合经营体制探讨[J]．经济研究参考，2003，

(55)：23.

[211]张维迎．博弈论与信息经济学[M]．上海：上海人民出版社，2001.

[212]张维迎．理解和捍卫市场经济[J]．学习时报，2007，(12)：16～17.

[213]张忠明．农户粮地经营规模效率研究——以吉林省玉米生产为例[D]．浙江：浙江大学，2008.

[214]章程，陈岩．毛竹林可持续经营初步试验[J]．竹子研究汇刊，2008，27(1)，43～45.

[215]章允清．卫闽林场杉木人工林经验收获表的研制[J]．福建林业科技，2006，(03)：47～51.

[216]赵昭晒．福建山地的自然条件和及其开发利用的初步设想[J]．地理学报，1984，(4)：409～417.

[217]浙江省林业科学研究所．石门毛竹高额丰产调查研究 [J]．林业科学，1959：161～170.

[218]郑风田，阮荣平，孔祥智．南方集体林区林权改革回顾与分析[J]．中国人口、资源与环境，2009，(01)：25～31.

[219]郑郁善，洪伟．毛竹经营学[M]．厦门：厦门大学出版社，1998：297.

[220]中国毛竹创刊协作社．中国毛竹生态经济区划与发展战略研究 [M]．北京：中国林业出版社．1991：14～26.

[221]中国木材供需矛盾与原木进口结构分析[J]．世界农业，2008，(07)：54～56.

[222]钟懋功．我国竹业现状与发展探讨[J]．竹子研究汇刊，2002，(4) ：22～26.

[223]周芳纯．竹林培育和利用[J]．竹类研究，1998，17 (1)：1～5.

[224]周玉刚．对农地规模经营问题的再思考[J]．安徽农业科学，2007，(27)：8693～8695.

[225]祝海波，尹少华．探索适合我国林地流转的基本制度[J]．林业经济问题，2006，(06)：539～542.